《知识产权强国建设纲要（2021—2035年）》
——辅导读本——

国务院知识产权战略实施工作部际联席会议办公室
组织编写

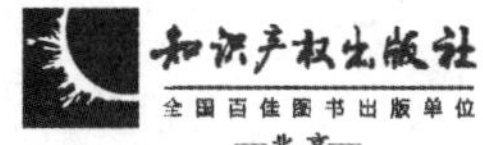

图书在版编目（CIP）数据

《知识产权强国建设纲要（2021—2035 年）》辅导读本/国务院知识产权战略实施工作部际联席会议办公室组织编写. —北京：知识产权出版社，2022. 1

ISBN 978 - 7 - 5130 - 8034 - 7

Ⅰ. ①知… Ⅱ. ①国… Ⅲ. ①知识产权—建设—发展战略—中国—2021 - 2035—学习参考资料 Ⅳ. ①D923. 404

中国版本图书馆 CIP 数据核字（2022）第 005204 号

责任编辑：黄清明　吴亚平　　**责任校对**：潘凤越

封面设计：智兴设计室　　**责任印制**：刘译文

《知识产权强国建设纲要（2021—2035 年）》辅导读本

国务院知识产权战略实施工作部际联席会议办公室　组织编写

出版发行：知识产权出版社有限责任公司　**网　　址**：http：//www. ipph. cn

社　　址：北京市海淀区气象路 50 号院　**邮　　编**：100081

责编电话：010 - 82000860 转 8117　**责编邮箱**：hqm@ cnipr. com

发行电话：010 - 82000860 转 8101/8102　**发行传真**：010 - 82000893/82005070/82000270

印　　刷：三河市国英印务有限公司　**经　　销**：各大网上书店、新华书店及相关专业书店

开　　本：880mm × 1230mm　1/32　**印　　张**：11. 375

版　　次：2022 年 1 月第 1 版　**印　　次**：2022 年 1 月第 1 次印刷

字　　数：275 千字　**定　　价**：58. 00 元

ISBN 978 - 7 - 5130 - 8034 - 7

编　委　会

编 辑 部

目　　录

《知识产权强国建设纲要（2021—2035年）》

为统筹推进知识产权强国建设，全面提升知识产权创造、运用、保护、管理和服务水平，充分发挥知识产权制度在社会主义现代化建设中的重要作用，制定本纲要。

一、战略背景

党的十八大以来，在以习近平同志为核心的党中央坚强领导下，我国知识产权事业发展取得显著成效，知识产权法规制度体系逐步完善，核心专利、知名品牌、精品版权、优良植物新品种、优质地理标志、高水平集成电路布图设计等高价值知识产权拥有量大幅增加，商业秘密保护不断加强，遗传资源、传统知识和民间文艺的利用水平稳步提升，知识产权保护效果、运用效益和国际影响力显著提升，全社会知识产权意识大幅提高，涌现出一批知识产权竞争力较强的市场主体，走出了一条中国特色知识产权发展之路，有力保障创新型国家建设和全面建成小康社会目标的实现。

进入新发展阶段，推动高质量发展是保持经济持续健康发展的必然要求，创新是引领发展的第一动力，知识产权作为国家发展战略性资源和国际竞争力核心要素的作用更加凸显。实施知识产权强国战略，回应新技术、新经济、新形势对知识产权制度变革提出的挑战，加快推进知识产权改革发展，协调好政府与市场、国内与国际，以及知识产权数量与质量、需求与供给的联动关系，全面提升我国知识产权综合实力，大力激发全社会创新活力，建设中国特色、世界水平的知识产权强国，对于提升国家核心竞争力，扩大高水平对外开放，实现更高质量、更有效率、更加公平、更可持续、更为安全的发展，满足人民日益增长的美好生活需要，具有重要意义。

二、总体要求

（一）指导思想。坚持以习近平新时代中国特色社会主义思想为指导，全面贯彻党的十九大和十九届二中、三中、四中、五中全会精神，紧紧围绕统筹推进“五位一体”总体布局和协调推进“四个全面”战略布局，坚持稳中求进工作总基调，以推动高质量发展为主题，以深化供给侧结构性改革为主线，以改革创新为根本动力，以满足人民日益增长的美好生活需要为根本目的，立足新发展阶段，贯彻新发展理念，构建新发展格局，牢牢把握加强知识产权保护是完善产权保护制度最重要的内容和提高国家经济竞争力最大的激励，打通知识产权创造、运用、保护、管理和服务全链条，更大力度加强知识产权保护国际合作，建设制度完善、保护严格、运行高效、服务便捷、文化自觉、开放共赢的知识产权强国，为建设创新型国家和社会主义现代化强国提供坚实保障。

（二）工作原则

——法治保障，严格保护。落实全面依法治国基本方略，严格依法保护知识产权，切实维护社会公平正义和权利人合法权益。

——改革驱动，质量引领。深化知识产权领域改革，构建更加完善的要素市场化配置体制机制，更好发挥知识产权制度激励创新的基本保障作用，为高质量发展提供源源不断的动力。

——聚焦重点，统筹协调。坚持战略引领、统筹规划，突出重点领域和重大需求，推动知识产权与经济、科技、文化、社会等各方面深度融合发展。

——科学治理，合作共赢。坚持人类命运共同体理念，以国际视野谋划和推动知识产权改革发展，推动构建开放包容、平衡普惠的知识产权国际规则，让创新创造更多惠及各国人民。

（三）发展目标

到 2025 年，知识产权强国建设取得明显成效，知识产权保护更加严格，社会满意度达到并保持较高水平，知识产权市场价值进一步凸显，品牌竞争力大幅提升，专利密集型产业增加值占 GDP 比重达到 13%，版权产业增加值占 GDP

比重达到 7.5%，知识产权使用费年进出口总额达到 3500 亿元，每万人口高价值发明专利拥有量达到 12 件（上述指标均为预期性指标）。

到 2035 年，我国知识产权综合竞争力跻身世界前列，知识产权制度系统完备，知识产权促进创新创业蓬勃发展，全社会知识产权文化自觉基本形成，全方位、多层次参与知识产权全球治理的国际合作格局基本形成，中国特色、世界水平的知识产权强国基本建成。

三、建设面向社会主义现代化的知识产权制度

（四）构建门类齐全、结构严密、内外协调的法律体系。开展知识产权基础性法律研究，做好专门法律法规之间的衔接，增强法律法规的适用性和统一性。根据实际及时修改专利法、商标法、著作权法和植物新品种保护条例，探索制定地理标志、外观设计等专门法律法规，健全专门保护与商标保护相互协调的统一地理标志保护制度，完善集成电路布图设计法规。制定修改强化商业秘密保护方面的法律法规，完善规制知识产权滥用行为的法律制度以及与知识产权相关的反垄断、反不正当竞争等领域立法。修改科学技术进步法。结合有关诉讼法的修改及贯彻落实，研究建立健全符合知识产权审判规律的特别程序法律制度。加快大数据、人工智能、基因技术等新领域新业态知识产权立法。适应科技进步和经济社会发展形势需要，依法及时推动知

识产权法律法规立改废释，适时扩大保护客体范围，提高保护标准，全面建立并实施侵权惩罚性赔偿制度，加大损害赔偿力度。

（五）构建职责统一、科学规范、服务优良的管理体制。持续优化管理体制机制，加强中央在知识产权保护的宏观管理、区域协调和涉外事宜统筹等方面事权，不断加强机构建设，提高管理效能。围绕国家区域协调发展战略，制定实施区域知识产权战略，深化知识产权强省强市建设，促进区域知识产权协调发展。实施一流专利商标审查机构建设工程，建立专利商标审查官制度，优化专利商标审查协作机制，提高审查质量和效率。构建政府监管、社会监督、行业自律、机构自治的知识产权服务业监管体系。

（六）构建公正合理、评估科学的政策体系。坚持严格保护的政策导向，完善知识产权权益分配机制，健全以增加知识价值为导向的分配制度，促进知识产权价值实现。完善以强化保护为导向的专利商标审查政策。健全著作权登记制度、网络保护和交易规则。完善知识产权审查注册登记政策调整机制，建立审查动态管理机制。建立健全知识产权政策合法性和公平竞争审查制度。建立知识产权公共政策评估机制。

（七）构建响应及时、保护合理的新兴领域和特定领域知识产权规则体系。建立健全新技术、新产业、新业态、新模式知识产权保护规则。探索完善互联网领域知识产权保护制度。研究构建数据知识产权保护规则。完善开源知识产权和法律体系。研究完善算法、商业方法、人工智能产出物知识产权保护规则。加强遗传资源、传统知识、民间文艺等获取和惠益分享制度建设，加强非物质文化遗产的搜集整理和转化利用。推动中医药传统知识保护与现代知识产权制度有效衔接，进一步完善中医药知识产权综合保护体系，建立中医药专利特别审查和保护机制，促进中医药传承创新发展。

四、建设支撑国际一流营商环境的知识产权保护体系

（八）健全公正高效、管辖科学、权界清晰、系统完备的司法保护体制。实施高水平知识产权审判机构建设工程，加强审判基础、体制机制和智慧法院建设。健全知识产权审判组织，优化审判机构布局，完善上诉审理机制，深入推进知识产权民事、刑事、行政案件"三合一"审判机制改革，构建案件审理专门化、管辖集中化和程序集约化的审判体系。加强知识产权法官的专业化培养和职业化选拔，加强技术调查官队伍建设，确保案件审判质效。积极推进跨区域知识产权远程诉讼平台建设。统一知识产权司法裁判标准和法律适用，完善裁判规则。加大刑事打击力度，完善知识产权犯罪侦查工作制度。修改完善知识产权相关司法解释，配套制定侵犯知识产权犯罪案件立案追诉标准。加强知识产权案件检察监督机制建设，加强量刑建议指导和抗诉指导。

（九）健全便捷高效、严格公正、公开透明的行政保护体系。依法科学配置和行使有关行政部门的调查权、处罚权

和强制权。建立统一协调的执法标准、证据规则和案例指导制度。大力提升行政执法人员专业化、职业化水平，探索建立行政保护技术调查官制度。建设知识产权行政执法监管平台，提升执法监管现代化、智能化水平。建立完善知识产权侵权纠纷检验鉴定工作体系。发挥专利侵权纠纷行政裁决制度作用，加大行政裁决执行力度。探索依当事人申请的知识产权纠纷行政调解协议司法确认制度。完善跨区域、跨部门执法保护协作机制。建立对外贸易知识产权保护调查机制和自由贸易试验区知识产权保护专门机制。强化知识产权海关保护，推进国际知识产权执法合作。

（十）健全统一领导、衔接顺畅、快速高效的协同保护格局。坚持党中央集中统一领导，实现政府履职尽责、执法部门严格监管、司法机关公正司法、市场主体规范管理、行业组织自律自治、社会公众诚信守法的知识产权协同保护。实施知识产权保护体系建设工程。明晰行政机关与司法机关的职责权限和管辖范围，健全知识产权行政保护与司法保护衔接机制，形成保护合力。建立完善知识产权仲裁、调解、公证、鉴定和维权援助体系，加强相关制度建设。健全知识产权信用监管体系，加强知识产权信用监管机制和平台建设，依法依规对知识产权领域严重失信行为实施惩戒。完善著作权集体管理制度，加强对著作权集体管理组织的支持和监管。实施地理标志保护工程。建设知识产权保护中心网络和海外知识产权纠纷应对指导中心网络。建立健全海外知识产权预警和维权援助信息平台。

五、建设激励创新发展的知识产权市场运行机制

（十一）完善以企业为主体、市场为导向的高质量创造机制。以质量和价值为标准，改革完善知识产权考核评价机制。引导市场主体发挥专利、商标、版权等多种类型知识产权组合效应，培育一批知识产权竞争力强的世界一流企业。深化实施中小企业知识产权战略推进工程。优化国家科技计划项目的知识产权管理。围绕生物育种前沿技术和重点领域，加快培育一批具有知识产权的优良植物新品种，提高授权品种质量。

（十二）健全运行高效顺畅、价值充分实现的运用机制。加强专利密集型产业培育，建立专利密集型产业调查机制。积极发挥专利导航在区域发展、政府投资的重大经济科技项目中的作用，大力推动专利导航在传统优势产业、战略性新兴产业、未来产业发展中的应用。改革国有知识产权归属和权益分配机制，扩大科研机构和高校知识产权处置自主权。建立完善财政资助科研项目形成知识产权的声明制度。建立知识产权交易价格统计发布机制。推进商标品牌建设，加强驰名商标保护，发展传承好传统品牌和老字号，大力培育具有国际影响力的知名商标品牌。发挥集体商标、证明商标制度作用，打造特色鲜明、竞争力强、市场信誉好的产业集群品牌和区域品牌。推动地理标志与特色产业发展、生态文明建设、历史文化传承以及乡村振兴有机融合，提升地理

标志品牌影响力和产品附加值。实施地理标志农产品保护工程。深入开展知识产权试点示范工作，推动企业、高校、科研机构健全知识产权管理体系，鼓励高校、科研机构建立专业化知识产权转移转化机构。

（十三）建立规范有序、充满活力的市场化运营机制。提高知识产权代理、法律、信息、咨询等服务水平，支持开展知识产权资产评估、交易、转化、托管、投融资等增值服务。实施知识产权运营体系建设工程，打造综合性知识产权运营服务枢纽平台，建设若干聚焦产业、带动区域的运营平台，培育国际化、市场化、专业化知识产权服务机构，开展知识产权服务业分级分类评价。完善无形资产评估制度，形成激励与监管相协调的管理机制。积极稳妥发展知识产权金融，健全知识产权质押信息平台，鼓励开展各类知识产权混合质押和保险，规范探索知识产权融资模式创新。健全版权交易和服务平台，加强作品资产评估、登记认证、质押融资等服务。开展国家版权创新发展建设试点工作。打造全国版权展会授权交易体系。

六、建设便民利民的知识产权公共服务体系

（十四）加强覆盖全面、服务规范、智能高效的公共服务供给。实施知识产权公共服务智能化建设工程，完善国家知识产权大数据中心和公共服务平台，拓展各类知识产权基础信息开放深度、广度，实现与经济、科技、金融、法律等

信息的共享融合。深入推进“互联网+”政务服务，充分利用新技术建设智能化专利商标审查和管理系统，优化审查流程，实现知识产权政务服务“一网通办”和“一站式”服务。完善主干服务网络，扩大技术与创新支持中心等服务网点，构建政府引导、多元参与、互联共享的知识产权公共服务体系。加强专业便捷的知识产权公共咨询服务，健全中小企业和初创企业知识产权公共服务机制。完善国际展会知识产权服务机制。

（十五）加强公共服务标准化、规范化、网络化建设。明晰知识产权公共服务事项和范围，制定公共服务事项清单和服务标准。统筹推进分级分类的知识产权公共服务机构建设，大力发展高水平的专门化服务机构。有效利用信息技术、综合运用线上线下手段，提高知识产权公共服务效率。畅通沟通渠道，提高知识产权公共服务社会满意度。

（十六）建立数据标准、资源整合、利用高效的信息服务模式。加强知识产权数据标准制定和数据资源供给，建立市场化、社会化的信息加工和服务机制。规范知识产权数据交易市场，推动知识产权信息开放共享，处理好数据开放与数据隐私保护的关系，提高传播利用效率，充分实现知识产权数据资源的市场价值。推动知识产权信息公共服务和市场化服务协调发展。加强国际知识产权数据交换，提升运用全球知识产权信息的能力和水平。

七、建设促进知识产权高质量发展的人文社会环境

（十七）塑造尊重知识、崇尚创新、诚信守法、公平竞

争的知识产权文化理念。加强教育引导、实践养成和制度保障，培养公民自觉尊重和保护知识产权的行为习惯，自觉抵制侵权假冒行为。倡导创新文化，弘扬诚信理念和契约精神，大力宣传锐意创新和诚信经营的典型企业，引导企业自觉履行尊重和保护知识产权的社会责任。厚植公平竞争的文化氛围，培养新时代知识产权文化自觉和文化自信，推动知识产权文化与法治文化、创新文化和公民道德修养融合共生、相互促进。

（十八）构建内容新颖、形式多样、融合发展的知识产权文化传播矩阵。打造传统媒体和新兴媒体融合发展的知识产权文化传播平台，拓展社交媒体、短视频、客户端等新媒体渠道。创新内容、形式和手段，加强涉外知识产权宣传，形成覆盖国内外的全媒体传播格局，打造知识产权宣传品牌。大力发展国家知识产权高端智库和特色智库，深化理论和政策研究，加强国际学术交流。

（十九）营造更加开放、更加积极、更有活力的知识产权人才发展环境。完善知识产权人才培养、评价激励、流动配置机制。支持学位授权自主审核高校自主设立知识产权一级学科。推进论证设置知识产权专业学位。实施知识产权专项人才培养计划。依托相关高校布局一批国家知识产权人才培养基地，加强相关高校二级知识产权学院建设。加强知识产权管理部门公职律师队伍建设，做好涉外知识产权律师培养和培训工作，加强知识产权国际化人才培养。开发一批知识产权精品课程。开展干部知识产权学习教育。进一步推进中小学知识产权教育，持续提升青少年的知识产权意识。

八、深度参与全球知识产权治理

（二十）积极参与知识产权全球治理体系改革和建设。扩大知识产权领域对外开放，完善国际对话交流机制，推动完善知识产权及相关国际贸易、国际投资等国际规则和标准。积极推进与经贸相关的多双边知识产权对外谈判。建设知识产权涉外风险防控体系。加强与各国知识产权审查机构合作，推动审查信息共享。打造国际知识产权诉讼优选地。提升知识产权仲裁国际化水平。鼓励高水平外国机构来华开展知识产权服务。

（二十一）构建多边和双边协调联动的国际合作网络。积极维护和发展知识产权多边合作体系，加强在联合国、世界贸易组织等国际框架和多边机制中的合作。深化与共建“一带一路”国家和地区知识产权务实合作，打造高层次合作平台，推进信息、数据资源项目合作，向共建“一带一路”国家和地区提供专利检索、审查、培训等多样化服务。加强知识产权对外工作力量。积极发挥非政府组织在知识产权国际交流合作中的作用。拓展海外专利布局渠道。推动专利与国际标准制定有效结合。塑造中国商标品牌良好形象，推动地理标志互认互保，加强中国商标品牌和地理标志产品全球推介。

九、组织保障

（二十二）加强组织领导。全面加强党对知识产权强国建设工作的领导，充分发挥国务院知识产权战略实施工作部际联席会议作用，建立统一领导、部门协同、上下联动的工作体系，制定实施落实本纲要的年度推进计划。各地区各部门要高度重视，加强组织领导，明确任务分工，建立健全本纲要实施与国民经济和社会发展规划、重点专项规划及相关政策相协调的工作机制，结合实际统筹部署相关任务措施，逐项抓好落实。

（二十三）加强条件保障。完善中央和地方财政投入保障制度，加大对本纲要实施工作的支持。综合运用财税、投融资等相关政策，形成多元化、多渠道的资金投入体系，突出重点，优化结构，保障任务落实。按照国家有关规定，对在知识产权强国建设工作中作出突出贡献的集体和个人给予表彰。

（二十四）加强考核评估。国家知识产权局会同有关部门建立本纲要实施动态调整机制，开展年度监测和定期评估总结，对工作任务落实情况开展督促检查，纳入相关工作评价，重要情况及时按程序向党中央、国务院请示报告。在对党政领导干部和国有企业领导班子考核中，注重考核知识产权相关工作成效。地方各级政府要加大督查考核工作力度，将知识产权强国建设工作纳入督查考核范围。

新时代知识产权强国建设的宏伟蓝图

申长雨*

中共中央、国务院印发《知识产权强国建设纲要（2021—2035年)》（以下简称《纲要》），这是以习近平同志为核心的党中央面向知识产权事业未来15年发展作出的重大顶层设计，是新时代建设知识产权强国的宏伟蓝图，在我国知识产权事业发展史上具有重大里程碑意义。

一、深刻认识《纲要》出台的战略背景和建设知识产权强国的重大意义

多年来特别是党的十八大以来，在以习近平同志为核心的党中央坚强领导下，我国知识产权事业不断发展，走出了一条中国特色知识产权发展之路，取得了历史性成就，有力支撑了创新型国家建设和全面建成小康社会目标的实现。我国在世界知识产权组织发布的《2021年全球创新指数报告》中的排名，由2013年的第35位升至2021年的第12位，位居中等收入经济体之首，是

---

* 申长雨：国家知识产权局党组书记、局长，国务院知识产权战略实施工作部际联席会议副召集人。

世界上进步最快的国家，成为名副其实的知识产权大国，具备了向知识产权强国迈进的坚实基础。

建设中国特色、世界水平的知识产权强国，是以习近平同志为核心的党中央作出的重大战略部署，是做好新时代知识产权工作的总抓手。要充分认识其重大意义，切实把思想和行动统一到习近平总书记重要指示精神上来，统一到党中央、国务院决策部署上来，不折不扣抓好贯彻落实。

建设知识产权强国是建设社会主义现代化强国的必然要求。习近平总书记深刻指出："知识产权保护工作关系国家治理体系和治理能力现代化，关系高质量发展，关系人民生活幸福，关系国家对外开放大局，关系国家安全。"建设社会主义现代化强国，必须从国家战略高度和进入新发展阶段要求出发，系统谋划我国知识产权事业发展方略，着力解决知识产权领域存在的突出矛盾和问题，激发全社会创新活力，推动构建新发展格局。

建设知识产权强国是推进国家治理体系和治理能力现代化的内在需要。产权制度是社会主义市场经济的基石。加快建设知识产权强国，解决好知识产权领域全局性、制度性、根本性问题，构建更加完善的要素市场化配置体制机制，有利于完善现代产权制度，实现全面深化改革总目标，促进国家治理体系和治理能力现代化。

建设知识产权强国是推动高质量发展的迫切需要。大力发展新技术、新业态、新模式，发展以专利为支撑的创新型经济、以商标为支撑的品牌经济、以原产地地理标志为支撑的特色经济和以版权为支撑的文化产业，打好种业翻身仗，本身就是高质量发展的题中应有之义，是塑造我国未来发展新优势、实现高质量发展的关键。

建设知识产权强国是推动构建新发展格局的重要支撑。一方面，发挥好知识产权作为激励创新的基本保障作用，打通知识产权创造、运用、保护、管理、服务全链条，以知识产权链促进产业链和供应链畅通稳定，有利于畅通国内大循环。另一方面，着眼知识产权作为国际贸易的“标配”，统筹知识产权领域国际合作和竞争，发展更高层次的开放型经济，更好利用国内国际两个市场、两种资源，有利于更好实现国内国际双循环相互促进的目标。

二、准确把握知识产权强国建设的总体要求

《纲要》对知识产权强国建设作出整体部署，明确了知识产权强国建设的指导思想、工作原则和发展目标。

一是必须坚持以习近平新时代中国特色社会主义思想为指导。这是知识产权强国建设的总遵循、总指针。要把握新发展阶段，贯彻新发展理念，构建新发展格局，深刻认识加强知识产权保护是完善产权保护制度最重要的内容和提高中国经济竞争力最大的激励，建设制度完善、保护严格、运行高效、服务便捷、文化自觉、开放共赢的知识产权强国，为建设创新型国家和社会主义现代化强国提供坚实保障。

二是必须坚持四方面的工作原则。要坚持法治保障、严格保护，切实维护社会公平正义和权利人合法权益。要坚持改革驱动、质量引领，更好发挥知识产权制度激励创新的基本保障作用，为高质量发展提供源源不断的动力。要坚持聚焦重点、统筹

协调，推动知识产权与经济、科技、文化、社会等各方面深度融合发展。要坚持科学治理、合作共赢，让创新创造更多惠及各国人民。

三是必须坚持分阶段实现发展目标。到 2025 年，知识产权强国建设取得明显成效，知识产权保护更加严格，社会满意度达到并保持较高水平，知识产权市场价值进一步凸显，品牌竞争力大幅提升。到 2035 年，我国知识产权综合竞争力跻身世界前列，中国特色、世界水平的知识产权强国基本建成。

三、切实抓好知识产权强国建设重点任务落实

《纲要》明确了知识产权强国建设六大方面重点任务，这是知识产权强国建设的关键领域和核心环节，需要全面把握，一体推进落实。

一是建设面向社会主义现代化的知识产权制度。构建门类齐全、结构严密、内外协调的知识产权法律体系，加快大数据、人工智能、基因技术等新领域新业态知识产权立法。构建职责统一、科学规范、服务优良的管理体制，加强中央在知识产权保护的宏观管理、区域协调和涉外事宜统筹等方面事权。构建公正合理、评估科学的政策体系，响应及时、保护合理的新兴领域和特定领域知识产权规则体系。

二是建设支撑国际一流营商环境的知识产权保护体系。健全公正高效、管辖科学、权界清晰、系统完备的司法保护体制，便捷高效、严格公正、公开透明的行政保护体系，统一领导、衔接顺畅、快速高效的协同保护格局。实施知识产权保护体系建设工

程，健全行政保护与司法保护衔接机制。

三是建设激励创新发展的知识产权市场运行机制。完善以企业为主体、市场为导向的高质量创造机制。健全运行高效顺畅、价值充分实现的运用机制，加强专利密集型产业培育，推进商标品牌建设。建立规范有序、充满活力的市场化运营机制，实施知识产权运营体系建设工程。

四是建设便民利民的知识产权公共服务体系。加强覆盖全面、服务规范、智能高效的公共服务供给，实施知识产权公共服务智能化建设工程。加强公共服务标准化、规范化、网络化建设，建立数据标准、资源整合、利用高效的信息服务模式。

五是建设促进知识产权高质量发展的人文社会环境。塑造尊重知识、崇尚创新、诚信守法、公平竞争的知识产权文化理念。构建内容新颖、形式多样、融合发展的知识产权文化传播矩阵。营造更加开放、更加积极、更有活力的知识产权人才发展环境，加强知识产权国际化人才培养。

六是深度参与全球知识产权治理。积极参与知识产权全球治理体系改革和建设，扩大知识产权领域对外开放。构建多边和双边协调联动的国际合作网络，积极维护和发展知识产权多边合作体系，深化与共建“一带一路”沿线国家和地区知识产权务实合作，打造高层次合作平台。

守正创新推进版权强国建设

张建春*

党的十八大以来，以习近平同志为核心的党中央高度重视知识产权工作。习近平总书记围绕知识产权工作作出一系列重要指示，提出一系列重要论断，为包括版权工作在内的知识产权工作指明了前进方向、提供了根本遵循。近期，中共中央、国务院印发《知识产权强国建设纲要（2021—2035 年）》，对未来 15 年知识产权事业发展作出重大部署，绘就了新时代建设知识产权强国的宏伟蓝图。党的十九届六中全会通过的《中共中央关于党的百年奋斗重大成就和历史经验的决议》强调，坚持实施创新驱动发展战略，强化知识产权创造、保护、运用，激发全民族文化创新创造活力，加快建设创新型国家。站在新的历史起点上，我们要以习近平新时代中国特色社会主义思想为指导，从党的百年奋斗历程中汲取智慧力量，着眼建成文化强国、知识产权强国，持续开拓创新，加快推进版权强国建设，在实现中华民族伟大复兴的历史进程中谱写版权工作新篇章。

---

* 张建春：中央宣传部副部长。

一、我国版权事业取得显著成绩

在以习近平同志为核心的党中央坚强领导下，我国版权事业蓬勃发展，取得显著成绩。当前，我国已经建设成为版权创造、运用、保护、管理和服务水平较高的国家，具备了向版权强国迈进的制度基础、文化基础、市场环境基础和产业发展基础。

（一）版权制度体系日益完备，成为推进国家治理体系和治理能力现代化的重要内容

近年来，我国版权事业在制度体系上不断发力。一是建立了较为完备的版权法律制度体系。该体系以宪法为指导、著作权法为统领、行政法规为基础、部门规章和司法解释为配套、规范性文件为补充，既具有中国特色又符合国际规则，为调整和规范作品的创作、传播和使用提供了充足法律依据。二是建立了司法保护与行政保护并行、多部门协调配合、惩治力度不断加大的版权双轨保护体系。三是建立了覆盖作品登记、宣传教育、版权交易、产业发展等全产业链的版权社会服务体系。四是建立了多边合作和双边交流相结合、充分展现我国国际话语权和影响力的版权国际合作体系。这四个体系科学规范、运行有效，构成了具有中国特色的版权制度体系，充分体现了中国特色社会主义制度的本质特征和显著优势，集中反映了新时代版权事业发展的新要求和人民群众的新期待。

（二）版权作品极大丰富，有力促进了社会主义文化和科学事业繁荣发展

版权涵盖文学、艺术和科学领域内具有独创性并能以一定形式表现的智力成果，覆盖文化创作、生产、传播、使用、交易全链条，关系发展先进文化生产力，关系保护民族文化创造力，关系提升国家文化软实力，既有鲜明的意识形态属性、文化属性，又有典型的知识产权属性。近年来，以鼓励有益于社会主义精神文明、物质文明建设的作品的创作和传播，促进社会主义文化和科学事业的发展与繁荣为根本出发点，版权作品的创作生产得到了极大促进。党的十八大以来，我国共出版图书、报纸、期刊、音像制品和电子出版物4241.68亿册（份、盒、张），涌现出一大批优秀版权作品，网络文学、视频、游戏、音乐、直播等迅速崛起，遗传资源、传统知识和民间文学艺术的使用、传播方式越发多样化。同时，科学领域的优秀版权作品，对提升我国科学教育水平和科技创新能力发挥了重要作用。优秀版权资源在传承优秀文化、促进文化繁荣、推动产业升级等方面的成效不断提升、作用充分显现。

（三）版权保护日趋严格，为维护市场经济秩序、构建新发展格局提供了有力保障

各级版权主管部门认真贯彻落实党中央、国务院决策部署，把尊重和保护版权、打击侵权盗版作为一项重要工作统筹安排，强化日常监管和专项整治相结合，全面加强版权保护，不断加大惩治力度，有效维护了著作权人合法权益和公平竞争市场秩序。

党的十八大以来，各级版权行政执法部门查办侵权盗版案件3.5万余件，收缴各类侵权盗版制品1.15亿件。持续深入推进使用正版软件工作，维护了软件市场公平竞争秩序，促进了软件产业健康快速发展。巩固和拓展以合作共赢为核心的新型版权双边关系，积极参与和推动《视听表演北京条约》《马拉喀什条约》等国际版权条约的制定生效，有力提升了版权国际影响力和话语权，提高了版权国际保护水平。积极实施版权严格保护，充分发挥其对内激励创新、对外促进开放的作用，有效维护了我国讲信誉、负责任的大国形象，为建设更高水平开放型经济新体制，畅通国内大循环和国内国际双循环提供了有力保障。

（四）版权产业快速发展，为实施创新驱动战略、推动经济高质量发展提供了重要支点

版权是重要的资源要素，具有法律、文化和财产属性，成为新闻出版、广播影视、文学艺术、文化娱乐、信息网络等产业健康发展的重要支撑。党的十八大以来，作品登记、集体管理、版权交易、中介服务等版权社会服务水平显著提升。著作权登记数量呈现逐年增长态势，2020年著作权登记量达到503.95万件。版权示范创建、版权交易中心建设等产业促进措施不断深化，共授予全国版权示范城市13个、全国版权示范单位194个、全国版权示范园区（基地）52个，在深圳前海、上海浦东、四川天府新区设立“国家版权创新发展基地”，设立18个国家版权交易中心（贸易基地）。版权成果转化成效明显，版权产业快速发展，2019年我国版权产业行业增加值7.32万亿元、占GDP的比重7.39%。新冠肺炎疫情期间，在线教育、网络文学等相关版权产业更是逆

势而上，呈现出强劲的发展势头。广大著作权权利人和影视、音乐、文学等市场主体更加重视版权资源的运营和保护，版权资源的经济价值日益突显。

二、新时代版权工作面临新形势新要求

从现在起到2035年是党和国家在全面建成小康社会、实现第一个百年奋斗目标之后，乘势而上开启全面建设社会主义现代化国家新征程、向第二个百年奋斗目标进军的关键阶段，也是深入实施《知识产权强国建设纲要（2021—2035年）》、加快推动版权治理体系和治理能力现代化的重要时期，版权工作面临新任务新挑战。

从国内看，以习近平同志为核心的党中央把知识产权工作摆在更加突出的位置。十九届中央政治局就加强我国知识产权保护工作举行集体学习，习近平总书记发表重要讲话，深刻阐明了知识产权事业改革发展的一系列方向性、根本性、原则性重大理论和实践问题，为新时代知识产权事业发展提供了根本遵循和行动指南。版权作为知识产权的组成部分、文化的基础资源、创新的重要体现和国民经济的支柱产业，在加快构建新发展格局以及建设创新型国家和文化强国、知识产权强国进程中，地位越来越重要、作用越来越显著。当前，我国版权工作与经济社会发展要求还不完全适应，版权质量效益还有待提升，版权精品力作还不够多，版权资源还没有得到充分挖掘利用。加快推动版权事业高质量发展，尤为重要而迫切。必须紧紧围绕党和国家工作大局，坚持以人民为中心的工作导向，促进版权精品创作和传播，满足人

民美好生活需要。

从国际看，知识产权作为国家综合实力的重要指标，日益成为国际竞争的核心要素。加强版权国际交流与合作，不断提升我国版权国际影响力和话语权，积极推动建立平衡有效的国际版权治理体制，任务紧迫而艰巨。版权工作要坚持开放包容、平衡普惠的原则，深度参与世界知识产权组织、世界贸易组织等国际组织框架下的全球版权治理，深化与共建“一带一路”国家和地区，以及与我有双边版权合作协议重点国家的交流合作，积极营造良好版权国际环境，建设更高水平开放型版权发展新格局。

同时，新一轮科技革命和产业变革深入发展，国际产业分工格局和竞争态势深度调整，区块链、大数据、人工智能等技术手段日新月异，侵权盗版行为网络化、高技术化特点愈加明显，这些都对版权保护提出了新挑战、新要求。版权工作要强化全链条保护，把全面保护作为版权工作主基调，把网络版权保护作为主战场，强化保护力度、拓展保护范围、突出保护重点、增强保护实效，不断提升版权保护水平，维护良好的版权秩序和发展环境。

三、深刻把握版权强国建设的战略目标

《知识产权强国建设纲要（2021—2035 年）》指出，到 2035 年，中国特色、世界水平的知识产权强国基本建成。这对提升国家核心竞争力，扩大高水平对外开放，实现更高质量、更有效率、更加公平、更可持续、更为安全的发展，满足人民日益增长的美好生活需要，具有重要意义。加快版权强国建设，是文化强

国、知识产权强国建设的重要内容，也是有效实施创新驱动发展战略、服务全面建设中国特色社会主义现代化国家的现实需要。

做好新形势下的版权工作，要以习近平新时代中国特色社会主义思想为指导，全面贯彻落实党中央、国务院决策部署，紧紧围绕统筹推进“五位一体”总体布局和协调推进“四个全面”战略布局，坚持稳中求进、守正创新，以建设版权强国为奋斗目标，以全面加强版权保护、推动版权产业高质量发展为基本任务，以进一步完善中国特色版权工作体系为主要措施，全面提升版权创造、运用、保护、管理和服务水平，推进版权治理体系和治理能力现代化。到2035年，版权强国建设取得显著成效，版权重要领域和关键环节改革取得重大进展，版权综合实力不断壮大，版权治理能力大幅提升，版权保护力度持续加强，版权发展环境明显优化，版权国际合作更加深入，版权产业行业增加值GDP占比达到世界领先水平，具有中国特色、世界水平的版权强国基本建成。

一是版权综合实力不断壮大。版权产业实力和规模达到世界前列，市场主体创造、运用、保护、管理、服务版权的能力显著增强，涌现出若干以版权为核心竞争力的龙头企业。作品创作质量显著提高，涌现出一批国际知名的作品及作者。版权国际竞争力和话语权显著提升，成为引领国际版权格局变化、引导国际版权规则制定的主要国家之一。

二是版权治理能力大幅提升。现代化版权管理体系更加完备，行政决策科学合理，审批备案便捷快速，版权执法规范高效。版权领域法律制度结构严密、体系健全，对经济发展、文化繁荣和社会进步的促进作用明显发挥。新兴领域和特定领域版权规则体系更加合理，对大数据、人工智能、区块链以及传统文化、传统知识等领域治理需求应对有效。版权登记质量显著提升，版权社会服务体系持续优化，中国特色著作权管理制度不断健全。

三是版权保护力度持续加强。严格、公正、高效、协同为一体的版权保护格局基本形成，具有中国特色的司法与行政并行的版权保护体制更加完善。现代化版权执法监管体系基本建立，文化市场综合执法机构作用充分发挥，重点监管与专项治理相结合的监管模式不断演进延伸，打击侵权盗版快速反应机制不断完善，版权执法效能不断提升。分工明确、权责清晰、各司其职、快速高效的版权社会共治模式不断优化，侵权盗版行为明显减少，版权市场环境得到有效净化，社会满意度显著上升。

四是版权发展环境明显优化。版权展会授权交易体系更加完善，版权示范城市、园区（基地）、单位等示范引领作用充分发挥，国家版权创新发展基地探索出一系列可推广的经验，版权产业高质量发展。常态化的版权宣传教育机制更加健全，社会公众版权意识大幅提升，尊重创作、尊重版权的社会风尚基本养成。版权人才培养和队伍建设机制更加完善，有利于版权人才成长的社会环境基本形成，版权人才专业化、职业化水平不断提高。

五是版权国际合作更加深入。坚持开放包容、平衡普惠的原则，深度参与全球版权治理，促成更加公平合理的版权国际规则体系。与版权相关国际组织、共建“一带一路”国家和地区的版权交流合作更加深入，多双边版权对话合作机制不断巩固和发展。版权海外应急预警和维权机制不断健全，版权国际纠纷应对能力有力提升，我国企业“走出去”版权保障力度得到加强。版权国际舆论的渠道和方式有效拓展，我国版权国际话语权和影响力不断扩大。

四、积极探索版权强国建设的有效路径

习近平总书记强调，知识产权保护工作关系国家治理体系和治理能力现代化，关系高质量发展，关系人民生活幸福，关系国家对外开放大局，关系国家安全。要从国家战略高度和进入新发展阶段要求出发，全面加强知识产权保护工作，促进建设现代化经济体系，激发全社会创新活力，推动构建新发展格局。做好新时代版权工作必须全面贯彻落实习近平总书记重要指示精神，围绕立足新发展阶段、贯彻新发展理念、构建新发展格局，统筹好版权的文化属性与产业属性、法律规制与行业自律、国内保护与国际交流，不断探索版权强国建设的路径举措。

（一）提高版权工作法治化水平

习近平总书记指出，要加强知识产权保护工作顶层设计，提高知识产权保护工作法治化水平。面向新征程，版权工作要加强顶层设计、科学谋划和统筹安排，及时研究制定阶段性版权工作规划，贯彻实施好新修改的著作权法，提高法治化水平。要完善版权管理体制机制，健全中国特色版权法律制度体系，充分发挥法治在版权治理体系和治理能力现代化中的积极作用，持续推进版权成果惠及广大人民群众。要统筹保护权利、鼓励创作、促进传播和平衡利益，认真开展基础性版权法律制度和政策研究，制定、修订版权行政执法、集体管理组织监管、著作权登记等有关

著作权行政法规、部门规章和规范性文件。要加强对地方著作权立法工作的指导和支持，鼓励各地在立法权限范围内因地制宜制定地方性法规和规章，保障各项著作权法律法规在各地区有效实施。要积极参与、推动著作权相关国际条约的磋商、制定工作，推动国内著作权法律法规与我国已参加的国际公约的协调和对接。要健全新领域新业态版权保护制度，加强数字版权保护技术研发运用指导，充分利用新技术创新版权监管手段，提高版权保护有效性和精准度，提升版权保护水平。

（二）强化版权全链条保护

习近平总书记强调，知识产权保护是一个系统工程，覆盖领域广、涉及方面多，要综合运用法律、行政、经济、技术、社会治理等多种手段，从审查授权、行政执法、司法保护、仲裁调解、行业自律、公民诚信等环节完善保护体系，加强协同配合，构建大保护工作格局。面向新征程，版权工作要牢牢把握加强知识产权保护是完善产权保护制度最重要的内容和提高国家经济竞争力最大的激励，坚持“严格保护，提升效能，分类监管，引导规范”的工作思路，综合运用多种手段，强化版权全链条保护。要全面加强版权保护，充分发挥国家和省级版权主管部门的组织、部署、协调、指导和监督检查职责，加大版权执法监管力度，持续保持对侵权盗版高压严打态势。要突出大案要案查处，加大侵权行为惩治力度，对群众反映强烈、社会舆论关注、侵权盗版多发的重点领域和区域坚决持续整治。要加强版权行政执法能力建设，统一执法标准，完善执法程序，提高执法专业化、信息化、规范化水平，大力提升行政执法人员专业化、职业化水平。要加强版权执法协作，强化对文化市场综合执法机构的指导，密切与“扫黄打非”、工信、公安、海关、市场监管、网信等部门的协调配合，巩固加强“两法”衔接机制，进一步推动版权行政执法与刑事司法的有效衔接。要持续深入推进软件正版化工作，充分发挥推进使用正版软件工作部际联席会议制度优势，加强统筹协调、督促检查、服务指导，完善软件正版化工作监管体系，巩固拓展软件正版化工作成果。要建立健全版权保护志愿者制度，完善侵权盗版举报奖励机制，畅通投诉举报渠道，激发社会公众参与版权保护积极性和主动性。要广泛整合运用社会力量，加强与版权协会、版权保护中心、版权服务机构、著作权集体管理组织的协作，健全社会共治的版权保护机制。

（三）推进版权产业高质量发展

习近平总书记指出，要打通知识产权创造、运用、保护、管理、服务全链条，健全知识产权综合管理体制，增强系统保护能力。面向新征程，版权工作要充分发挥版权在推动我国经济社会高质量发展中的重要作用，立足服务和推动高质量发展，提升著作权登记质量，完善版权确权、授权和交易机制，注重版权资产管理，提升版权交易水平，促进版权转化运用，打通版权发展全产业链，推动版权产业特别是核心版权产业高质量发展。要完善著作权登记体制机制，推进建立全国统一的著作权登记体系。要健全中国特色著作权集体管理制度，加强对著作权集体管理组织、境外著作权认证机构以及国际著作权组织常驻中国代表机构的指导和监管。要深化版权示范创建，开展国家版权创新发展基地建设，完善全国版权展会授权交易体系，推进全国版权交易中心建设，推动版权工作与各相关产业深度融合发展。要推进民间文艺版权保护与促进工作，进一步激活民间文艺领域的版权价值，促进中华优秀传统文化创造性转化和创新性发展。要加强对版权社会组织的支持和管理，引导版权社会组织在资产管理、版权运营、鉴定评估、版权金融、监测预警、法律服务、纠纷调处等方面发挥专业性优势，推进版权社会服务组织的规范化发展。要推进版权人才培养和队伍建设，加强版权执法、版权登记、版权交易、版权代理、版权资产管理等专业化人才培养，构建政府、高校、社会组织和企事业单位互为补充的版权人才培训体系。要加强版权宣传引导，建设常态化、立体化和精准化的版权宣传机制，不断提升版权宣传的生动性和有效性，营造尊重版权的良好文化氛围，提高全社会版权意识。

（四）统筹推进版权领域国际合作

习近平总书记强调，要深度参与世界知识产权组织框架下的全球知识产权治理，推动完善知识产权及相关国际贸易、国际投资等国际规则和标准，推动全球知识产权治理体制向着更加公正合理方向发展。面向新征程，版权工作要坚持人类命运共同体理念，坚持多边主义立场，加强版权多双边交流合作，深化合作共赢的版权多双边关系，深入推进与世界知识产权组织、世界贸易组织、联合国教科文组织、亚太经合组织等国际组织的交流合作，深化与共建“一带一路”国家和地区的版权交流，进一步提升版权国际影响力和话语权。要建立健全版权国际贸易服务机制，加强版权产业国际运营能力，利用多双边版权对话机制协调解决版权国际贸易中的突出问题，推动构建国际性的版权交易平台，为版权产业“走出去”保驾护航。要强化版权涉外宣传工作，扩大版权对外宣传力度、深度和广度，拓展版权对外宣传渠道和方式，讲好中国版权故事，营造良好版权国际环境，进一步提升版权国际传播力，展示文明大国、负责任大国形象，助力提高国家文化软实力和中华文化影响力。要继续与世界知识产权组织联合开展版权保护优秀案例示范推广工作，通过世界知识产权组织等国际平台为版权全球治理提供中国智慧和中国方案。同时，要敢于斗争、善于斗争，决不放弃正当权益，决不牺牲国家核心利益，要坚决守护好版权领域国家安全。

推进版权强国建设，责任重大，使命光荣。我们要更加紧密地团结在以习近平同志为核心的党中央周围，不忘初心、牢记使命，增强“四个意识”、坚定“四个自信”、做到“两个维护”，心怀“国之大者”，把党的领导贯穿到版权工作的各领域各环节，增强新形势下做好版权工作的本领，奋力开创新时代中国版权事业新局面，为全面建设社会主义现代化国家、实现中华民族伟大复兴作出新的更大贡献！

推进知识产权检察工作高质量发展 更好服务保障知识产权强国建设

孙　谦*

知识产权是建设创新型国家的重要支撑，也是我国参与全球竞争的核心因素。保护知识产权就是保护创新，就是保障创新发展。党的十八大以来，以习近平同志为核心的党中央从党和国家事业发展战略全局出发，对加强知识产权强国建设作出一系列重大决策部署，推动我国知识产权事业取得显著成效。2021 年，中共中央、国务院专门印发《知识产权强国建设纲要（2021—2035 年）》（以下简称《纲要》），充分体现了以习近平同志为核心的党中央对实施知识产权强国战略、建设创新型国家和社会主义现代化强国的高度重视和坚定决心。《纲要》立足新发展阶段，明确了知识产权强国建设的战略背景、总体要求、基本任务、组织保障。建设面向社会主义现代化的知识产权制度，离不开法治的保障。检察机关作为国家的法律监督机关，打造法治化营商环境责无旁贷。2021 年 6 月，党中央专门印发《中共中央关于加强新时代检察机关法律监督工作的意见》，强调“加强知识产权司法

* 孙谦：最高人民检察院党组成员、副检察长。

保护，服务保障创新驱动发展”。检察机关要坚持以习近平新时代中国特色社会主义思想为指导，深入学习贯彻习近平法治思想和习近平总书记“七一”重要讲话精神，立足法律监督职能定位，积极融入、推动完善知识产权保护体系，以知识产权检察工作高质量发展更有力服务、保障知识产权强国建设。

一、知识产权检察工作发展现状

近年来，全国检察机关聚焦知识产权保护重点领域和突出问题，全面依法履行刑事、民事、行政检察职能，采取一系列务实举措，为创新驱动发展提供有力法治保障。

（一）2016—2020 年知识产权检察监督办案情况

一是严厉打击侵犯知识产权犯罪。2016 年至 2020 年，全国检察机关共受理审查逮捕案件 21414 件、40540 人，批准逮捕案件 16331 件、28281 人；受理审查起诉案件 30971 件、65269 人，提起公诉案件 23481 件、45708 人。监督公安机关立案 661 件、817 人，监督撤案 548 件、685 人；建议行政执法机关移送案件 1076 件、1317 人。提起二审抗诉 181 件，提起审判监督抗诉 20 件。

二是依法履行知识产权民事、行政检察职责。不断加大知识产权民事、行政诉讼监督力度，依法监督纠正确有错误的生效裁判、审判违法行为和执行违法行为。2016 年至 2020 年，全国检察机关共受理涉知识产权民事诉讼监督案件 495 件，受理涉知识产权行政诉讼监督案件 205 件。

三是坚持精准监督理念，充分发挥典型案例引领示范作用。2016年至2020年，最高人民检察院共发布保护知识产权指导性案例及典型案例82件。最高人民检察院单独或与相关部门联合挂牌督办各类知识产权案件177件；指导并参与办理盗版春节档电影“2·15”系列专案等重点案件；就2例侵害音乐电视作品权利人著作权纠纷案向最高人民法院提出抗诉获改判，保护了著作权“中小权利人”合法权益，诠释了精准监督理念，发挥了引领示范作用。

（二）加强知识产权司法保护的主要做法

一是在围绕中心、服务大局中履行知识产权检察职责。近年来，最高人民检察院坚持讲政治、顾大局，认真贯彻落实党中央决策部署，先后发布《关于充分发挥检察职能依法保障和促进科技创新的意见》《关于充分履行检察职能加强产权司法保护的意见》《关于充分发挥检察职能服务保障“六稳”“六保”的意见》等一系列检察意见，明确检察政策、引导检察履职，有力推动了知识产权司法保护。地方检察机关结合本地、本院实际，抓好贯彻落实。四川省人民检察院与重庆市人民检察院联合签署《关于加强检察协作服务保障成渝地区双城经济圈建设的意见》，协同加强成渝双城经济圈知识产权保护；上海市检察机关分别与市知识产权局、版权局、文化执法总队搭建专利、版权领域“两法衔接”平台，联动服务保障上海科技创新中心和亚太知识产权中心城市建设。

二是勇于开拓创新，积极探索知识产权检察工作新机制。2020年11月，最高人民检察院专设知识产权检察办公室，整合刑事、民事、行政检察职能，以专业办案团队强化综合司法保护，并在北京、天津、上海、江苏、浙江、福建、重庆、四川、海南9个省市开展知识产权检察集中统一履职试点工作。各试点单位积极探索创新，办理了一批典型案件，积累总结了一批可复制推广的经验做法。上海市检察院第三分院自2016年9月即探索实行知识产权检察刑事、民事、行政“三合一”办案机制，由分院层级专司知识产权检察工作；云南省人民检察院出台《关于知识产权刑事犯罪案件集中管辖的办理规定》，着力解决涉知识产权刑事犯罪案件跨行政区域集中管辖问题；福建省泉州市人民检察院和市工商局共同倡议推动“泉州知识产权快速维权六方协作机制”，实现“机制共建、数据共享、秩序共治”。同时，针对一些知识产权刑事案件中，权利人难以依法及时维权的问题，全面推开诉讼权利义务告知制度。

三是融入大保护格局，汇聚知识产权保护合力。最高人民检察院与有关机构共同制定实施《打击侵权假冒行政执法与刑事司法信息共享系统管理使用办法》，进一步做实“两法衔接”工作；作为成员单位，认真抓好“全国打击侵犯知识产权和制售假冒伪劣商品工作领导小组”“国务院知识产权战略实施工作部际联席会议机制”等联络协调工作。北京市人民检察院连续9年与北京市高级人民法院召开民事、行政诉讼监督工作座谈会，专门就知识产权案件审理中存在的问题进行沟通，促进司法标准统一。上海市检察机关加强跨区域知识产权保护工作，与长三角生态绿色一体化发展示范区执委会磋商区域知识产权保护举措，联合执委会、三省市场监管局及法检单位出台示范区强化知识产权保护推进先行先试的若干举措；与行政主管部门签署合作协议，建立知识产权领域“两法衔接”机制。云南省人民检察院举办全省“两法衔接”信息共享平台实务操作培训，邀请各级公安机关、市场监管、药品监管等部门相关人员开展同堂培训。

四是立足职能定位，积极参与社会治理。全国检察机关深化能动司法，在办理知识产权案件时，聚焦检察监督中发现的普遍性、趋势性问题，坚持惩防并举、标本兼治，向前端治理环节延伸履职，积极推动诉源治理。贵州省检察机关办理汪某等10人侵犯著作权案时，多次与公安机关分析研究案件成因及书画拍卖市场乱象，共同提出完善《著作权法》《拍卖法》的建议。福建省福州、厦门、宁德、三明等地检察机关结合监督办案，分析研究食品安全犯罪发案特点和规律，制发检察建议帮助发案单位及主管部门完善管理制度。

五是加强专业化建设，提升履职能力。最高人民检察院在北京市人民检察院第四分院建立全国检察机关首个知识产权行政检察研究和实践基地，在中国人民大学建立知识产权检察研究基地，强化知识产权基础理论及前沿问题研究。广州市黄埔区人民检察院成立了有机构编制、有专业队伍的知识产权检察室，并在2021年挂牌“黄埔知识产权检察保护中心”。珠海市人民检察院开发运行智慧知识产权检察系统，包括知识产权一体化平台、知识产权保护服务平台、知识产权检察辅助分析平台三个子系统，通过数据分析助力监督办案。

二、知识产权检察工作面临的新形势新要求

《纲要》指出：“进入新发展阶段，推动高质量发展是保持经

济持续健康发展的必然要求，创新是引领发展的第一动力，知识产权作为国家发展战略性资源和国际竞争力核心要素的作用更加凸显。”这对做好知识产权检察工作提出了新的更高要求，检察机关要切实增强政治自觉、法治自觉、检察自觉，不断提升知识产权司法保护品质。

一是深入把握党中央战略考量，着力强化全面加强知识产权检察工作的政治自觉。党的十九届五中全会把关键核心技术实现重大突破、进入创新型国家前列列为 2035 年基本实现社会主义现代化的远景目标，突出强调“坚持创新在我国现代化建设全局中的核心地位”。2020 年 11 月，习近平总书记在中央政治局第二十五次集体学习时发表重要讲话，强调“全面加强知识产权保护工作，促进建设现代化经济体系，激发全社会创新活力，推动构建新发展格局”。习近平总书记的重要讲话，为加强知识产权保护工作提供了根本遵循和行动指南。从国际看，当今世界正经历百年未有之大变局，科技创新是其中一个关键变量。从国内看，知识产权领域仍存在侵权易发多发和侵权易、维权难等现象，知识产权保护意识和法治化水平亟待提升。因应新形势新任务，第十五次全国检察工作会议明确部署“强化知识产权检察保护，促进科技强国建设”。检察机关要在把握大局大势中跟进、创新履职，始终胸怀“国之大者”，深刻认识到全面加强知识产权司法保护事关国家治理体系和治理能力现代化、事关高质量发展、事关人民群众美好生活需求、事关国家对外开放大局，要以高度的政治自觉担负起全面提升知识产权综合实力、助力知识产权强国建设的职责使命。

二是协同推进知识产权司法保护体制改革，着力强化全面加强知识产权检察工作的法治自觉。《纲要》明确部署“健全公正高效、管辖科学、权界清晰、系统完备的司法保护体制”。近年来，知识产权司法保护体制改革逐步深化，知识产权法规制度体系和保护体系不断健全。人民法院深入推进知识产权审判“三合一”改革，完善知识产权专门化审判体系；中共中央印发《深化党和国家机构改革方案》，将国家知识产权局的职责、国家工商行政管理总局的商标管理职责、国家质量管理监督检验检疫总局的原产地地理标志职责整合，重新组建国家知识产权局；公安部内设机构调整，成立食品药品犯罪侦查局，将知识产权犯罪纳入管辖范围。检察机关要坚持与时俱进，准确把握知识产权司法保护体制改革要求，从知识产权保护体系建设的高度科学谋划、务实推动知识产权检察工作，密切与其他执法司法机关改革联动，做到系统集成、协同高效，切实在法治轨道上推进知识产权司法保护提质增效。

三是充分发挥检察机关法律监督职能作用，着力强化全面加强知识产权检察工作的检察自觉。检察机关担负着追诉知识产权犯罪、监督知识产权法律统一正确实施的重要职责使命。近年来，全国检察机关持续加大对知识产权侵权违法行为的打击力度，为经济社会发展提供了有力法治保障。与此同时，知识产权检察工作还面临一些突出困难和问题：知识产权刑事、民事、行政检察职能长期分散设置，人员配备不足，基础理论研究薄弱，等等，特别是与新发展阶段人民群众在民主、法治、公平、正义、安全、环境等方面的新需求相比，还显跟不上、不尽适应，法律监督职能作用发挥还不够充分。《纲要》专门要求“加强知识产权案件检察监督机制建设，加强量刑建议指导和抗诉指导”。

落实《纲要》部署要求，检察机关承担双重责任，既要全面加强知识产权检察工作，也要以更优检察履职服务推动知识产权制度建设、知识产权保护体系建设等目标任务的实现。

三、积极推进知识产权检察工作高质量发展

在新的征程上，检察机关要对标对表《纲要》部署要求，结合一体落实《中华人民共和国国民经济和社会发展第十四个五年规划和2035年远景目标纲要》《中共中央关于加强新时代检察机关法律监督工作的意见》《“十四五”时期检察工作发展规划》等，积极推进新发展阶段知识产权检察工作高质量发展，推动知识产权全方位保护。

（一）坚持系统观念，加强统筹协调

贯彻落实《纲要》，要坚持系统观念，立足知识产权大保护格局，坚持双赢多赢共赢，统筹好内外协同、上下联动以及知识产权检察与其他检察业务等关系，增强司法保护合力。

一是在知识产权大保护格局中发挥检察作用。知识产权保护是一项系统工程，《纲要》提出：“坚持党中央集中统一领导，实现政府履职尽责、执法部门严格监管、司法机关公正司法、市场主体规范管理、行业组织自律自治、社会公众诚信守法的知识产权协同保护。”检察机关作为协同保护格局的重要组成部分，应立足职能定位，用足用好现有协作机制、平台，在知识产权大保护格局中发挥检察作用。积极主动与相关行政部门沟通协调，做实行政执法与刑事司法双向衔接工作，实现信息互联、数据共

享。依托打击侵权假冒工作平台，将知识产权检察重点任务融入打击侵权假冒工作一体谋划推动。强化与公安机关等相关执法部门协作，与各类知识产权保护专项工作同频共振，形成打击合力。统筹推进省级人民检察院对接国家知识产权局设立的知识产权保护中心，建立常态化协作联动机制。

二是加大司法体制机制改革协同力度。《纲要》着眼“建设支撑国际一流营商环境的知识产权保护体系”，部署了一系列知识产权保护体制机制改革任务。检察机关要立足法律监督职能定位，从协同落实知识产权保护工作体制机制改革任务的高度谋划和推进知识产权检察工作。要着重加强与人民法院、公安机关以及行政执法机关的沟通联络，统一执法司法理念，促进常态化协作机制落地落细。比如，积极适应人民法院知识产权审判“三合一”改革以及专业化审判体系改革举措，同步跟进完善法律监督机制，扫除监督死角；因应“以审判为中心”的刑事诉讼制度改革，精准推进重大疑难复杂知识产权案件自行补充侦查工作。

三是深入推进知识产权检察综合履职。检察机关要贯彻落实《纲要》，就要全面加强知识产权检察工作，更好发挥职能作用。要持续深化知识产权检察集中统一履职试点，进一步厘清知识产权检察的内涵和外延，遵循知识产权刑事、民事、行政检察各自特点和规律，着力推动办案理念深度融合，积极构建知识产权检察综合履职模式。注重加强刑事、民事、行政交叉案件研究，剖析典型案件，统一类案办理。注重大数据深度应用，对各类型知识产权刑事、民事、行政案件进行综合分析研判，发现司法审判、行业监管以及检察履职中的问题，有针对性地提出对策建议。

（二）坚持法治思维，深耕主责主业

贯彻落实《纲要》，要坚持法治思维，严格履行宪法法律赋予的法律监督职责使命，努力让人民群众在每一个司法案件中感受到公平正义。

一是坚持以办案为中心。办案是检察机关的主责主业，案件办不好，工作成效就无从体现，加强知识产权检察就是一句空话。要牢牢抓住办案这个牛鼻子，坚持在办案中监督，在监督中办案，立足办案促改革、谋发展，通过办案积累经验、锻炼队伍、提升工作成效。要聚焦群众反映强烈、社会舆论关注的突出问题，比如，针对涉农领域产品、生命健康产品、环境保护产品、地理标志和奥林匹克标志产品侵权假冒行为，侵犯商业秘密行为，网络侵权盗版行为等，以求极致精神办理一批有重大影响和典型意义的案件，震慑违法行为，发挥引领作用，提升保护质效。要严格落实“少捕慎诉慎押”刑事司法政策，统筹做好羁押必要性审查、公开听证、认罪认罚从宽等具体工作，完善、落实检察办案保护创新创业容错机制。

二是加强知识产权检察规范化建设。进一步健全完善知识产权检察办案规范，明确知识产权检察工作理念、基本原则、案件范围以及履职方式等内容。《纲要》要求“塑造尊重知识、崇尚创新、诚信守法、公平竞争的知识产权文化理念”。要注重发挥知识产权检察引领、昭示知识产权文化作用，强化指导性案例的发掘运用，培养新时代知识产权文化自觉和文化自信，涵养共同保护知识产权的良好社会生态。

三是做优刑事检察。《纲要》要求：“修改完善知识产权相关司法解释，配套制定侵犯知识产权犯罪案件立案追诉标准。”检察机关要聚焦《中华人民共和国刑法修正案（十一）》实施，探索销售假冒注册商标的商品罪、侵犯商业秘密罪等罪名法律适用标准等问题，会同有关部门修订完善知识产权刑事法律和司法解释，配套制定侵犯知识产权犯罪案件立案追诉标准。持续深化侵犯知识产权刑事案件权利人诉讼权利义务告知工作，依法保护知识产权权利人合法权益。

四是做强民事、行政检察。《纲要》要求“统一知识产权司法裁判标准和法律适用”。要积极构建知识产权民事、行政诉讼多元化监督格局，综合运用多种监督手段对确有错误的裁判结果、审判违法行为以及违法执行活动进行法律监督。强化依职权监督意识，畅通民事、行政案件来源渠道。树立精准监督理念，注重选择在法治理念、司法活动中有纠偏、创新、进步、引领价值的典型案件，努力做到监督一件，促进解决一个领域、一个地方、一个时期司法理念和政策导向问题，实现政治效果、社会效果和法律效果有机统一。加强知识产权民事、行政审判、执行活动规律研究，注重发现普遍性、倾向性问题，通过制发类案监督检察建议促进司法裁判标准和法律适用统一。

（三）坚持开拓创新，健全完善机制

贯彻落实《纲要》，要坚持开拓创新，积极破解制约知识产权检察职能作用发挥的体制机制障碍，以创新履职助力发挥知识产权制度激励创新的基本保障作用。

一是创新知识产权案件办理机制。在知识产权案件办理中，进一步加强听证工作，对于符合听证条件且有听证必要的案件，

做到应听尽听，推动知识产权案件公开听证制度化、规范化、常态化。深化涉案企业合规改革试点，对办理的涉企知识产权刑事案件，在依法作出不批捕、不起诉决定或者根据认罪认罚从宽制度提出轻缓量刑建议的同时，落实第三方监督评估机制，督促涉案企业作出合规承诺并积极整改，促进企业合规守法经营，预防和减少企业违法犯罪。探索推进刑事附带民事诉讼、不起诉案件移送行政处罚等工作，最大限度维护权利人合法权益。探索建立重大创新平台司法服务保障机制，提供信息查询、法律咨询、举报申诉等司法检察服务，将司法保护延伸到科技创新最前沿。

二是健全前沿领域司法保护规则。《纲要》要求“构建响应及时、保护合理的新兴领域和特定领域知识产权规则体系”，并明确部署建立健全多个领域保护规则、制度等任务要求。检察机关直接在执法司法活动中履行监督职责，既有研究此类保护规则的需求，也具备研究此类保护规则的条件。要准确把握知识产权发展态势，始终面向知识产权前沿领域，结合监督办案实践，助推尽快健全大数据、人工智能、基因技术等新业态新领域知识产权保护规则以及传统文化和传统知识等领域保护办法。

三是积极构建跨行政区划知识产权检察制度。《纲要》要求“围绕国家区域协调发展战略，制定实施区域知识产权战略”。检察机关要探索推进跨行政区划知识产权检察制度建设，聚焦案件管辖、信息共享、机构设置、力量配备等检察履职要素，加强优化整合，创新履职模式，以区域检察协作助力知识产权强省强市建设，促推区域知识产权协调发展，打造一批知识产权保护高地，为跨行政区划检察工作提供知识产权检察样板。

（四）坚持强基导向，筑牢基层基础

贯彻落实《纲要》，要坚持强基导向，聚焦知识产权检察工作短板和不足，加强基层组织、基础工作、基本能力建设，夯实知识产权检察工作高质量发展根基。

一是加强机构专门化建设。《纲要》明确部署加强知识产权审判机构、审判组织、审判体系建设，这对检察机关法律监督工作提出了更高要求。相较而言，检察机关知识产权检察机构专门化建设仍处于探索阶段，需求更为迫切。在加强顶层设计的同时，要鼓励各地根据知识产权司法实践需要，因地制宜设立临时机构、派出机构、办案组织，逐步完善知识产权检察体系。

二是加强队伍专业化建设。《纲要》要求“营造更加开放、更加积极、更有活力的知识产权人才发展环境”。知识产权检察队伍专业化建设仍是亟需补齐的短板。要选调政治素质硬、业务能力强、工作作风好且有知识产权专业背景的人才充实到办案一线，配强专职人员，组建专业团队。充分发挥检察一体化优势，设立知识产权检察人才库，统一调配专业力量。建立与法官、人民警察、律师等同堂培训制度，统一执法司法理念和办案标准尺度。建立技术调查官制度，积极推进知识产权检察“智库”建设。

三是加快推进信息化建设。更加注重以“数字革命”赋能新时代法律监督。建立完善知识产权检察案件智慧管理系统，实现知识产权检察案件管理、数据汇聚、智能分析、监督制约等系统集成，夯实大数据分析基层基础。积极运用大数据、区块链等技术，推进公安机关、检察机关、审判机关、行政机关等跨部门大

数据协同办案。

四是加强知识产权检察基础理论研究。《纲要》提出“开展知识产权基础性法律研究，做好专门法律法规之间的衔接，增强法律法规的适用性和统一性”。新兴领域和特定领域知识产权规则体系的构建、各类改革措施的统筹推进，都需要坚实的理论支撑。检察机关要突出问题导向，充分发挥知识产权检察理论研究基地作用，加强与科研院所的交流合作，紧紧围绕《纲要》中部署的重大改革任务、重要机制创新、重点司法需求，确定一批基础理论研究选题，形成一批高质量的研究成果，为解决疑难复杂法律问题提供坚实理论支撑。

知识产权强国建设任重道远。检察机关要坚持以习近平新时代中国特色社会主义思想为指导，全面贯彻习近平法治思想，紧紧围绕统筹推进“五位一体”总体布局和协调推进“四个全面”战略布局，践行以人民为中心的发展思想，聚焦知识产权司法保护痛点难点堵点，深入推进知识产权检察领域改革，健全完善知识产权检察体制机制，以高质量知识产权检察履职为建设创新型国家和社会主义现代化强国保驾护航。

加快推进高校知识产权工作高质量发展

钟登华*

党的十八大以来，习近平总书记高度重视知识产权工作，特别是在中央政治局第二十五次集体学习时发表重要讲话，为新时代知识产权工作提供了根本遵循。中共中央、国务院印发《知识产权强国建设纲要（2021—2035年）》，对全面提升知识产权创造、运用、保护、管理和服务水平作出了全面、系统的部署。高校是产生和传播知识的重要场所，是知识产权创造、运用、保护、管理、服务的重要主体，进入新发展阶段，必须深刻认识自身独特优势和重要地位，加快推进知识产权工作高质量发展，为教育强国、科技强国和知识产权强国建设提供有力支撑。

一、"十三五"期间高校知识产权工作的主要成绩

"十三五"期间，教育部深入贯彻落实习近平总书记重要讲话精神和党中央、国务院重大决策部署，全面提升高校专利创造质量、运用效益、管理水平和服务能力，持续强化知识产权有关

* 钟登华：教育部党组成员、副部长。

学科专业建设和人才培养，推动高校知识产权工作取得新进展。

一是政策体系不断完善。2016年以来，教育部联合国家知识产权局、科技部等部门，研究制定了《关于提升高等学校专利质量 促进转化运用的若干意见》《关于加强高等学校科技成果转移转化工作的若干意见》，组织实施《促进高等学校科技成果转移转化行动计划》，编制了《高等学校知识产权管理规范》（GB/T 33251—2016），推动高校完善知识产权全流程管理体系，探索专利申请前评估和职务科技成果披露制度，加强知识产权运营专业化机构和人才队伍建设，率先推动专利申请资助、授权奖励政策改革，加快构建科技成果转移转化体系，不断优化高校知识产权发展环境。

“十三五”期间，高校科研人员的知识产权保护意识普遍提高，高校“专利等科技成果只有转化才能实现创新价值”“不转化是最大浪费”的理念深入人心，高校知识产权工作深度融入科技项目立项、实施、结题等科技创新的各个环节，高校盲目追求专利数量的风气有所转变，专利转化成效得到一定提高。据统计，2020年，75所教育部直属高校专利申请量约7.8万件，较2019年减少15.4%；专利转化近8000项，较2019年增长76%；转化合同额约60亿元，较2019年增长84%。同时，部分高校在知识产权全流程管理、专利申请前评估、职务科技成果披露等方面探索、实践出一批典型经验。据统计，全国超过600所高校修订了与知识产权相关的制度文件，积极完善校内知识产权管理制度。

二是专业化能力持续提升。2020年，教育部与国家知识产权局共同认定了北京大学、清华大学等30家国家知识产权示范高校，遴选了中国人民大学等80家国家知识产权试点高校，并指导试点示范高校将知识产权工作纳入重要议事日程，建立校内知识产权统筹协调机制，加强知识产权管理体系建设，强化知识产权管理运营机构设置和人员配备，切实加大政策支持、资金投入和条件保障力度；联合国家知识产权局共同推进高校国家知识产权信息服务中心建设，进一步提升信息服务中心专业化能力，为高校知识产权的创造、运用、保护、管理提供全流程服务。此外，教育部会同科技部等9部门开展赋予科研人员职务科技成果所有权或长期使用权改革试点，共确定40家试点单位（其中有28所高校）开展改革探索，深化科技成果使用权、处置权和收益权改革，完善科技成果转化激励政策，激发科研人员创新创业的积极性。

“十三五”期间，高校专利等知识产权授权数量持续增长、运用效益不断提升，高质量专利不断涌现，为经济社会高质量发展提供了有力支撑。高等学校科技统计资料汇编显示，2020年高校专利授权数达268450件，比2016年增加85.94%；专利合同数15169项，是2016年的3.16倍；专利合同额达810885.7万元，是2016年的3.57倍。此外，“十三五”期间，高校作为第一专利权人获得中国专利奖金奖共25项，约占授奖数的1/5。

三是知识产权人才培养有效强化。教育部支持学位授权自主审核单位按照《国务院学位委员会关于高等学校开展学位授权自主审核工作的意见》有关规定，自主设置知识产权相关一级学科或交叉学科点，支持相关学位授予单位根据有关规定，在一级学科学位授权权限内自主设置知识产权相关二级学科和交叉学科。支持高校根据经济社会发展需要和学校办学能力，依法自主开设知识产权专业，加快培养知识产权专业人才。依托一流本科专业建设“双万计划”，认定华南理工大学等 6 所高校的知识产权专业为国家级一流专业建设点，认定暨南大学等 9 所高校的知识产权专业为省级一流专业建设点；在首批国家级一流本科课程中，认定一批知识产权相关一流本科课程。发布法学类本科专业教学质量国家标准，引导高校加强知识产权相关专业内涵建设，修订人才培养方案，不断提升人才培养质量。此外，高校围绕知识产权相关理论和实践问题开展前瞻性、战略性研究，积极资政建言，产出一批高质量成果，为我国知识产权强国建设发挥思想库、智囊团作用。

目前，已有北京大学、同济大学、厦门大学等高校在法学、工商管理、公共管理等一级学科下自主设置了 48 个与知识产权相关的二级学科或交叉学科；华东政法大学、重庆大学等 105 所高校开设知识产权本科专业，在校本科生 1.2 万余人。“十三五”期间，知识产权专业本科毕业生累计超过 1 万人，为我国知识产权事业的发展提供了有力的人才支撑。

二、高校知识产权工作面临的新形势新要求

当前，我国高校知识产权保护意识、创造能力、管理水平不断提升，但是面对新时代教育强国、科技强国和知识产权强国建设的需要，高校知识产权特别是专利还存在“重数量轻质量”“重申请轻实施”等问题。高校要进一步深入学习贯彻习近平总书记重要讲话精神，正确认识、准确把握新时代对知识产权工作的新形势新要求，加快推动高校知识产权高质量发展。

一是深刻认识做好新时代高校知识产权工作的重要意义。当今世界正经历百年未有之大变局，我国正处于实现中华民族伟大复兴的关键时期，“科技创新成为国际战略博弈的主要战场，围绕科技制高点的竞争空前激烈”。党的十九届五中全会提出坚持创新在我国现代化建设全局中的核心地位，把高水平科技自立自强作为国家发展的战略支撑。习近平总书记在中央政治局第二十五次集体学习时深刻指出，创新是引领发展的第一动力，保护知识产权就是保护创新。知识产权保护工作关系国家治理体系和治理能力现代化，关系高质量发展，关系人民生活幸福，关系国家对外开放大局，关系国家安全。高校作为我国科技创新体系的重要组成部分，立足新发展阶段、贯彻新发展理念、构建新发展格局，推进高质量发展，要统筹做好科技创新与知识产权工作，才能为支撑服务高水平科技自立自强作出更大贡献。一方面，要发挥基础研究主力军和重大科技突破策源地的作用，加快提升自主创新能力，不断取得原始创新重大突破，为解决“卡脖子”技术问题提供有力支撑；另一方面，要推动知识产权工作高质量发展，不断提升知识产权服务水平，加强对科技创新的保护，促进知识产权高质量运用，为经济社会高质量发展注入创新动力。

二是深刻认识我国知识产权工作所处阶段的转变。近年来，我国知识产权工作取得巨大进步。2019 年，我国 PCT 国际专利申请量跃居全球第一。2020 年，国内（不含港澳台地区）每万人口发明专利拥有量达到 15.8 件，是 2012 年的 4 倍多；我国在全球创新指数报告中的排名由 2012 年的第 34 位提升到 2021 年的第 12 位，位居中等收入经济体之首，是世界上进步最快的国家之一。但是，我们也要看到近年来我国知识产权使用费贸易逆差整体仍呈上升态势，2020年达289.5亿美元。具体到高校而言，《2020年中国专利调查报告》显示，2020年我国有效发明专利产业化率为34.7%，其中，企业为44.9%，科研单位为11.3%，而高校仅为3.8%，远低于企业和科研院所有效发明专利的产业化率。习近平总书记指出，我国正在从知识产权引进大国向知识产权创造大国转变，知识产权工作正在从追求数量向提高质量转变。高校要深刻认识到我国知识产权工作所处阶段的变化，转变思路，把知识产权工作的重心放到提高质量这个根本要求上来，以更高标准全面强化知识产权创造、运用、保护、管理和服务，在新的起点上推动知识产权事业稳中求进、高质量发展。

三是深刻认识我国知识产权政策举措的不断完善。知识产权资助奖励政策在我国知识产权事业发展中发挥着重要作用，推动我国迅速成为知识产权大国。但在不同阶段，要建立与之相适应的资助奖励举措。近两年，针对“重数量轻质量”等突出问题，我国对知识产权政策进行了重大调整。2020年2月，教育部、国家知识产权局、科技部联合印发《关于提升高等学校专利质量 促进转化运用的若干意见》，率先在高校开展专利资助奖励政策改革，要求“停止对专利申请的资助和奖励，大幅减少并逐步取消对专利授权的奖励”。2021年1月，国家知识产权局印发《关于进一步严格规范专利申请行为的通知》，明确“2021年6月底前要全面取消各级专利申请阶段的资助”“‘十四五’期间，各地方要逐步减少对专利授权的各类财政资助，在2025年以前全部取消”。2021年4月27日，国务院常务会议提出，促进提高知识产权质量，纠正片面追求数量的倾向，不得直接将专利申请、授权数量作为享受奖励或资质资格评定政策的主要条件，全面取消对商标和专利申请阶段的资助和奖励。资助奖励政策的重大变化，将极大地促进我国知识产权高质量发展，也将加快我国从知识产权引进大国向创造大国转变、从追求数量向提高质量转变。

三、下一步高校知识产权工作的重点任务

教育部将坚持以习近平新时代中国特色社会主义思想为指导，深入实施创新驱动发展战略和知识产权强国战略，积极落实《知识产权强国建设纲要（2021—2035 年）》重点任务，全面提升高校知识产权创造质量、运用效益、管理水平和服务能力，促进自主创新能力的提升，为高水平科技自立自强提供有力支撑。

一是围绕“高质量”下功夫，提升知识产权创造水平。进一步指导高校建立专利申请前评估制度，从源头上减少无效申请和低质量专利申请的数量，进一步探索建立职务科技成果披露制度，及时对创新成果进行知识产权保护，切实提升专利申请质量。进一步完善“双一流”建设绩效评价、学科评估等有关知识产权的评价指标，树立明确的高质量导向。深入开展国家知识产权示范高校和试点高校建设，引导高校建立完善以质量和转化绩效为导向的评价体系，推动知识产权工作与学校科技创新工作深度融合。鼓励高校围绕优势特色学科，强化战略性新兴产业和国家重大经济领域有关产业的知识产权布局，促进高质量知识产权创造。

二是围绕“专业化”下功夫，提升知识产权运用效益。强化高校科技成果转化和技术转移基地建设和高校专业化国家技术转移机构建设，进一步改革完善科技成果转化体系，强化科技成果

转化能力建设，支持高校建立健全集技术转移与知识产权管理运营为一体的专门机构，鼓励高校探索市场化运营机制，充分调动专业机构和人才的积极性，引育结合打造知识产权管理与技术转移的专业人才队伍，不断提升科技成果转移转化能力。进一步推动高校国家知识产权信息服务中心高质量发展，全面总结建设经验和不足，创新举措，为知识产权管理提供高质量、专业化的信息服务。持续做好赋予科研人员职务科技成果所有权或长期使用权试点，及时总结推广新路径、新模式、新机制，不断优化高校科技成果转化的路径和效率。

三是围绕“育人才”下功夫，加强知识产权人才培养。继续支持高校根据国家和区域经济发展需要设置知识产权相关学科专业，深入实施一流专业建设“双万计划”和一流课程建设“双万计划”，带动高校加强知识产权相关专业和课程建设，打造知识产权“金专”“金课”。进一步推进知识产权相关学科专业建设，完善一级学科、专业学位类别设置，编制二级学科和专业领域指导性目录，加大力度培养知识产权领域急需的高层次专业化人才。支持知识产权相关专业人才到国外知名高校学习，培养知识产权国际化人才。面向广大青少年学生，广泛开展知识产权教育，培养学生自觉尊重和保护知识产权的行为习惯，自觉抵制侵权假冒行为。进一步发挥高校哲学社会科学繁荣计划专项资金的导向作用，加强知识产权相关智库建设，鼓励、支持高校学者高质量资政建言，为推进知识产权强国建设提供智力支撑。

推进知识产权强国建设
激发科技创新发展动力

邵新宇*

创新是引领发展的第一动力。经济全球化时代，知识产权日益成为国家发展的战略性资源和国际竞争力的核心要素，知识产权制度能够为创新活动进行产权界定并提供激励机制，为创新产业进行资源配置并提供市场交易机制，为创新成果进行产权保护并提供市场规范机制，因而保护知识产权就是保护创新。《知识产权强国建设纲要（2021—2035 年）》为知识产权创造、运用、保护、管理和服务全链条作出了顶层设计和长远谋划，为建设创新型国家和社会主义现代化强国提供了坚实保障。我们要深入理解知识产权与科技创新之间相互促进、融合共生的紧密关系，统筹推进知识产权强国建设，提升国家创新体系整体效能。

---

* 邵新宇：科技部党组成员、副部长。

一、加强知识产权保护是加快提升创新能力、实现科技自立自强、构建新发展格局的重要保障

当前，我国发展仍处于重要战略机遇期，既需要应对诸多风险挑战，又必须抓住难得的重大机遇。科技创新既是一个国家走向繁荣富强的立身之本，也是其在国际竞争中纵横捭阖的制胜之道。因此，我国必须更好地发挥知识产权制度激励创新的基本保障作用，为高质量发展提供源源不断的动力。

第一，加强知识产权保护是推动科技创新由量向质转变的主动选择。我国经济已由高速增长阶段转向高质量发展阶段，需求结构和生产函数发生重大改变。在转变发展方式、优化经济结构、转换增长动力的攻关期，要深化供给侧结构性改革，调整经济结构，更多依靠创新驱动，通过体制机制改革促进知识产权高质量供给和高效益运用，这也是提高中国经济竞争力最大的激励和保障。

第二，加强知识产权保护是应对国际国内复杂环境变化的战略举措。当今世界，国际竞争新优势越来越体现在科技创新能力上。新一轮科技革命和产业变革加速发展，其主要特点是重大颠覆性技术不断涌现，科技成果转化速度加快，知识产权成为国际竞争的战略制高点。面对外部环境变化带来的新矛盾新挑战，我国正推动形成以国内大循环为主体，国内国际双循环相互促进的新发展格局，迫切需要提供更多高质量的创新科技成果供给。

第三，加强知识产权保护是治理体系和治理能力现代化建设持续深化的内在要求。当前大国竞争逐渐演化为“知识产权规则

竞争”，知识产权强国不断通过国际规则制定权与话语权谋求国家利益和竞争优势。我国需要适应时代发展趋势，构建更加平衡有效的知识产权治理新秩序。实现全面深化改革总目标，要深入研究知识产权领域的市场规律和政府角色，合理有效发挥政府、市场和社会的作用，推动知识产权治理体系和治理能力全面提升。

新一轮科技革命与产业变革全方位冲击现有知识产权理念与模式，以人工智能、大数据、生命科学等为代表的新兴领域正在酝酿重大原创性突破，科技创新呈现出新的发展特征，颠覆性创新正在催生新业态新模式。新兴领域的科技创新与产业周期演进的速度不断加快，复杂程度不断提高。国际产业分工格局和竞争态势正在发生深度调整。这更要求我国加快推进知识产权改革发展，协调好政府与市场、国内与国际，以及知识产权数量与质量、需求与供给的联动关系，全面提升知识产权综合实力，大力激发全社会创新活力，构建新发展格局。

二、科技创新知识产权工作取得重大进展，有力推动科技成果向现实生产力转化

随着国家知识产权战略全面实施，科技创新知识产权工作取得重大进展，为我国科技成果向现实生产力转化提供了有力支撑和有效保障。

一是知识产权收益分配机制不断健全，创新主体活力显著释放。近年来，科技部会同各部委出台了一系列以增加知识价值为导向的政策措施，推动科研机构、高等学校、企业等创新主体积

极推进科技创新。在产权改革探索方面，深化实施科技成果“使用权、处置权、收益权”三权改革，按照中央深改委任务部署，科技部牵头9部门启动赋予科研人员职务科技成果所有权或长期使用权试点工作，支持试点单位建立成果评价与转化行为的负面清单，完善单位负责人履职的激励机制和容错纠错机制。在国有资产管理方面，推动财政部修订《事业单位国有资产管理暂行办法》等文件，由单位自主决定科技成果转化涉及的国有资产使用、评估等管理事项。在转化收益激励方面，对给予科技人员的现金奖励减按50%缴纳个人所得税，明确成果转化绩效工资不受事业单位绩效工资总额限制。根据2020年中国科技成果转化年度报告统计，3450家高校院所科技成果转化合同总金额达1086.0亿元，比上一年增长14.7%，其中合同金额超过1亿元的单位有249家，比上一年增长23.3%。

二是高质量知识产权大幅增加，科技创新成果转化日趋活跃。近年来，我国科研投入持续增长，带动知识产权数量大幅提升。截至2020年底，我国发明专利有效量为305.8万件，每万人口发明专利拥有量达到15.8件，有效发明专利产业化率为34.7%。2019年，PCT专利申请量居世界第一位，高质量专利呈现快速增长态势。在信息通信、航空航天、高铁、核能等国民经济支柱性产业、战略性新兴产业等领域形成一批高价值核心知识产权。围绕国家重大战略需求，以提高产业创新能力和核心竞争力为目标，一批关系国计民生的重大科技成果实施转化，实现经济效益的同时，在服务人民生命健康、保护生态环境等领域取得了显著的社会效益。

三是国家技术转移体系建设日益完善，知识产权交易规模大幅提升。科技部研究修订技术合同管理办法等制度文件，完善科技成果转化公开交易与监管机制。围绕区域经济发展和创新需求进行科技资源整合，建设了11家国家技术转移区域中心，初步形成相互协作、资源共享、辐射全国的技术转移协同网络；依托高等学校、科研院所、政府部门所属机构、独立第三方市场化运作机构、技术（产权）交易机构等不同类型主体布局国家技术转移机构建设；完善“大纲、基地、师资、教材”四位一体的国家技术转移人才培养思路，已备案36家国家技术转移人才培养基地，共培养技术经纪人1万余人。2020年全国技术市场涉及知识产权的技术合同185993项，成交额11253.8亿元，同比增长21.2%，占全国技术合同成交总额39.8%。

四是金融支持力度持续加大，创新链、产业链、金融链融通发展。科技部把科技金融作为提升产业技术创新能力、促进科技成果转化的重要工作抓手，着力加强与相关部门、金融机构合作，取得了一系列积极进展。科技部、财政部设立国家科技成果转化引导基金，引导和带动金融资本和民间投资向科技成果转化集聚，是创新财政资金支持科技成果转化方式的有益实践。转化基金目前已批复设立36支创业投资子基金，共计转化了766项由财政资金支持形成的科技成果，对国家重点支持的高新技术领域和战略性新兴产业基本实现了全覆盖。积极配合证监会、上交所和深交所推动设立科创板以及试点注册制工作，着力推动机制创新。与工商银行、建设银行、邮储银行签订战略合作协议，发布政策文件，引导相关银行共同支撑国家重大科技项目、国家重大研发任务、企业高质量发展和科技成果转移转化。

三、新时期重点工作任务

我国正在从知识产权引进大国向知识产权创造大国转变，知识产权工作正在从追求数量向提高质量转变。与此同时也要看到，知识产权“大而不强、多而不优”的问题依然存在。我们必须从国家战略高度和进入新发展阶段要求出发，全面加强知识产权保护工作，促进建设现代化经济体系，激发全社会创新活力，推动构建新发展格局。

（一）健全科技创新知识产权制度

一是完善科技与知识产权相关立法。完善《科学技术进步法》《专利法》等法律法规，健全知识产权侵权惩罚性赔偿制度。研究制定商业秘密保护法，完善商业秘密保护法律制度。及早部署人工智能、大数据、生命科学等新兴科技领域的科技与知识产权法律法规和伦理规范研究制定，构建更加完备的中国特色科技创新法律体系。

二是完善科技计划项目知识产权管理制度。构建国家科技计划项目知识产权评价体系，进一步强化国家科技计划实施过程中的知识产权管理和分类评价制度，完善基础研究、应用研究、市场导向等不同类型项目知识产权分类评价管理的模式。制定完善科技计划管理配套细则，进一步明确过程管理、验收、评估工作中的知识产权管理和评价举措。进一步扩展、深化对国家科技重大专项的知识产权分析工作。

三是完善知识产权权益分配制度。依据《促进科技成果转化法》有关规定，不断推进知识产权的权益分配改革，深入开展赋予科研人员职务科技成果所有权或长期使用权试点，健全创新激励和保障机制，构建充分体现知识、技术等创新要素价值的收益分配机制。

（二）打通知识产权转化全链条

一是促进高质量知识产权供给。建立健全关键核心技术领域项目中的知识产权预警分析机制，加强战略布局，引导形成核心知识产权。健全知识产权考核评价措施和管理机制，开展专利申请前评估，着力提升专利质量。优化专利资助奖励等激励政策和考核评价体系，坚持质量优先，突出转化导向，加大专利转化运用绩效的权重。围绕研发培育高质量核心专利技术、创新设计，积极打造自主品牌，增加知识产权贸易收益。

二是完善知识产权运用转化机制。建立市场化的科技成果知识产权评价制度，推进和完善科技成果评价标准体系和评估评价规范。建立国家科技计划知识产权信息平台及知识产权披露制度，促进国家科技计划知识产权信息公开与运用。完善高校院所职务科技成果披露制度，建立高校院所成果转化尽职免责负面清单。引入技术经理人全程参与高校发明披露、价值评估、技术推广等科技成果转移转化全过程。破除知识产权转化运用的制度障碍，不断改进国有无形资产管理办法。加强知识产权运营服务体系建设，推动创新成果知识产权资本化运营。

三是创新科技成果转化机制。深入实施科技成果转化专项行动，以市场需求和新应用场景为导向，实施国家科技成果转化示范工程，充分发挥国家作为重大科技创新组织者的作用，以产业链供应链安全稳定为基点，加强关键核心技术攻关与成果转化应用。实施创新型企业培育专项行动，支持各地方加大对高新技术企业、科技型中小企业的培育力度，发展一批产学研联合体，发挥好企业在创新决策、技术研发、成果转化中的主体作用。部署实施科技创新创业专项行动，进一步提升众创空间、孵化器、大学科技园、新型研发机构等服务创新创业的建设水平。

（三）树立知识产权转化运用的评价导向

一是完善人才评价机制，强化国家使命导向，围绕重要学科领域和创新方向培养造就一批具有国际水平的战略科技人才、科技领军人才和创新团队。落实自然科学研究人员职称制度改革的指导意见，将科技创新成果转化绩效作为职称评审的重要内容。

二是落实用人单位的评价自主权，坚决破解“四唯”问题，持续开展清理“唯论文、唯职称、唯学历、唯奖项”专项行动，落实代表作制度，强化科技成果分类考核的评价导向。

三是完善科技评价改革机制，优化科技奖励项目，开展科研绩效评价，切实提升科技评价的科学性、客观性和时效性。确立科技创新以质量、绩效、贡献为核心的评价导向，研究完善应用型研究成果的评价指标体系和科技成果市场化交易定价模式等，充分发挥科技成果评价的“指挥棒”作用。

（四）推进知识产权国际合作和竞争

一是强化重点产业国际知识产权布局，建立重点产业和关键环节的知识产权培育机制，完善海外知识产权风险预警体系，加快向全球价值链的高端环节延伸。

二是研究制定我国知识产权国际化战略，积极参与国际知识产权规则、国际标准的制定及调整，推动构建公平有序的国际知识产权规则，加强知识产权对外合作机制建设，全面拓展知识产权领域国际合作。推动引导我国优势技术领域国际标准化，帮助企业攻克技术贸易壁垒。

三是积极发展知识产权密集型产业，引导企业在主要出口国根据市场需要取得高价值专利、高端品牌及具有较强市场影响力的地理标志、商标等知识产权，推动知识产权密集型产品的出口。巩固和完善“一带一路”知识产权合作，充分利用“一带一路”知识产权合作平台，扩大合作项目规模和储备。

实施知识产权强国战略 推动中国制造向中国创造转变

王志军*

《知识产权强国建设纲要（2021—2035年）》（以下简称《纲要》）是以习近平同志为核心的党中央面向未来15年我国知识产权事业作出的重大顶层设计，为新时代知识产权强国建设提供了根本遵循和行动指南。我们要深刻认识领会《纲要》的重大意义，把思想和行动统一到习近平总书记关于知识产权的重要指示精神上来，统一到党中央、国务院决策部署上来，把《纲要》战略部署贯彻落实到制造强国和网络强国建设工作中，大力推动中国制造向中国创造转变，实现工业和信息化高质量发展。

一、工业和信息化领域知识产权推进成效显著

工业和信息化领域深入学习贯彻习近平总书记关于知识产权工作的重要论述和指示批示精神，认真落实党中央、国务院部署，在国务院知识产权战略实施工作部际联席会议机制统筹组织

* 王志军：工业和信息化部党组成员、副部长。

下，建立了部际合作、部省互动、行业与专业机构支撑的知识产权协同推进工作体系，持续实施知识产权推进计划，强化中小企业服务，提升企业运用能力，深入开展“打击侵犯知识产权和制售假冒伪劣商品”（以下简称“双打”）专项治理行动，推动知识产权工作不断向纵深迈进，取得了积极成效。

一是支持企业技术创新，知识产权创造能力大幅提升。2019年，我国制造业规模以上工业企业每亿元营业收入有效发明专利数达到1.25件，较“十三五”时期0.7件的目标提高78.6%；我国华为、京东方和OPPO三家企业进入世界知识产权组织（WIPO）《专利合作条约》（PCT）专利申请人排名全球前10位，分别居第一、第七和第八位。据研究机构统计，截至2020年，我国制造业重点领域有效发明专利与PCT专利累计数量较2015年增长超过1倍。

二是加强行业侵权治理，知识产权保护环境持续优化。按照全国“双打”工作领导小组的统一部署，扎实推进网络侵权治理工作，“十三五”期间部省两级电信主管部门依法依规处置违法违规网站3936个，互联网知识产权保护力度不断增强。建立软件盗版源头治理机制，推进计算机预装正版操作系统工作，2018年、2019年国内较大品牌计算机的正版操作系统预装率达到100%。在行业协会、产业联盟的组织协调下，企业应对知识产权风险能力持续增强，2019年以来，钢铁、动力电池、LED等行业多次成功应对海外知识产权诉讼。

三是重视企业专利指导，知识产权运用水平明显提高。面向企业特别是中小企业提供知识产权指导，实施“中小企业知识产权战略推进工程”，确定了20个中小企业知识产权战略推进工程试点城市（含35个中小企业集聚的园区），取得积极成效。2018年对15个试点集聚区的调研数据显示，中小企业新增国内专利申请量平均达到1426.1件，同比增长14.3%；集聚区企业获得知识产权质押贷款金额平均为4804.9万元，同比增长109.1%。知识产权运用试点培育不断深入，构建了试点企业知识产权运用指标数据库。根据试点企业提供的数据，截至2019年底，90%以上试点企业建立了知识产权运用管理制度，2017年至2019年知识产权转让许可收入平均增长率达36.5%。

二、充分认识新形势下工业和信息化领域推进知识产权强国建设的重要意义

当前，新一轮科技革命和产业变革深入发展，全球产业竞争格局深刻调整，我国工业和信息化领域高质量发展面临新机遇新挑战。知识产权作为国家发展战略性资源和国际竞争力核心要素的作用更加凸显，是驱动可持续创新发展的重要基础。加快知识产权强国建设，有效应对新技术、新产业、新业态、新模式对工业和信息化领域知识产权的挑战，对于塑造我国未来发展新优势，加快建设制造强国和网络强国具有重要意义。

（一）加强知识产权保护，是支持产业创新发展的重要保障

创新是引领发展的第一动力，保护知识产权就是保护创新。只有加强知识产权保护，才能激发各类市场主体尤其是企业的创新积极性，实现知识、技术等要素在市场主体之间公平合理地交换、共享，促进产学研深度融合。加强知识产权保护，是优化营

商环境，扩大优质产品和服务进口，促进智力资源聚集和先进技术落地，推动形成高水平对外开放格局的重要举措。加强知识产权保护，是有效应对和防范我国企业在海外的知识产权风险、技术融合发展带来的风险等各类风险的重要保障。要顺应新技术的发展趋势，完善知识产权保护规则，抓住新科技革命和产业变革的“机会窗口”，保障产业创新发展。

（二）提高知识产权供给质量，是推动产业创新发展的重要驱动力

高质量知识产权的创造和供给是高水平科技创新的重要源泉。近年来，我国制造业知识产权数量加速增长，但发明专利有效量占比、发明专利平均维持期限、同族专利数等指标与世界主要制造业强国仍然差距显著。企业知识产权布局规划能力弱、基础核心专利少、高价值专利供给不足等问题突出。提高知识产权供给质量成为促进产业科技创新、实现关键技术突破、保障产业链供应链安全的迫切需要。要强化重点领域高价值知识产权创造的引领作用，引导市场主体发挥好专利、商标、著作权、商业秘密等多种类型知识产权的组合效应，用高质量的知识产权创造为产业创新发展注入源源不断的动力。

（三）深化知识产权运用，是实现创新成果转化与产业化的关键举措

知识产权一头连着创新，一头连着市场，是创新成果走向市场应用的桥梁。我国已连续十年稳居全球发明专利申请数量榜首，把丰富的知识产权资源用好、用活，是带动工业和信息化领

域提质增效，有效支撑产业高质量发展的一项重要任务。目前，工业和信息化领域知识产权转化运用还存在效益有待提高、评价体系不够完善、运营活跃度不足等短板。必须不断优化知识产权运用模式，形成技术创新和知识产权运用相互迭代的正向循环，以知识产权高效运用支撑产业创新发展。

三、明确工业和信息化领域知识产权推进工作的工作目标与重点任务

《纲要》确定了未来 15 年知识产权强国建设的指导思想与战略部署，提出了“十四五”阶段和面向 2035 年的目标。我们要以习近平新时代中国特色社会主义思想为指导，立足新发展阶段、贯彻新发展理念、构建新发展格局，深入贯彻落实《纲要》战略部署，坚持协同创新、企业主体、质量优先，明确工作目标和重点任务，全面推进工业和信息化领域知识产权事业发展，筑牢制造强国和网络强国建设的知识产权根基，支撑工业和信息化领域高质量发展。

（一）工作目标

到 2025 年，工业和信息化领域知识产权建设取得明显成效。知识产权保护环境显著优化，知识产权预警和维权体系进一步健全，行业内知识产权纠纷调解机制逐步建立。知识产权创造能力显著提高，制造业重点领域规模以上工业企业每亿元营业收入高价值发明专利数从 2019 年的 2. 1 件达到 2025 年的 6. 3 件。行业知识产权运用效益明显提升，知识产权转化及产业化渠道进一步

畅通，知识产权许可交易等运用服务有效开展。企业知识产权管理水平持续提升，中小企业知识产权保护意识与能力进一步提高。

到 2035 年，我国制造业知识产权能力达到世界制造强国的中等水平，形成知识产权保护体系完善的高标准市场环境，知识产权激励产业创新、促进技术进步的作用更加凸显。中小企业知识产权创造、保护和运用的整体水平得到大幅提升，培育出具有全球创新引领能力的优势企业。重点领域知识产权布局、创造和运用取得突破性进展，为建设中国特色、世界水平的知识产权强国奠定坚实基础。

（二）重点任务

围绕《纲要》提出的六方面任务，重点做好工业和信息化领域知识产权推进工作，促进知识产权高标准保护、高质量创造、高效益运用，发挥知识产权对产业高质量发展的导航、助航、护航作用。

1. 完善知识产权保护体系

推动建立健全新技术、新产业、新业态、新模式知识产权保护规则。随着 5G、人工智能、大数据等新技术与实体经济不断融合，制造业数字化转型逐步深入，数据知识产权的开发、应用和保护需求激增。要充分发挥行业组织、产业联盟、专业机构作用，研究数据的知识产权属性，探索数据生产、流通、利用、共享等过程中的知识产权保护方法，参与制定数字经济领域知识产权保护规则。推动完善新一代信息技术等领域的标准必要专利制度，加强标准制定过程中的知识产权保护。支持开源知识产权协议规则研究，引导企业遵守开源知识产权协议，建设开放、共享、全球化的国内开源社区，构建良好开源生态。

发挥行业自律作用，加大重点领域知识产权风险防范力度。行业协会、产业联盟等机构是构建良好知识产权保护环境的重要力量，要充分发挥行业自律作用，加强知识产权信用监管机制建设，依法依规对知识产权领域严重失信行为实施惩戒。支持建立行业知识产权风险评估和预警机制，编制重点领域知识产权风险监测报告，及时预警行业重大知识产权风险。建立行业知识产权纠纷调解机制，研究跨行业融合背景下的知识产权问题。推动行业协会、产业联盟发布实施行业商业秘密保护指南，引导行业骨干企业建立商业秘密管理体系。大力倡导行业协会、产业联盟、专业机构为我国企业"走出去"提供专业化的知识产权服务，结合行业知识产权海外风险防控实践开展实务培训，指导、帮助企业应对涉外知识产权风险。积极参与推动"双打"工作，加强知识产权监管保护力度。

2. 加强高质量知识产权创造

开展重点领域知识产权分析与导航。加强知识产权分析，有助于降低研发门槛、提高研发起点。要推动行业和地方建立以产业数据、专利数据为基础的产业专利导航决策机制，支持企业和专业机构加强合作，研究构建知识产权专题数据库，编制专利技术图谱，为聚焦甄别技术创新方向提供决策参考，合理规避知识产权壁垒。推动重大项目、重点工程开展专利导航，规避专利风险。

研究市场导向的知识产权评估机制。要完善以企业为主体、市场为导向的高质量知识产权创造机制，以质量和价值为标准，指导行业以“规模以上制造业重点领域企业每亿元营业收入高价值专利数（件）”指标体系为切入点，研究建立制造业高价值专利跟踪评估机制，从市场角度开展科学、高效的知识产权评价，引导和激励行业知识产权高质量创造。

加强重点领域高质量知识产权创造。引导企业创造和储备一批创新性强、保护范围合理稳定、产业化前景好的高价值专利，支持专业机构为企业开展知识产权规划布局服务。在重点产业链开展知识产权精准布局，持续增加基础核心专利储备，保障产业链供应链安全。在重大项目、重大工程中，引导承担单位加强专利、商业秘密、商标、著作权等知识产权的统筹布局。引导、帮助有需求、有条件的企业加强标准必要专利、海外专利规划布局。支持重点行业、重点区域开展知识产权布局，形成兼具区域特色和行业特色、产业化导向强的高质量知识产权组合。

3. 推动知识产权协同运用

提高知识产权运用效益。推动产学研用各方合作，促进知识产权与产业创新深度融合，加强知识产权与成果转化紧密衔接。支持高校、科研机构建立集技术转移转化和知识产权运营为一体的专业化机构。研究制定促进知识产权转移转化的评价指标，推动制定技术成熟度和制造成熟度评价标准，探索将应用场景转化为技术需求的方式方法，促进知识产权供需精准对接。支持企业和高校、科研院所加强对接，深度挖掘“沉睡”专利，进一步提高知识产权供给质量和运用效益。

健全重点领域知识产权运用机制。推动行业协会、产业联盟开展跨领域融合背景下的知识产权运用规则研究。聚焦重点领域加强知识运营，依法依规建立专利联盟、建立知识产权交叉许可和共享机制。支持专业机构加强数字化转型下的知识产权运用机制研究，建立知识产权数据公共服务平台，活跃知识产权数据交易市场。推动重点领域知识产权运营中心建设。实施好赋予科研人员职务科技成果所有权或长期使用权试点工作，加强知识产权试点示范高校建设，探索知识产权承接转移新模式。

加强重点区域知识产权运用服务。依托产业技术基础公共服务平台和地方产业集聚区，积极开展创新成果产业化试点工作，支持建设创新成果产业化中心和承载区，促进高质量知识产权落地转化与运用。鼓励产业集聚区加大对知识产权协同运用的支持力度，研究设立知识产权运营资金，提高知识产权运用效益。

4. 重点加强面向中小企业的知识产权公共服务

推动企业完善知识产权管理体系。推动企业贯彻落实国家、行业关于企业知识产权管理的有关标准和指南，引导企业加强立项、研发、采购、生产和销售等各环节的知识产权管理。支持行业骨干企业加强专利、著作权、商标和商业秘密等知识产权的统筹管理。推动地方和行业加强对企业技术中心、国家技术创新示范企业等知识产权能力评价。

加强中小企业知识产权能力建设。实施好中小企业知识产权战略推进工程，组建中小企业知识产权服务专家团，提供公益性产权咨询和信息服务，面向制造业单项冠军、专精特新“小巨人”企业、“专精特新”中小企业等开展知识产权个性化服务。支持中小企业探索实践知识产权质押融资、证券化、作价入股、保险等新型运用方式。持续推进工业企业知识产权运用试点工作，完善试点企业知识产权关键指标体系，加强数据跟踪、梳理与分析。组织专业机构挖掘一批试点中小企业知识产权运用典型案例并加以推广。通过制造业知识产权大课堂等活动，开展中小企业知识产权专题培训。支持专业机构面向试点企业开展知识产权分析、预警、管理和侵权鉴定等服务。推动产业集聚区为中小企业提供全链条、一站式的知识产权综合服务。

5. 促进知识产权国际合作

支持推动行业协会、产业联盟、专业机构、骨干企业积极融入全球知识产权治理体系，参与国际知识产权规则制定，推动完善国际标准必要专利相关制度，为营造良好的全球知识产权环境贡献中国智慧。推动建立与世界知识产权组织的合作机制，加强同“一带一路”沿线、《区域全面经济伙伴关系协定》（RCEP）成员国等有关国家和地区的知识产权机构合作。搭建知识产权国际交流合作平台，促进海外高端知识产权机构服务我国企业。支持企业运用马德里国际商标体系培育有影响力的国际品牌，提高制造业品牌国际知名度和影响力。

四、强化工业和信息化领域知识产权发展的保障力度

（一）加强组织协调和政策保障

在国务院知识产权战略实施工作部际联席会议机制统筹组织下，协同推进《纲要》实施，健全政府、行业协会、产业联盟、专业机构、企业、高校、科研院所共同参与的知识产权推进机制。各地区、各行业要积极部署落实重点工作，加大知识产权政策扶持力度。鼓励有条件的产业集聚区、行业重点领域配套落实国家知识产权政策。

（二）加强专家和人才队伍建设

建立重点领域知识产权专家咨询制度，支持行业设立知识产权专家库。支持部属高校加强知识产权应用型人才培养，推动建设知识产权在职人才培养基地，重点面向中小企业等开展知识产权实用人才培训。推动企业加强技术研发和知识产权复合型人才培养。

（三）做好宣传与案例推广

以企业为主要对象，加强知识产权政策宣贯与解读，遴选推广试点企业知识产权实践案例。积极利用知识产权宣传周等重大活动，集中展示、报道工业和信息化领域知识产权成果和经验。利用多边、双边机制和国际会议、论坛等平台宣传我国工业和信息化领域构建公平竞争、公平监管、同等保护的知识产权政策举措和典型案例，营造开放创新、合作共赢的国际舆论氛围。

建立健全生物遗传资源获取与惠益分享机制　维护国家生物安全和国家利益

赵英民*

生物遗传资源是国家重要战略资源，是保持国家竞争力和高质量发展能力的重要保障，也是国家安全和生态文明建设的重要基石。生物遗传资源收集、保存、研究、利用与管理为人类解决环境、粮食、健康等重大问题提供了可能性，已成为各国可持续发展战略的重要内容，对确保国家生物安全、资源安全、科技安全、生态安全、经济安全和维护国家利益、国民权益具有重要意义。建立健全生物遗传资源获取与惠益分享制度，构建协调有效的生物遗传资源知识产权保护机制，是促进生物遗传资源保护和持续利用，以及实现经济产业绿色和可持续发展的当务之急。

一、生物遗传资源保护的国际现状与发展趋势

由于各国生物遗传资源禀赋存在差异，且缺乏公平和公正地获取与惠益分享的国际制度，长期以来生物遗传资源被非正当

* 赵英民：生态环境部党组成员、副部长。

地、不公平地获取和跨境转移利用，严重损害了生物遗传资源提供国的权益。作为生物遗传资源提供者的发展中国家在《生物多样性公约》（以下简称《公约》）等多个国际进程中大声疾呼，要求建立生物遗传资源获取与惠益分享制度，促进其与知识产权制度的协同增效。

《公约》于 1993 年生效，旨在保护和持续利用生物多样性，以及公平合理地分享因生物遗传资源利用所产生的惠益。《公约》的生效，改变了生物多样性作为“人类共同遗产”的法律地位，将保护生物多样性确认为“人类共同关切的问题”。《公约》明确各国对生物遗传资源拥有主权权利，规定能否取得生物遗传资源的决定权属于国家政府，利用者须在共同商定条件下与资源提供者公平分享生物遗传资源利用所产生的利益。同时，《公约》也认识到，专利等知识产权可能影响其实施，要求缔约方合作确保知识产权“有助于而不违反”《公约》的目标。

为落实《公约》的第三大目标，国际社会经过多年艰苦谈判，于 2010 年《公约》缔约方大会第十次会议通过了《关于获取遗传资源和公正公平分享其利用所产生惠益的名古屋议定书》（以下简称《名古屋议定书》），建立了生物遗传资源获取与惠益分享国际制度。《名古屋议定书》于 2014 年 10 月 12 日生效，重申各国对其自然资源享有主权权利，规定能否获取生物遗传资源取决于各缔约方政府，获取生物遗传资源须经原产国或已经遵照《公约》要求取得生物遗传资源提供国的事先知情同意，并在共同商定条件下，公平分享利用生物遗传资源产生的惠益。《名古屋议定书》赋予各缔约方多项权利，如加强国内获取与惠益分享立法和执法、设置检查点、建立国际公认证书制度等。《名古屋议定书》授权缔约方，可以将知识产权作为惠益分享的内容之一纳入共同商定的条件。

二、我国生物遗传资源及其保护现状

（一）我国生物遗传资源现状

中国是世界上公认的生物多样性大国。纵跨温带、热带和亚热带的生境组成，以及复杂的气候、多样的民族文化和悠久的农业文明，造就了生物遗传资源多样性。原产和特有的生物遗传资源位居世界前列。我国植物资源居北半球地区首位，是地球同纬度地带物种多样性及种内遗传多样性最富集的地区，拥有超过35000种高等植物，物种数位居世界第四，其中药用植物资源11146种。我国水产种质资源多样性在全球排在首位，是水产种质资源种类最为丰富的国家。我国是世界上三大农业起源地之一，是水稻、大豆和谷子等八大作物的起源中心之一，有农作物336种，数量和多样性都位居世界前列。我国有畜禽地方品种500多个，是猪、鸡、牦牛、沼泽型水牛等畜禽驯化起源中心之一。我国还有丰富的花卉资源，被誉为“世界园林之母”“世界花卉宝库”。

在数千年的实践中，各族人民创造了丰富的保护和可持续利用生物多样性的传统知识、创新和实践。以“辨证论治”和“简、便、验、廉”为特点的中医药理论体系和医疗模式，仅秘方、验方就达30万首，药典记载的有6万首。除了中医药，各少数民族传统医药也是绚丽多彩，如藏医药、蒙医药、维医药和傣医药等。各地人民还创造出种类繁多的持续利用生物资源的传统适用技术和传统文化。

我国是世界上主要的生物遗传资源输出国。英国爱丁堡皇家植物园保存的杜鹃花品种有 60% 来自我国，美国加州园林植物有 70% 从我国引种，荷兰花卉植物品种有 40% 源于我国。我国也深受“生物勘探”的影响，发达国家跨国公司、科研机构和个人通过多种途径获取我国生物遗传资源，造成重要经济植物猕猴桃、畜禽高产品系梅山猪、高价值食用和工业用微生物菌种等大量输出。我国输出的生物遗传资源往往转变成外国机构在相关产业占领技术制高点的“法宝”。

（二）我国生物遗传资源管理现状

我国政府高度重视生物遗传资源保护与管理。2003 年国务院批准成立了由原国家环境保护总局牵头，17 个部委参加的生物物种资源保护部际联席会议制度，统一组织、协调国家生物物种资源（含遗传资源）的保护和管理工作。部际联席会议研究、审议国家生物物种资源（包括生物遗传资源）保护和管理的方针、政策、法规和标准，国家生物物种资源保护的各项规划和行动计划，国家重点保护和监控的生物物种资源名录，开展全国生物物种资源执法检查；研究、协调部门间的生物物种资源管理和出入境生物物种资源查验管理、国家生物物种资源能力建设等重大事项，研究国际生物物种资源规则、制度和国际谈判等重大事项并提出对策建议。

2004 年国务院办公厅印发《关于加强生物物种资源保护与管理的通知》，提出要“完善立法工作。抓紧起草生物物种资源保护法律法规，规范生物物种资源的保护、采集、收集、研究、开发、贸易、交换、进出口、出入境等活动”。2007年10月原国家环保总局等十多个部委共同发布的《全国生物物种资源保护与利用规划纲要》、2008年6月国务院发布的《国家知识产权战略纲要》，以及2010年9月国务院常委会审议通过的《中国生物多样性保护战略与行动计划（2011—2030年）》等，都将保护生物遗传资源列为战略任务或优先行动。

2014年，中国生物多样性保护国家委员会审议通过了《加强生物遗传资源管理国家工作方案（2014—2020年）》，着力建立健全生物遗传资源获取与惠益分享管理制度，建立生物遗传资源获取与惠益分享国家检查点，加强生物遗传资源进出境查验与检测能力建设等。随着我国生物遗传资源对外合作与交流日趋活跃，防止生物遗传资源流失的紧迫性日益强烈。为了规范对外合作与交流中生物遗传资源利用与惠益分享活动，原环境保护部、教育部、科学技术部、原农业部、原国家林业局和中国科学院于2014年联合印发《关于加强对外合作与交流中生物遗传资源利用与惠益分享管理的通知》，进一步明确了对外合作与交流中生物遗传资源管理要求，加强和规范生物遗传资源利用、惠益分享和输出管理。

在生物遗传资源保护法律法规方面，我国发布实施了一系列与生物遗传资源相关的法律法规，如《生物安全法》《畜牧法》《种子法》《野生动物保护法》《专利法》《野生植物保护条例》《濒危野生动植物进出口管理条例》等，对畜禽遗传资源、种质资源、国家保护野生动植物的采捕、专利保护、进出口等进行了规定。特别是《畜牧法》和《种子法》规定向境外提供或者与境外机构、个人开展合作研究利用畜禽遗传资源和种质资源，应当提出国家共享惠益的方案。2021年4月15日开始施行的《生物安全法》是一部基础性、综合性、系统性、统领性的法律，原则性地规定了重要生物资源数据名录和清单制度、生物资源获取和利用审批制度，以及国际科学研究合作审批和惠益分享制度。

我国现行立法普遍缺少生物遗传资源惠益分享制度，对非国家重点保护的野生动植物、微生物遗传资源的获取和利用存在立法空白。《畜牧法》和《种子法》有关畜禽遗传资源和种质资源“国家共享惠益的方案”的规定过于原则，缺乏可操作性。《生物安全法》施行时间尚短，未见立法成效。我国是《公约》及其《名古屋议定书》的缔约方，但国内缺少符合其国家主权、事先知情同意和共同商定条件下公平分享惠益等权利义务的法律法规，尚不能有效、全面地维护国家生物遗传资源主权权利和国家利益。

（三）我国生物遗传资源知识产权保护现状与问题

我国《专利法》第五条第二款规定，对违反法律、行政法规的规定获取或者利用遗传资源，并依赖该遗传资源完成的发明创造，不授予专利权。第二十六条第五款规定，依赖遗传资源完成的发明创造，申请人应当在专利申请文件中说明该遗传资源的直接来源和原始来源；申请人无法说明原始来源的，应当陈述理由。这两个条款是我国专利制度和生物遗传资源获取与惠益分享制度进行衔接的关键法律条款。然而，这两个条款的实施效果并不乐观。

虽然《专利法》要求申请人披露生物遗传资源的直接来源和

原始来源，但没有规定申请人不披露来源的法律后果，目前尚未出现因不披露原始来源而导致的专利申请驳回。由于缺乏与之配套的法律和行政法规，第五条第二款的立法效果不明显，未发生因违法获取生物遗传资源而不授予专利权的情况。生物遗传资源相关传统知识的来源披露尚未纳入《专利法》，我国生物遗传资源相关传统知识，如中医药古籍名方等，流失案例频发。

三、加强生物遗传资源保护的主要措施

（一）加快建立健全生物遗传资源获取与惠益分享法规制度

加快国家生物遗传资源获取与惠益分享立法进程，推动“生物遗传资源获取与惠益分享管理条例”尽快出台。《生物安全法》已于2021年4月15日起施行，需要加快出台生物遗传资源获取与惠益分享的行政法规，补齐生物遗传资源、相关传统知识及数据信息等的立法空白，配合《生物安全法》相关条款顺利实施。

（二）完善生物遗传资源获取与惠益分享制度和知识产权制度的衔接

加强中国生物多样性保护国家委员会、国务院知识产权战略实施工作部际联席会议等跨部门协调机制的协同配合，统筹部署生物遗传资源保护工作，协调建立健全生物遗传资源信息共享等跨部门协同工作机制，促进生物遗传资源获取与惠益分享和知识产权保护工作有效衔接和联动，协调推进我国生物遗传资源领域知识产权保护。

（三）注重生物遗传资源知识产权保护意识提升

协调实施激励措施，促进生物遗传资源科技创新，激发相关主体运用知识产权保护生物遗传资源权益的积极性和主动性。强化全社会生物遗传资源知识产权保护观念，深刻认识知识产权在生物遗传资源保护中的战略意义。

完善体系夯实能力
推动我国植物新品种保护工作再上新台阶

张桃林*

保护知识产权就是保护创新。种业知识产权的核心是植物新品种权保护，保护植物新品种权对鼓励育种原始创新、促进种业发展、提高国际竞争力至关重要。1997 年 3 月 20 日，我国发布《中华人民共和国植物新品种保护条例》（以下简称《条例》），建立植物新品种保护制度。1999 年 4 月 23 日，我国加入国际植物新品种保护联盟（UPOV），并开始受理国内外植物新品种权申请。二十多年来，植物新品种保护在促进我国种业科技创新和农业农村经济发展、加快建设现代种业强国方面发挥了重要作用。

一、我国植物新品种保护发展现状

在党中央、国务院的重视下，各级农业农村管理部门、企事业单位、科研院所以及广大育种者共同努力，我国农业植物新品种保护事业从无到有，迅猛发展，取得显著成效，为保障国家粮

* 张桃林：农业农村部副部长。

食安全、促进农民增收和农业增效发挥了重要的作用。

（一）建立了较为完善的制度体系

一是在《条例》的基础上，农业农村部相继发布了实施细则（农业部分）、复审规定、命名规定等配套规章制度，在2015年修订《种子法》时将新品种保护专章列入；二是先后发布11批保护名录，将保护范围扩大到191个植物属种；三是最高人民法院出台了植物新品种权相关司法解释；四是进一步深化“放管服”改革，自2017年4月1日起停止收取植物新品种保护权费用，彰显我国政府鼓励育种创新、推动知识产权保护的决心和力度；五是组织开展了实质性派生品种（EDV）制度可行性研究并制定了鉴定方法和标准，在水稻联合攻关组开展EDV制度试点。我国基本形成了由法律、行政法规、部门规章和司法解释共同构成的植物新品种保护制度体系，极大提升了农业植物新品种权创造、运用、保护和管理能力，推动我国农业植物新品种保护事业取得了开拓性进展。

（二）建立了较为健全的工作体系

一是农业农村部组建了植物新品种保护办公室、植物新品种复审委员会，设立了农业植物新品种测试中心和繁殖材料保藏中心，开展品种权的审查、测试、授权和复审工作；二是县级以上农业农村主管部门均设立了农业植物新品种保护行政执法机构，开展侵权和假冒品种权的行政执法；三是各级法院也建立了植物新品种权司法保护体系，2014年起在北京、上海、广州、海南设立知识产权法院，2019年最高人民法院设立知识产权法庭，管辖有关植物新品种等知识产权民事和行政案件，植物新品种保护工作体系进一步加强和完善。

（三）建立了较为强大的支撑体系

一是农业农村部植物新品种保护办公室加强品种权受理、审查、测试管理等工作，将品种权申请纳入农业农村部政务信息平台，全面升级植物新品种权在线申请和审查办公系统，同时开发“品种权公告查询系统”和“植物品种名称检索系统”，实现申请、受理、审查、测试、授权和查询的在线办理，使申请人少跑路、数据多跑路，提高了工作效率。二是参与植物品种权国际申请平台（PRISMA）研发和汉化工作，推动中文在该平台的使用，为“走出去”和“引进来”提供了便利途径。三是建立了 1 个植物新品种特异性、一致性、稳定性测试（DUS 测试）总中心，27 个分中心和 6 个专业测试站，拥有一支能力较强的专业测试队伍。四是组织专业技术人员开展 DUS 测试指南研究和测试工作，发布了 232 个植物品种 DUS 测试指南（国家标准或农业行业标准）和 23 种农作物新品种 DNA 指纹图谱鉴定技术标准；建成了包含 35000 多个品种的表型、图像和 DNA 指纹图谱的品种数据库，翻译 317 个 UPOV 国际测试指南，进一步提高审查能力，为品种权管理提供强有力的技术支撑，也为科学快速查处品种权侵权案件奠定了基础。

（四）新品种保护意识不断增强

通过举办线下培训班和网络培训、制作宣传片和宣传册、举办新品种展示示范、组织新闻媒体宣传报道等方式宣传植物新品种保护知识，使全社会的植物新品种保护意识逐渐增强。在高校开设品种保护和DUS测试的专业硕士选修课，实现品种保护专业进校园；“十三五”期间，在湖南省、江苏省、西藏自治区、青海省等地举办品种保护与DUS测试技术培训班40余期，培训学员数千人次，覆盖种业管理体系、种子企业、高校、科研院所，提升全社会的品种权保护意识，各级政府、企业和科研院所逐步设立专门的机构和人员负责品种权管理工作。表彰全国农业植物新品种保护先进集体和个人，激发了社会各界做好品种保护工作的积极性和创造性。品种权申请量逐年递增，2020年度申请量达到7913件，连续4年位居UPOV成员第一，截至2020年底，申请总量达到41716件，我国已成为名副其实的植物新品种保护大国。

（五）新品种保护维权逐步加强

一是推动行政与司法保护相结合。将品种保护纳入农业综合行政执法体系，与最高人民法院签署合作备忘录，就加强品种权执法能力建设，加强行政与司法衔接，部省间、省际间品种授权信息、案件线索及查处情况的通报与协作机制等达成初步共识。联合最高人民法院知识产权法庭开展植物新品种权保护调研，推动解决知识产权保护“调查难、取证难、查处难、索赔难”等问题。二是开展打击侵犯植物新品种权和制售假劣种子行动，联合召开执法现场会，严厉打击假冒侵权行为。自2016年以来全国农业行政部门办理各类品种权案件上千件，有力地打击了各类品种权违法侵权行为，整治了种子市场秩序，保障了品种权人和广大农民的利益。三是指导规范维权行为。自2018年起连续4年发布

《农业植物新品种保护十大典型案例》，组织制定并发布《农业植物新品种权转让合同范本》和《农业植物新品种维权实务指南（试行稿）》，对增强权益人维权信心、规范和引导维权执法行为、推动种业知识产权保护、营造公平合法有序的市场环境发挥了积极作用。

（六）新品种国际合作交流日益深入

作为UPOV成员国，我国始终坚持开放合作的态度，认真履行国际义务，积极开展双多边合作，多次承办UPOV技术工作组会议，多次派员赴国际组织任职，我国专家成功当选UPOV理事会副主席。同时，主动发挥区域引领作用，组织开展周边国家援外培训，为“一带一路”沿线国家和地区品种保护制度的建立提供帮助，参与《区域全面经济伙伴关系协定》（RCEP）相关条款谈判磋商、中欧等双边地理标志和知识产权磋商对话，为植物新品种保护制度在全球范围的建立贡献“中国智慧”和“中国方案”。中国二十多年来的发展成效和经验做法得到UPOV和周边国家的高度认可，在国际植物新品种保护领域的大国形象逐步确立。

二、我国植物新品种保护形势要求和存在问题

（一）形势要求

1. 落实党中央国务院要求，实现种业自强的迫切需要

习近平总书记指出，要加快培育具有自主知识产权的优良品

种，从源头上保障国家粮食安全。党的十九届五中全会提出，“要把科技自立自强作为国家发展的战略支撑”。2020 年 11 月 30 日，中央政治局第二十五次集体学习时，习近平总书记对知识产权保护工作作出重要指示，“创新是引领发展的第一动力”“保护知识产权就是保护创新”。2020 年中央经济工作会议提出将解决好种子和耕地问题作为当年重点任务来抓，充分体现了党中央对种业工作的高度重视。2021 年 7 月 9 日，习近平总书记在中央全面深化改革委员会第二十次会议上强调，农业现代化，种子是基础，必须把民族种业搞上去，把种源安全提升到关系国家安全的战略高度，集中力量破难题、补短板、强优势、控风险，实现种业科技自立自强、种源自主可控。突破“卡脖子”问题，打一场种业翻身仗，实现种业振兴，关键靠创新。为落实习近平总书记重要批示指示精神，亟需提升种业自主创新能力，实现种业自强，提高种业竞争力，推动现代种业发展。

2. 激励原始创新，加大知识产权保护力度的迫切需要

植物品种选育耗时长、费用高、工作量大，结果具有不确定性，育种科研投入属于风险投资，如果没有对原始创新的激励，很难培育出自主知识产权的优良品种。因此只有建立强有力的植物新品种保护制度才能激励投入，进而有效保护原始创新品种。目前我国水稻、玉米等品种同质化现象严重。例如，对 1800 份水稻授权品种遗传相似度分析表明，有 50% 的品种与其近似品种的遗传差异在 10% 以内，近四分之一的品种与其近似品种的遗传差异在 5% 以内，说明仅通过简单修饰或选择变异株即获得新品种在目前的水稻育种中占有较大比例；玉米“郑单 958”作为第六代代表品种已经推广十多年，近几年市场上的主推品种在品种综

合表现上少有超过“郑单958”的，出现很多同型或类似品种。面对植物育种原始创新不足问题，亟需建立实质性派生品种制度，激发原始创新活力，强化植物新品种保护力度，为激励原始创新提供法律和制度保障。

（二）存在问题

1. 品种权保护水平不高

在制度建立之初，考虑到当时的农情、种情，遵循 UPOV 公约 1978 年的文本的框架制定《条例》，但随着现代种业和农业的快速发展，以及《种子法》等一批新法律法规颁布实施所带来的内外环境变化，现行的制度体系无法适应植物新品种保护事业的新形势、新发展，受保护的植物种属范围有限，对原始创新品种的保护不足，对品种全链条、全要素、全过程的保护不足，对侵权行为的惩罚力度也不够，保护水平低、力度较弱的问题比较突出。

2. 支撑保障体系较薄弱

一是质量管理有待加强。审查、测试、保藏等各个环节标准化、规范化程度较弱，缺少专门的质量控制部门，尚未建立全流程的质量管理体系。二是信息化建设相对落后。自动化和智能化整体水平不高，难以满足日益增长的工作需求；品种保护信息共享程度低，公共服务能力弱。三是测试体系需要强化。DUS 测试技术标准、指南等都需要进一步更新和完善，分子检测方法还没有发挥出最大作用。

3. 维权执法难度较大

侵权现象依然易发多发，缺乏专业的维权团队，执法部门和执法人员素质有待提升，品种保护“取证难、鉴定难、执行难”“侵权成本低、维权成本高”“有法难依、违法难究”等问题依然存在。

4. 对外开放水平不高

一方面是对体系外开放程度不足。尚未建立对自主测试单位或第三方检测机构的认证和监督管理制度、机制。另一方面是与国外合作交流不足。与其他 UPOV 成员开展测试方面的合作较少，主要集中在学习、培训，尚未建立测试报告互认制度。国际事务话语权不足，仍处于相对被动地位。

三、下一阶段目标任务

（一）指导思想

坚持以习近平新时代中国特色社会主义思想为指导，全面贯彻党的十九大和十九届二中、三中、四中、五中、六中全会精神，增强“四个意识”、坚定“四个自信”、做到“两个维护”，按照中央经济工作会议、中央农村工作会议和中央全面深化改革委员会会议部署，依据《种业振兴行动方案》《关于强化知识产权保护的意见》《知识产权强国建设纲要（2021—2035 年》等有关要求，准确把握国内国际形势，紧扣我国育种创新水平和现代种业发展阶段，立足全球彰显特色，按照“全产业链统筹，多环节协同，全社会参与，分类施策”的总体思路，以“规范审批、严格保护、优质服务、高效转化、科学管理”为总体目标，完善制度，健全体系，建设队伍，提升能力，推动植物新品种保护工作体系和管理服务能力现代化，促进我国种业知识产权事业健康发展，为实施知识产权强种强农战略和种业振兴奠定基础。

（二）基本原则

一是坚持中国特色与国际接轨相结合。准确把握国际育种创新和种业知识产权发展最新态势，紧密结合我国农业农村发展和育种创新实际，遵循 UPOV、《遗传资源获取与惠益分享名古屋议定书》等国际规则，建设具有中国特色的种业知识产权制度体系。二是坚持强化保护和促进转化相结合。完善植物品种权审查、授权流程，规范和促进品种权、育种专利转化运用，强化保护与防范知识产权滥用并重，创造种业知识产权获权、用权和维权的良好社会环境。三是坚持政府主导和多方参与相结合。充分发挥各级农业农村行政主管部门的主导作用，在加强管理，严格标准，确保科学、公平、公正的同时，完善制度机制，多方引导品种权人、服务机构、社会公众等参与，共同促进种业知识产权事业的发展。四是坚持全覆盖与突出重点相结合。建立从功能基因挖掘、种质资源创造、新品种培育到栽培种植、加工消费全程覆盖的知识产权保护制度，形成完整的育种价值创新链，调动各方参与的积极性。实施种业知识产权全球布局，赢取全球种业市场份额。在全面保护的同时，重点加大原始创新保护力度，有效克服量大不优的问题，促进我国种业知识产权提质增效。

（三）目标任务

1. 完善种业知识产权制度体系

积极开展《种子法》《条例》等修订工作，建立实质性派生品种制度，激励原始创新。利用海南自由贸易港制度创新优势，探索动物新品种保护制度，探索农作物遗传资源权属登记制度，建立来源披露和惠益分享机制，推进其与专利法、品种保护制度衔接。

2. 夯实技术支撑体系建设

健全品种测试机构功能和区域布局，完善官方测试与自主测试体系。健全测试机构评估考核机制，强化质量控制，提高测试质量水平。加快种质库、遗传物质保存库和无性繁殖植物保存圃等基础设施建设。加快测试指南和鉴定标准研制，推进信息化建设，搭建信息查询与预警服务平台。

3. 加强人才培养与队伍建设

增加品种保护审查测试人员数量，健全维权执法、成果转化等人才队伍。建立国家品种保护培训基地，加强国内外培训和技术交流，提升人员素质和能力水平。对种业知识产权管理、服务及相关人员实施分类培训，开展业务交流。编写通用教材，鼓励更多涉农院校开设品种保护与 DUS 测试相关课程，加快知识产权学科建设与人才培养。

4. 加大行政执法与司法保护力度

加强行政执法能力建设，严格程序，规范行为，提高执法力度。加强品种保护与审定、登记衔接，探索品种权维权打假有效机制，制定发布品种权维权指导性文件，开展打击侵权假冒专项行动，每年公布典型案例。加强与司法保护衔接，建立协作机制和重大案件联合督办制度。加强种业知识产权文化建设，营造保护和激励育种创新的良好氛围。

5. 提升管理服务能力水平

优化流程，建立快速通道，探索创新审查模式。健全品种权管理机构和奖励制度，鼓励设置品种权专员，开展政策解读与咨询服务。打造种业知识产权转化交易平台，提升品种权保护利用水平。发挥行业组织作用，促进信息交流，组织维权救助，引导服务行业加强监管和自律，提高服务能力。

6. 深度开展国际合作交流

做好 UPOV、东亚论坛等国际履约，完善协调机制，加强人员与信息交流。积极跟踪 UPOV 相关会议，深度参与国际在线申请平台建设，增强我国话语权。按照“一带一路”倡议，强化战略布局，完善帮扶机制，发布申请指南，鼓励向海外申请品种权，支持我国品种“走出去”。主动参与构建生物遗传资源保护国际新秩序，争取有利的国际环境。

四、重点举措

（一）加强顶层设计

立足于支撑种业振兴发展的全局，明确政策研究、质量监控、技术研究、支撑体系等各部分未来 15 年的发展目标和重点任务，提升工作的前瞻性和延续性，并探索组织机制、政策制度、理论方法、品种技术创新，加快构建中国特色的植物新品种保护体系。

（二）完善审查测试体系建设

推进国家植物新品种测试中心建设，逐步实现品种测试技术研发和标准制定、综合测试和检测、国际交流、人才培养、展示示范等功能。完善植物新品种测试分中心和专业测试站建设，探索建立华东、华南等品种权审查协作中心。

（三）实施专业人才培养工程

实施种业知识产权人才培养工程，打造一批精通国内外植物新品种保护等种业知识产权法律法规，熟悉国际规则，具有较高专业水平及实务技能的高层次人才。培养一批在种业知识产权管理、新品种审查、品种测试、行政执法、法律和政策及战略研究、中介服务等领域具有专业先进水平和学术优势的高素质专门人才队伍。

（四）推进国际合作交流

推进中文成为 UPOV 官方语言，持续派员在 UPOV 等国际组织工作，提高我国国际话语权。强化与欧盟、日本、韩国、俄罗斯、阿根廷等 UPOV 成员的种业知识产权政策和技术交流合作；帮扶东南亚、中亚等“一带一路”沿线国家和地区尽早建立与 UPOV 相协调的植物新品种保护制度。探索建立种业知识产权专项基金，扶持原始创新单位，鼓励我国植物新品种“走出去”。

（五）提升植物新品种保护能力

提高品种权审查质量和效率，优化审查流程，加强信息化建设。强化维权执法，开展维权打假专项行动，加大品种权行政处罚案件信息公开力度，每年向全社会公布典型案例。积极推进展示示范和科普宣传，引导品种保护与 DUS 测试进校园，选树新品种保护先进典型，讲好中国品种权故事，扩大品种权的社会影响力。

着力加强知识产权保护 推动文化和旅游高质量发展

饶　权[*]

加强知识产权保护工作，是深入实施知识产权强国战略的重要内容，也是建设社会主义文化强国的必然要求。习近平总书记指出，知识产权保护工作关系国家治理体系和治理能力现代化，关系高质量发展，关系人民生活幸福，关系国家对外开放大局，关系国家安全；强调创新是引领发展的第一动力，保护知识产权就是保护创新；强调打通知识产权创造、运用、保护、管理、服务全链条。中共中央、国务院印发的《知识产权强国建设纲要(2021—2035 年)》(以下简称《纲要》)，是以习近平同志为核心的党中央面向知识产权事业未来 15 年发展作出的重大顶层设计，对文化和旅游领域新时代知识产权保护工作有着极其重要的意义。文化和旅游部门深刻学习领会习近平总书记关于知识产权保护系列重要论述精神，以高度的政治自觉、思想自觉、行动自觉，不折不扣贯彻落实《纲要》各项要求，全面加强文化和旅游领域知识产权保护工作。

---

* 饶权：文化和旅游部党组成员、副部长。

一、文化和旅游系统高度重视知识产权保护工作

近年来，作为国务院知识产权战略实施工作部际联席会议成员单位，文化和旅游部认真贯彻落实党中央、国务院有关决策部署，扎实推进文化和旅游领域知识产权保护工作。

（一）加强文化和旅游领域知识产权保护工作领导

文化和旅游部组建后，在部机关设立专门职能部门归口管理文化和旅游系统的知识产权保护工作。全面贯彻落实国务院知识产权战略实施工作部际联席会议工作要求，加强与中央宣传部、最高人民法院、国家市场监督管理总局、国家知识产权局等部门的协同联动，形成工作合力。深化文化市场综合执法改革，推动文化和旅游领域知识产权行政执法与刑事司法相衔接。全国多数市县的文化和旅游行政部门已整合文化、文物、出版、广播电视、电影、旅游领域的行政执法职责，并由文化市场综合执法队伍统一行使。推动各级法院加强司法对文化和旅游领域知识产权的保护力度，依法审理一批涉及非物质文化遗产、中华老字号和文化创意产品等方面的知识产权纠纷案件，有力维护了文化和旅游领域权利人合法权益。

（二）健全文化和旅游领域知识产权保护制度体系

文化和旅游领域现有的非物质文化遗产法、旅游法、公共文化服务保障法、公共图书馆法都对知识产权保护提出明确要求。文化产业促进法起草工作取得积极进展，草案对知识产权服务、

入股、质押融资等均进行了具体规定。文化和旅游部会同最高人民法院、国家市场监督管理总局、国家知识产权局等先后就红色经典作品保护、文化创意产品开发、卡拉 OK 领域版权市场秩序规范等涉及的知识产权保护问题制定出台相关司法解释或规范性文件等。在研究制定促进文化产业、旅游业发展的政策性文件时，均鼓励各类经营主体开发具有自主知识产权的产品，努力形成拥有自主知识产权的核心技术和知名品牌。国家文物部门发布博物馆馆藏资源著作权、商标权和品牌授权操作指引，组织编制文物信息资料知识产权管理与应用指南。文化和旅游领域已经初步形成综合法律与专门法规相结合、法律保障与实施运用促进相统一的知识产权保护制度体系。

（三）加强文化和旅游领域知识产权创造与运用

支持有条件的地区开展文化企业无形资产融资创新，通过贷款贴息、债券贴息、基金注资等方式对无形资产融资项目、非固定资产抵押融资项目进行支持。联合银行系统推出“创意贷”“演艺贷”“动漫贷”等特色金融产品。推动建立文化企业融资风险补偿基金，建立风险补偿资金池，财政资金与银行、担保、保险资金等按比例承担风险，让金融机构敢贷敢投。加强数字文化新产品新业态新模式知识产权保护，完善评价、权益分配和维护机制，促进知识产权运用和价值实现。据统计，2019 年我国文化及相关产业发明专利授权量为 153268 件，是 2007 年的 5.14 倍，其中工艺美术品制造类 26363 件、艺术陶瓷制造类 1665 件、文化辅助用品制造类 1461 件、游乐游艺设备制造类 12420 件。在 2019 年自愿登记的著作权作品中，文化和旅游领域登记美术作品

1370975件、音乐作品17467件、曲艺作品397件、舞蹈作品164件。

（四）加强非物质文化遗产知识产权保护

《纲要》提出，“加强传统知识、民间文艺等获取和惠益分享制度建设，加强非物质文化遗产的搜集整理和转化利用”。近年来，文化和旅游部门与国家版权局、国家知识产权局及各级人民法院密切配合，综合运用著作权法、商标法、专利法、反不正当竞争法等，加强非物质文化遗产的保护、传承和商业开发利用，保障传承人的主体地位和创造性表达权利。实施“中国非遗传承人群研修研习培训计划”，安排知识产权保护专门课程，帮助非物质文化遗产传承人群提高知识产权保护意识和保护能力，越来越多的非物质文化遗产传承人群学会使用知识产权来维护自身权益。截至2021年9月，各级政府共认定非物质文化遗产代表性项目10万余项、各级代表性传承人9万多人。2021年6月，国务院公布第五批国家级非物质文化遗产代表性项目名录185项和扩展项目名录140项，国家级非物质文化遗产代表性项目累计达到1557项。

（五）注重运用知识产权制度提高旅游业参与市场竞争的能力与水平

随着我国旅游业发展和旅游资源开发形成了各类不同的知识产权，拥有自主知识产权和知名品牌已成为影响旅游业竞争力的重要因素。各级文化和旅游行政部门采取多种形式开展知识产权法律法规宣传普及和培训工作，指导各类旅游企业增强知识产权保护意识，加强旅游行业知识产权的创造和运用。很多旅游景区经营管理单位将景区景点名称作为核心要素申请注册旅游服务商标，并扩展注册民族民间工艺品、特色食品等旅游商品商标。很多旅游商品生产企业注重加强商品商标和防御性商标的申请注册，通过申请注册和许可使用等方式，加强知名景区景点名称作为旅游商品商标的开发和利用。一大批旅游商品生产企业通过技术创新和设计创新，获得旅游商品外观设计等专利权。不少旅游目的地积极推进本地旅游商品品牌的培育和开发，对具备条件的旅游商品申请地理标志保护，或者以景区景点名称作为核心要素申请注册旅游商品集体商标。越来越多的旅行社企业对具有极强体验价值和消费价值的旅游策划方案以及经营信息、技术信息通过商业秘密保护来维护品牌价值。针对一些不法企业和个人将景区景点名称抢注滥注成商标的行为，文化和旅游行政部门及时指导相关景区经营管理单位提起商标异议、商标诉讼及申请宣告商标权无效，坚决维护景区合法权益。

（六）提升文化和旅游领域知识产权保护意识

近年来，文化和旅游部门积极开展知识产权普及宣传，办好文化和旅游领域“知识产权宣传周”等重要活动，落实“谁执法谁普法”责任制。在著作权法、专利法、商标法和信息网络传播权保护条例等法律法规颁布，《关于强化知识产权保护的意见》等政策文件出台，全国人大常委会批准加入《视听表演北京条约》等国际条约时，均研究制定相关学习、宣传、培训等举措。文化和旅游领域的权利人、企事业单位、各级文化和旅游行政部门的知识产权保护意识明显提高。中国歌剧舞剧院舞剧《孔子》、上海歌舞团舞剧《朱鹮》等获得中国版权金奖作品奖，原广州市文化市场综合行政执法总队获得中国版权金奖管理奖。国家图书馆注册文字及图形商标120件，并围绕古籍修复、数字图书馆建设和阅读推广等业务申请32项专利。故宫博物院对“故宫”“紫禁城”等驰名商标进行国际注册。中国交响乐团等通过完善合同等方式对委托创作作品的著作权进行权属约定，荣获“十大中国著作权人”奖。

（七）加大文化和旅游市场知识产权执法力度

创新监管方式，建立常态化“体检式”暗访评估机制，及时有效发现文化和旅游领域知识产权保护突出问题。委托第三方开展网络信息监测，有效提升对重点、热点问题的发现预警和分析研判能力。2020年，文化和旅游系统开展网络表演经营单位专项执法检查，累计出动执法人员2.2万余人次，检查经营单位2.2万余家次，责令改正398家次，查办案件69件，移送涉嫌违法违规线索64条。组织全国网络文化市场执法骨干对主要手机应用市场进行筛查，累计排查手机直播应用软件1623款。开展内容违规网络音乐产品专项查处，排查互联网文化经营单位5547家次，发现并清理下架违规歌曲940首。开展网络动漫网站在线巡查，关闭7家提供侵权违规网络动漫产品的非法网络动漫网站。各地文化市场综合执法队伍不断加强知识产权领域执法办案，查处一批涉嫌发行非法出版物等重大知识产权案件。

（八）促进文化和旅游领域知识产权保护国际交流

积极参与文化和旅游领域知识产权保护国际事务，推进与世界知识产权组织等加强工作联系与合作。通过海外中国文化中心平台积极推动国内图书与国外翻译出版业开展版权合作，协助国内影视版权方与驻在国业界建立联系，推动中国电影在海外放映、发行。例如，莫斯科中国文化中心推动“中俄经典与现当代文学作品互译出版”项目成功实施，中俄双方在该项目框架下各自遴选对方的50种作品翻译出版；马德里、开罗、明斯克等海外中国文化中心推动促成《中国文学》《像中国人那样思考》《孔子》《牡丹亭》等中国优秀图书在驻在国翻译出版。加强“欢乐春节”等对外文化和旅游交流活动品牌的知识产权保护，“欢乐春节”主题海报和标识完成知识产权注册，先后形成春节庙会、新春音乐会、广场庆典等子品牌。在对外文化和旅游交流活动中通过主题推广、发布典型案例等形式，多角度讲好文化和旅游领域知识产权故事。

二、面临的形势和问题

当今世界正经历百年未有之大变局，新冠肺炎疫情全球肆虐，保护主义、单边主义上升，世界经济低迷，经济全球化面临严重冲击，各种不稳定不确定因素明显增多。与此同时，新一轮科技革命和产业变革蓬勃兴起，各国抢占科技制高点的竞争更加激烈，知识产权需求持续释放，但是少数国家却实行知识封锁，制造甚至扩大科技鸿沟。在世界经济进入新旧动能转换期的背景下，知识、技术、人才等创新要素流动的壁垒不同程度存在，创新引领经济持续发展的潜力未能有效发挥，利益固化的藩篱尚需进一步打破。

当前我国正从知识产权引进大国向知识产权创造大国转变，知识产权作为国家发展战略性资源和国际竞争力核心要素的作用更加凸显；知识产权制度作为社会主义基本经济制度的有机组成部分，更是保护和激励创新、推动科技与经济深度融合的基本保障。中共中央、国务院印发《纲要》，旨在统筹推进知识产权强国建设，充分发挥知识产权制度在社会主义现代化建设中的重要作用。文化和旅游领域是知识产权创造、运用和保护的重要阵地，加强知识产权保护是提升文化和旅游创新活力与持续发展能力的有力保障，是提高文化产业、文化事业和旅游业核心竞争力的重要抓手，是推进文化和旅游高质量发展、推进社会主义文化强国建设的必由之路。

经过多年努力，文化和旅游领域知识产权保护工作取得长足进步，但是我们也看到，与经济社会发展的整体进程和人民群众对美好生活的需求相比，与知识产权强国建设的要求相比，文化和旅游领域的知识产权保护工作仍存在一些问题和难点：文化和旅游相关企业和从业者的知识产权保护意识有待增强；文化和旅游领域知识产权的运营水平和效率有待进一步提高；文化文物单位文化创意产品、旅游商品的知识产权问题有待进一步厘清；非物质文化遗产的知识产权仍缺乏完善的制度设计；文化和旅游领域知识产权侵权成本低，举证和维权难度大；知识产权保护人才缺乏；等等。这些问题都有待解决。

三、下一步举措

文化和旅游部门坚持以习近平新时代中国特色社会主义思想

为指导，全面贯彻落实《纲要》要求，深化文化和旅游领域知识产权改革创新，提升文化和旅游领域知识产权治理效能，着力做好以下工作。

（一）提升文化和旅游领域知识产权创造能力

坚持抓创意、促原创，扶持内容创作生产，推动将具有自主知识产权作为政府资助文化项目的重要指标。综合运用财政、金融、投资、政府采购和产业政策等措施，提高我国原创演艺、动漫等文化产品的创意、研发和制作能力。完善文化艺术创作的激励机制，加强文化品牌开发和建设，建立完善的品牌认定和发布机制。加强数字文化新产品新业态新模式知识产权保护，进一步完善评价、权益分配和维护机制。加强“互联网＋旅游”领域知识产权保护，健全线上线下维权机制。鼓励文化和旅游企事业单位深入挖掘我国丰富的文化资源，特别是充分利用自身优势，联合创意研发企业对已经进入公有领域的文化和旅游资源进行创新和开发，取得创新产品的知识产权。扶持文化和旅游企事业单位对文化和旅游资源进行整理，自主或者联合其他文化创意企业开发各类衍生品，发挥民族产业优势和地区特色经济优势。加强旅游品牌资源整合，推动各类旅游经营管理单位和旅游企业积极培育旅游驰名商标、著名商标和名牌产品等。

（二）推动文化和旅游领域知识产权运用

充分利用文化创意园区、动漫创作基地等产业集群在促进知识产权创造和运用方面的优势，推进文化创新成果的知识产权化、商品化、产业化。引导文化和旅游企事业单位综合利用著作权、商标权等知识产权对原有文艺作品及复制品、衍生品进行保护，为文艺作品的多媒体传播、多渠道营销和多层次开发夯实法律基础。鼓励文化和旅游领域知识产权的有偿转让或作价入股，推动金融机构依法开展知识产权质押贷款。鼓励推出有地域特色和民族风情的旅游演艺作品和旅游工艺品，推动文化与旅游的融合发展。加大公共文化工程项目中基础技术和核心技术的研发和转化运用力度，支持图书馆、博物馆、美术馆等采用相关项目产品，提高共享效率和社会效益。支持旅游企业对具备条件的旅游商品申请地理标志保护，或以景区景点名称作为核心要素申请注册旅游商品集体商标。

（三）加大文化和旅游领域知识产权保护力度

持续推进文化产业促进法等相关法律法规立法进程。继续加强传统知识、民间文艺等获取和惠益分享制度建设，探索推进非物质文化遗产、文化文物单位文化创意产品等领域的知识产权保护制度建设。编制艺术表演团体、非物质文化遗产、图书馆、美术馆知识产权工作指南。加强文化和旅游政策与知识产权政策的协调衔接，鼓励各地有针对性地出台知识产权保护地方性法规、规章和政策措施。研究完善艺术表演团体优秀舞台艺术作品的版权保护措施。推动旅游相关企事业单位依法运用专利、商标、版权、地理标志等知识产权制度，构筑知识产权保护网。建立高效的文化和旅游知识产权联合执法机制，完善部门、区域联合执法与协作制度，增强执法协作效能。深入开展打击侵犯知识产权专项行动，加大对侵权盗版等知识产权侵权行为的打击力度，畅通维权通道。建立投诉、举报案件快速办理反应机制，充分调动社会力量特别是权利人参与知识产权保护工作。准确把握文化和旅游领域知识产权严重违法失信行为判断标准，严格履行规定程序，与相关部门加强信息共享，依法依规实施失信惩戒。

（四）提高文化和旅游领域知识产权管理水平

开展文化和旅游知识产权统计调查，摸清知识产权资源家底。搭建文化和旅游知识产权公共信息服务平台，提高信息利用便利度。鼓励社会机构对信息进行深加工，提供专业化、市场化的知识产权信息服务。充分发挥文化和旅游系统行业协会在推动知识产权创造、运用和保护方面的作用。建立知识产权重点联系单位制度，在地区、部门间建立密切协作、运转顺畅的知识产权工作机制，逐步实现文化和旅游系统知识产权资源的整合和共享。完善使用、管理知识产权人才的工作机制，多渠道、多途径开展文化和旅游领域管理人员、从业人员的知识产权培训。创新文化和旅游领域知识产权宣传形式和内容，营造诚信守法、尊重知识、崇尚创新的环境。定期评估知识产权工作实施情况，对任务落实情况开展监督检查。加强与世界知识产权组织等合作，密切关注知识产权与遗传资源、传统知识和民间文学艺术政府间委员会（IGC）相关动态，积极参与国际知识产权规则的研究和制定。

保护知识产权就是保护创新，用好知识产权才能激励创新。文化和旅游部门将切实把思想和行动统一到习近平总书记重要指示精神上来，统一到党中央、国务院部署上来，全面落实好《纲要》要求，着力实现文化和旅游高质量发展，为建设社会主义文化强国作出积极贡献。

加强知识产权金融服务 助力知识产权强国建设

刘桂平*

党的十八大以来，以习近平同志为核心的党中央把知识产权工作摆在更加突出的位置。出台了《深入实施国家知识产权战略行动计划（2014—2020年）》《关于新形势下加快知识产权强国建设的若干意见》《“十三五”国家知识产权保护和运用规划》等系列决策部署，特别是近期出台的《知识产权强国建设纲要（2021—2035年）》（以下简称《纲要》），对统筹推进知识产权强国建设，全面提升知识产权创造、运用、保护、管理和服务水平，充分发挥知识产权制度在社会主义现代化建设中的重要作用，作出全面系统的安排，擘画了未来15年知识产权强国建设的宏伟目标，是新时期知识产权强国建设的纲领性文件。中国人民银行以习近平新时代中国特色社会主义思想为指导，积极贯彻党中央、国务院决策部署，不断改进和加强知识产权金融服务，为落实知识产权强国战略注入金融力量。

* 刘桂平：中国人民银行党委委员、副行长。

一、加强知识产权金融服务具有重大现实意义

习近平总书记指出，“创新是引领发展的第一动力，保护知识产权就是保护创新”“金融成为资源配置和宏观调控的重要工具，成为推动经济社会发展的重要力量”。这些论述着眼全局、立意深远，深刻概括了金融支持创新的重要性，是我们扎实做好知识产权金融服务的根本遵循。

（一）加强知识产权金融服务是推动经济社会高质量发展的内在要求

经济发展是螺旋式上升过程，不同发展阶段对产业结构、技术体系和关联方式要求不同。目前，我国经济已由高速增长阶段转向高质量发展阶段，生产函数发生变化，资源环境的约束越来越严格，要求将创新作为第一动力，不断提升科技进步贡献率。同时，我国发展不平衡不充分问题仍然突出，经济结构转换复杂性上升，实现高质量发展也离不开知识产权的支持作用。构建全方位、多层次、多渠道的知识产权金融服务体系，积极探索金融产品创新，深化和拓展金融服务，促进技术要素与金融要素深度融合，有利于巩固创新在现代化建设全局中的核心地位，为高质量发展提供强大动力。

（二）加强知识产权金融服务是支持实体经济发展的重要内容

金融服务实体经济，关系到国家竞争力、经济增长和人民福祉。近代以来的经济金融史表明，金融力量在大国崛起过程中发

挥了十分重要的作用，经济强国和金融强国始终是相辅相成、相互促进的。当今世界正经历百年未有之大变局，迫切需要金融更好地服务实体经济，支持创新是金融服务实体经济的重要着力点。知识产权密集型产业具有较强的创新活力和市场竞争优势，在提高国内生产总值、升级产业结构、增强国际竞争力、提供高收入岗位方面均好于其他产业。加强知识产权金融服务，有利于更好促进科技型企业开展关键技术研发、科技成果转化，支持科技型中小微企业发展壮大，实现经济增长和就业扩大、金融和实体经济良性循环。

（三）加强知识产权金融服务是推进创新型国家建设的有效举措

习近平总书记指出，要坚持创新在我国现代化建设全局中的核心地位。近年来，我国知识产权运用效益、保护效果和国际影响力明显提升，走出了一条中国特色知识产权发展之路。但我国仍面临知识产权大而不强、多而不优等问题。抓住新一轮科技革命和产业变革的历史性机遇，深入推进创新型国家建设，离不开金融的重要作用。加强知识产权金融服务，能够引导金融资本向高新技术产业转移，促进先导性和支柱性产业培育发展，助力产业基础高级化；有利于健全基于知识产权价值实现的多元资本投入机制，通过专业化金融服务扩散技术创新成果，促进知识产权转移转化，支撑创新型国家建设。

（四）加强知识产权金融服务是强化企业创新主体地位的重要保障

企业作为要素整合者和创新推动者，在技术、人才、资金等创新要素优化配置中居主导地位，是把创新能力转化为经济实力的重要桥梁。要强化企业创新主体地位，促进金融等资源要素向企业聚集。对于普遍缺乏抵质押物的科技型企业，要将技术专利和科研实力转化成企业快速成长的“催化剂”，离不开金融“活水”的浇灌。推动知识产权与金融的有效融合，支持科技型企业盘活无形资产，能有效缓解因缺少传统抵质押物导致的“融资难”问题，能够让企业的“知产”变“资产”、“资产”变“资金”，实现“科技—产业—金融”高水平循环，真正形成以企业为主体的创新体制。

二、深刻把握加强知识产权金融服务的原则

知识产权金融服务工作是连接创新与实体经济的关键环节，是科技型企业缓解资金压力的重要途径，是检验知识产权产出质量的重要参照系，解决的是科技成果转化为现实生产力“最后一公里”问题。加强知识产权金融服务是实现技术要素与资本要素融合发展的关键举措，必须全面深入把握相关原则，确保各项工作沿着正确轨道向前推进。

（一）坚持市场化法治化原则，尊重市场参与者的主体作用

进入高质量发展阶段，面临的硬约束明显增多，经济发展方式要由外延式扩张上升为内涵式发展，切实提高金融等要素资源配置效率。要发挥市场配置资源的决定性作用，由金融机构自主决定支持哪些企业、贷款金额与期限等，真正落实“谁投资、谁决策、谁受益、谁承担风险”的要求，厘清政府与市场的边界。

同时，社会主义市场经济本质上是法治经济，要保障市场主体依法平等使用资金等资源要素、公开公平公正参与竞争、同等受到法律保护，为市场主体提供公正、稳定、可预期的法治环境。

（二）增强系统观念，发挥高效协同的政策体系合力

我国融资结构长期以间接融资为主，信贷资产在金融总资产中的比重超过 70%，在支持科技型企业融资方面发挥了主要作用。但从国际经验看，激发市场主体创新创造活力，需要充分发挥直接融资风险共担、利益共享机制的独特作用，促进知识产权、资本和产业的紧密融合。提高直接融资比重，有助于健全金融市场功能、丰富金融产品供给，提高金融体系对科技型企业的适配性，并有助于稳定宏观杠杆率，更好防范化解金融风险。要畅通直接融资渠道，打造规范、透明、开放、有活力、有韧性的资本市场，努力提高直接融资的包容度和覆盖面，使之成为推动科技创新和经济转型升级的枢纽。同时，要发挥政府性融资担保作用，出台知识产权质押贷款利息收入免征增值税等财政优惠政策，扩大科技型企业信用信息共享范围，支持做好知识产权金融服务工作。

（三）突出支持重点，加大战略性新兴产业的金融支持力度

《纲要》提出，进入新发展阶段，知识产权作为国家发展战略性资源和国际竞争力核心要素的作用更加凸显。战略性新兴产业是现代产业体系的新支柱，对未来产业发展具有长期性、全局性和决定性影响，是推进产业体系优化升级的结构性力量，也是培育壮大新动能的重要着力点。知识产权金融服务要优先支持战

略性新兴产业集群发展，推动完善现代产业体系新支柱。做好数字化、网络化整合发展的金融服务，以信息化、智能化为杠杆培育新动能，加大对互联网、人工智能的融资支持力度，做大做强数字经济。支持智能制造发展，助力制造业产业模式和企业形态根本性转变，推动我国产业迈向全球价值链中高端。

三、加强知识产权金融服务的重点任务

近年来，知识产权金融服务工作持续深入开展，知识价值信用贷款等特色产品和服务创新层出不穷，知识产权领域行政处罚等信息共享力度持续加大，信用状况“红黑榜”制度不断健全，利息补贴、风险分担、损失补偿等保障机制有效完善，切实提高了知识产权成果市场化转化效率，增强了知识产权与产业结合程度。2021 年前三季度，全国专利、商标质押登记金额 2162.54 亿元，同比增长 43.69%；质押登记项目 11972 个，同比增长 52.28%。

“胜非其难也，持之者其难也。”《纲要》提出，要积极稳妥发展知识产权金融，规范探索知识产权融资模式创新。我们必须从改革发展全局出发，落实好《纲要》作出的重要部署，切实做好知识产权金融服务工作，继续为新旧动能转换和经济高质量发展提供有力支持。

（一）优化知识产权信贷支持体制机制

我国金融体系以银行为主，知识产权金融服务主要通过银行实现。支持银行优化科技信贷内部管理制度，鼓励在国家高新技

术产业开发区等科技资源聚集地区设立科技支行，构建科技型企业专属的信贷审批流程和信用评价模型，适当下放授信审批和产品创新权限，提高尽职免责认定标准和流程的针对性。加大银行内部资源配置力度，通过调整利润考核、不良贷款容忍度、内部资金转移定价等方式，提高基层行开展知识产权信贷业务积极性。

（二）完善多渠道资金投入体系

科技型企业具有高风险高收益的特点，与股权投资具有天然的契合性。要加大科技型企业上市融资支持力度，鼓励区域性股权市场设立科技创新特色板块并加强与新三板对接。引导资管产品依法合规投资创业投资基金和政府出资产业基金，鼓励创业投资机构专注投资种子期、初创期科技型企业，支持国家重大科技创新项目成果转化落地。合理放宽科技型企业债券发行条件，优化发行流程，支持更多成长期、成熟期科技型企业和科技创新园区企业在债券市场融资。推动信用增进业务规范发展，加大对低评级科技型企业发债的支持力度，提高市场投资意愿。

（三）健全知识产权流通处置和风险共担机制

知识产权专用性强，交易往往限于同行之间，缺乏活跃的交易市场。知识产权作为担保物，难以充分发挥风险分担作用。做好知识产权金融服务工作，应健全覆盖交易许可、质押融资、运用转化等环节的全价值链运营综合平台，优化完善知识产权交易流转规则制度，切实发挥知识产权作为担保物的风险分担作用。支持保险公司为科技项目研发、知识产权保护等领域的风险提供保险服务，扩大科技型企业贷款保证保险、知识产权质押融资保证保险覆盖面。发挥融资担保机构风险分担功能，形成“统一管理、统一授权、统一担保”的新机制。

（四）完善知识产权信用监管机制

制定完善公共信用信息基础目录和失信惩戒措施基础清单，健全信用信息、失信行为和失信惩戒的认定范围、标准和程序。优化国家信用信息共享平台，进一步加大知识产权领域行政许可、行政处罚等信息共享力度。完善失信联合惩戒机制等具体性方案，依法依规对知识产权领域严重失信行为实施惩戒，构筑知识产权违法犯罪打击闭环。

强化知识产权海关保护
为构建新发展格局提供坚实保障

邹志武[*]

在经济全球化快速发展的今天，知识产权作为激励创新的基本保障和提升国际竞争力的核心要素，已成为国家创新实力和营商环境评价的重要指标，加强知识产权保护，既是完善产权保护制度最重要的内容，也是提高中国经济竞争力最大的激励。党中央、国务院高度重视知识产权保护工作，党的十八大以来，连续出台了《国家创新驱动发展战略纲要》《关于强化知识产权保护的意见》《国民经济和社会发展第十四个五年规划和 2035 年远景目标纲要》等一系列重要文件，将知识产权保护工作摆在更加突出的位置。近期，中共中央、国务院印发《知识产权强国建设纲要（2021—2035年)》（以下简称《纲要》），从国家战略高度和进入新发展阶段要求出发，对我国加快建设知识产权强国作出全面部署。《纲要》明确了海关在建设知识产权强国中的目标和任务，海关将按照《纲要》要求，认真谋划新发展阶段知识产权海关保护工作，进一步提升海关保护水平，为构建新发展格局提供坚实保障。

* 邹志武：海关总署党委委员、副署长。

一、我国知识产权海关保护取得的成效

自1994年起在进出境环节对知识产权实施保护以来，我国海关经过近三十年的执法实践，逐步形成了“海关总署—直属海关—隶属海关”三级知识产权保护垂直管理体制。近年来，随着海关各项业务改革的不断深入，海关的知识产权保护法律制度日臻完善，执法体制机制不断健全，打击侵权违法活动的力度持续加大，支持企业自主创新措施更加有力，在国际知识产权领域的影响日益增强。据统计，党的十八大以来，海关累计查获侵权嫌疑货物33万批次，涉及货物数量6.1亿件；核准知识产权海关保护备案8.9万件，涉及自主知识产权备案1.2万件，共有121个国家和地区的1.7万家企业从海关知识产权保护中获益。

（一）加强顶层设计，夯实知识产权保护工作基础

认真落实习近平总书记关于加强知识产权保护工作顶层设计的重要指示要求，不断完善知识产权海关保护体系。修订《知识产权海关保护条例》，完善知识产权保护措施，便利权利人维权。以条例及其实施办法为基础，制定出台一系列配套制度文件，形成了内容全面、层次分明、公平公开、适应实践需要的知识产权海关保护制度体系，进一步夯实了执法基础。2018年党和国家机构改革后，关检全面深度融合，全国42个直属海关都配备了负责知识产权保护的机构和人员，专门负责知识产权案件办理和监管现场的知识产权执法指导，为知识产权海关保护注入了新动能。为紧扣新时代新海关的新要求，海关总署研究制定了《“十四五”

海关发展规划》，提出知识产权海关保护能力提升工程，明确新阶段目标、任务和举措，为推进知识产权强国战略实施提供了强有力支撑。

（二）加大执法力度，重拳打击进出口侵权行为

以专项行动为抓手，始终保持打击侵权高压态势，是海关在长期实践中总结出的经验成果。近年来，海关总署聚焦群众反映强烈、社会舆论关注、侵权假冒多发的重点领域和渠道，先后开展“中国制造”海外形象维护“清风”行动、外商投资企业知识产权保护行动、出口知识产权优势企业保护“龙腾”行动、互联网领域侵权假冒专项治理、寄递渠道知识产权保护“蓝网”行动、出口转运渠道知识产权保护“净网”行动等十余个专项行动，同时针对食品、药品、汽车配件、电动平衡车等重点商品开展了多次知识产权保护专项执法，有效遏制进出口侵权违法势头。

（三）拓展关际协作，全面打造一体化保护格局

全国通关一体化为企业提供了便捷高效的通关体验，也对海关监管提出了更高要求。为防范侵权商品“口岸漂移”，海关总署多措并举，着力打造一体化保护格局。在京津冀、长三角、粤港澳海关建立数据共享、布控共商、监管共治、人员共训的区域协作机制；指导内陆海关通过“线索通报”“案件协查”等关际协作方式，深化与口岸海关之间的跨关区联合执法；依托“中心—现场”式作业架构，建立更加高效顺畅的侵权风险防控体系，组建多个风险研判工作组，依托“大数据＋人工智能＋专家智慧”，

对海运、空运、寄递等不同渠道侵权风险实施一体化防控；在全国海关范围开展业务巡讲授课，着力提升中西部地区海关以及中欧班列沿线海关知识产权保护水平。2020 年，全国 42 个直属海关中，共有 39 个查获侵权货物，15 个直属海关扣留侵权货物超过 1000 批次，全国海关知识产权保护“大网”已基本成型，知识产权保护工作水平得到整体提升。

（四）加强协同配合，多维推进全链条综合治理

知识产权保护是一项系统工程，侵权行为涉及生产流通的各个环节，要有效治本，必须加强协同配合，实现源头治理和全链条保护。海关不断深化与各执法部门合作，积极参与全国打击侵权假冒平台建设，与知识产权主管部门、市场监管部门、商务部门等建立协作机制，共享资源、共商案件、共同施策，积极推进“两法衔接”工作。党的十八大以来，海关累计向公安机关通报侵权犯罪线索 2000 余条，持续拓展执法效果。将知识产权保护纳入信用管理、资信认证等工作，推动行业协会、进出口企业、报关企业、电子商务企业等建立知识产权保护自律机制。通过中国海关博物馆展厅以及青岛、义乌、厦门海关知识产权保护展示中心，连续多年在“4·26”世界知识产权日、“8·8”海关法治宣传日、“12·4”国家宪法日等重要时间节点集中开展宣传活动，增强全社会保护知识产权的意识。

（五）服务企业创新，有效助推外贸高质量发展

企业是创新的主体，维护企业合法权益是海关知识产权保护工作的出发点和落脚点之一，企业的参与度与获得感也是衡量海

关执法成效的重要指标。全国海关持续优化服务内涵，升级帮扶措施，有针对性地开展政策指导和专业培训，提升企业维权能力。例如建立关企联系机制，解答、解决企业维权、通关问题与困难；鼓励支持企业建立出口品牌联盟，共同应对国际市场侵权风险；指导企业开展海外维权，为企业“走出去”参与国际竞争保驾护航。截至2020年，全国海关累计重点服务出口知识产权优势企业807家。在擦亮“龙头”的同时，引导保护民营中小微企业创新发展，提升产品出口竞争力及海外市场占有率。新冠肺炎疫情发生后，海关统筹推进疫情防控和稳外贸稳外资工作，为企业提供风险预警、知识产权预确认等服务，支持企业复产达产。国内企业寻求海关保护知识产权的意愿不断增强，自主创新企业受海关保护的次数不断增加。截至2021年8月，国内企业向海关总署备案的知识产权累计达6.4万多项，占全部备案的57%。

（六）推进国际合作，积极参与知识产权全球治理

侵权贸易是一个全球性问题，打击侵权商品的跨境贸易需要各个国家和地区执法机关的密切合作。我国海关已与各主要贸易国家和地区的海关签署了行政执法互助协议，与美国、欧盟、俄罗斯、日本、韩国、哈萨克斯坦等国家和地区海关签订了专门的知识产权保护合作文件，在已签署的中澳、中韩、中瑞（士）自贸协定，中美第一阶段经贸协议以及《区域全面经济伙伴关系协定》（RCEP）中均有知识产权的单独章节，并专门就知识产权海关保护进行了规定。海关充分发挥在国际知识产权保护体系中的影响力，积极参与世界海关组织、世界知识产权组织、国际刑警组织、上海合作组织、亚太经合组织等多边框架下的知识产权事

务，参与研究和制定知识产权保护国际规则，策划和推动打击侵权假冒执法行动；在中欧、中俄领导人会晤机制与中美高层对话机制下，推进知识产权海关保护国际合作，不断提升合作层级和平台；与国际商标协会、全球反假冒组织等行业协会建立合作机制，与各国驻华使馆海关专员建立紧密沟通机制，举办多种形式交流活动，进一步提升我国海关知识产权保护的话语权；派遣专家代表世界海关组织执行全球项目，为全球治理贡献中国经验和智慧。我国海关先后被世界海关组织、全球反假冒组织、国际刑警组织等多个国际组织授予“世界海关组织打击假冒和盗版特别贡献奖”“全球反假冒最佳政府机构奖”“国际知识产权犯罪调查合作奖”等奖项。海关通过积极、主动的对外合作，在取得丰硕合作成果的同时，也展示了形象、获得了理解、赢得了尊重。

二、强化知识产权海关保护工作的几点体会

（一）强化知识产权海关保护是加快建设创新型国家的重要举措

党的十九大指出，要“加快建设创新型国家”，十九届五中全会进一步强调要“坚持创新在我国现代化建设全局中的核心地位”。习近平总书记在2020年11月30日中央政治局第二十五次集体学习时强调，“创新是引领发展的第一动力”“保护知识产权就是保护创新”。推动创新发展，必须一手抓创造，一手抓保护。海关作为国家进出关境的监督管理机关，是国家知识产权保护体

系的重要环节，与国内生产、市场流通等知识产权保护执法环节共同构成了中国知识产权行政保护的有机链条。知识产权海关保护执法实践表明，知识产权海关保护在引导企业守法经营和自主创新等方面发挥了十分重要的作用，海关要进一步加强知识产权保护，强化监管、优化服务，在促进加快建设创新型国家、营造良好创新环境等方面作出新贡献。

（二）强化知识产权海关保护是推动经济高质量发展的内在需要

2021年，我国外贸进出口的国际市场份额进一步提升和扩大，贸易第一大国的地位进一步得到了巩固。与此同时，新冠肺炎疫情影响广泛深远，国际保护主义、单边主义加剧，国际社会不稳定不确定因素增多，实现经济高质量发展依然面临复杂形势和严峻考验。一方面，在一些关键核心领域，我国新的竞争优势还未完全形成，仍存在创新能力不够强、高端品牌占比不高、参与国际规则制定的话语权还不足等问题；另一方面，国内生产和流通环节的侵权假冒多发、高发态势仍未得到根本遏制，进出口环节侵权风险不断加大。新形势下，强化知识产权海关保护，切实把进出口侵权货物拦截在国门防线，是应对国际国内经济形势变化的积极措施，也是更好地服务国家外交外贸大局、助力经济高质量发展的必然要求。

（三）强化知识产权海关保护是服务构建新发展格局的有力措施

“加快形成以国内大循环为主体、国内国际双循环相互促进的新发展格局”是以习近平同志为核心的党中央针对我国发展阶段、环境、条件变化提出来的战略思想，是事关中国经济中长期发展的重大战略部署。海关是国内国际双循环中的交汇点和枢纽，在新的历史条件下，知识产权海关保护对内激励创新、保护人民群众合法权益，对外促进扩大开放、推进构建人类命运共同体的重要作用进一步凸显。近年来，海关在不断加大打击侵权违法活动力度的同时，更加注重支持科技创新、注重引领诚信风尚、注重国内外企业平等保护、注重支持国内企业海外维权、注重统筹开展国际合作与竞争，在支撑畅通国内大循环与国内国际双循环方面做了大量卓有成效的工作，为海关系统服务国内国际双循环格局构建提供了有力支持。

（四）强化知识产权海关保护是优化营商环境的重要保障

习近平总书记指出：“知识产权保护工作关系国家对外开放大局，只有严格保护知识产权，才能优化营商环境、建设更高水平开放型经济新体制。”进入“十四五”时期，我国要实现科技自立自强，比以往任何时候都更需要运用知识产权保护来激励创新，打造良好的营商环境和竞争优势。近年来，我国海关的知识产权保护展现出的态度坚决、程序透明、执法专业、成效显著等特点得到国际社会的高度评价。同时，作为国务院知识产权战略实施工作部际联席会议和全国打击侵权假冒工作领导小组成员单位，海关与国内其他行政执法、司法等单位协同配合，持续完善知识产权保护工作体系，在打击进出口侵权违法行为、维护中国产品国际声誉、维持公平有序的国际贸易秩序、构建打击跨境侵权违法活动的国际网络等方面作出了积极贡献。海关要继续充分发挥知识产权保护职能作用，加大打击侵权假冒力度，对不法分子形成震慑，净化市场环境，为更好优化营商环境提供重要保障。

三、新时期知识产权海关保护工作思路及措施

（一）总体思路

以习近平新时代中国特色社会主义思想为指导，坚持立足新发展阶段，贯彻新发展理念，构建新发展格局，紧扣国家创新驱动发展战略，根据新形势、新任务，转变思路、创新方法、破解难题，充分发挥海关进出境知识产权保护职能作用，服务知识产权强国建设，进一步推进知识产权海关保护向新的更高水平发展。

（二）工作重点及具体措施

1. 健全体制机制，构建系统完备、科学合理的知识产权海关保护制度体系。主动对标知识产权国际保护标准，针对我国知识产权优势领域，研究加大保护力度。积极贯彻落实《行政处罚法》《专利法》《商标法》《著作权法》等相关法律法规，稳步推进《知识产权海关保护条例》等知识产权海关保护相关法律法规的研究与修订，增强法律之间的一致性，完善法律实施的制度保障。积极对接回应跨境电商等外贸新领域、新业态的知识产权保护需求，建立健全与之相配套、适应其发展的知识产权海关保护程序与制度，探索完善对自贸试验区和特殊监管区内货物及过

境、转运、通运货物知识产权保护执法程序，提出既符合海关法定职能又符合改革方向的知识产权海关执法模式建议。密切关注司法裁判反映的新趋势、新理念、新标准，深入研究涉外定牌加工中的知识产权保护、进出口环节专利权保护措施以及相关程序、一体化通关中知识产权保护案件查处等执法疑难问题，促进我国新一轮改革开放在高起点上健康发展。

2. 创新执法方式，提高知识产权执法智能化、信息化、专业化水平。从历年专项行动中探索总结经验，将成熟高效的工作方法和工作模式予以机制化、常态化，持续加大进出境环节知识产权保护力度，不断提升应对复杂多变执法环境的能力。根据形势需要，及时开展针对关键领域、重点区域、重点渠道、重点商品、重点国别和地区的专项执法与整治。加大对大要案的线索经营和查处，强化对奥林匹克标志等专有知识产权的保护力度。创新执法和监管手段，围绕现场执法与打击侵权需要，以“智慧海关”建设为依托，积极探索“非侵入式查验”“智能审图”等科技手段在查发邮递和快件以及跨境电商渠道“蚂蚁搬家”式侵权假冒行为的深化应用，为全国海关监管现场及办案部门配备精准易用的科技装备，提高现场查发率和侵权案件办理整体效能。在案件线索分享、涉案信息查询、商品溯源追踪以及证据收集固定等方面，打造全国口岸协同一体的应用云平台，深入分析侵权假冒趋势动态，着力防范侵权假冒商品“口岸漂移”。

3. 强化风险管理，完善多方参与的知识产权风险防控体系。充分发挥综合业务、风险、监管等部门在各自领域管控侵权风险的职能优势和作用，加强联合研判、风险布控、协同处置，有效发挥监管链条的整体合力。以海关大数据智慧风控为基础，汇聚海关、市场监管、公安、法院等多部门数据以及互联网信息数据，实现多领域多维度数据的互联共享，建立基础信息、进出境行为、申报行为、违法违规行为等主题库和关系库，构建打击侵权行为的大数据支撑平台。加强对大数据、云计算、移动互联网等新技术的运用，针对一般贸易、跨境电商、市场采购等不同贸易类型侵权特点，开展风险监测预警评估，创新风险防控策略，多渠道收集提取国内外侵权商品有效信息，建立高风险“影子商标模型”，从商品、品牌、企业等角度优化和制定不同的数据分析模型，提高打击侵权的精准度。

4. 丰富服务措施，为企业自主创新、便利维权提供坚实保障。综合运用传统和数字媒介，全方位、多层次开展政策解读和知识培训等服务，充分展示海关知识产权边境保护的关键作用和执法成效，引导进出口企业积极运用知识产权海关保护措施。密切关企联系配合，完善关企知识产权联系机制，拓宽关企联系交流渠道，广泛开展企业知识产权创造、运用和维权情况摸底调查，动态掌握国内企业知识产权状况。加强对从事贴牌生产、市场采购、外贸综合服务等领域相关企业的知识产权风险提示，提升企业合规经营意识，防范化解侵权风险。加大维权帮扶力度，深入调研自主创新企业在海内外遭遇的侵权纠纷和维权困难，为企业提供“一企一策”维权帮扶个性化服务，一视同仁保护各类市场主体合法权益。加强利用国际海关合作平台，为企业海外维权提供支持，帮助国内企业争取海外优惠政策，提升自主创新企业国际竞争力，树立“中国制造”良好海外形象。

5. 坚持开放包容、平衡普惠的原则，拓展知识产权海关保护交流合作领域。主动服务新时代国家外交外贸大局，推进双边多边执法交流，从出口和进口等各个环节共同打击侵权贸易，维护国际商品供应链的安全。充分巩固和深化现有国际合作机制，进一步加大统计数据交换、情报信息共享、联合执法行动、执法人员交流的力度。积极履行 RCEP 规定的各项义务，加强与 RCEP 缔约方海关的合作与协调，共同提高区域海关知识产权保护水平；继续积极参与中日韩、中以、中挪、中摩（尔多瓦）、中巴（拿马）等自贸协定的知识产权海关保护相关规则谈判磋商；围绕国家外交战略新布局，推进与新兴市场国家、“一带一路”沿线国家和地区海关的合作；加强对非洲国家海关知识产权保护能力建设援助；推进地方海关与其他国家海关开展关际知识产权执法合作，强化广东地区海关与香港特别行政区、澳门特别行政区海关的知识产权执法联动。向世界海关组织推荐知识产权海关保护专家，代表世界海关组织执行全球知识产权援助项目，加强中国海关知识产权保护的理念和制度输出。

6. 加强宣传教育，提升社会公众知识产权保护意识。打造全国海关联动、各级海关协同、线上线下结合的立体宣传网络，明确宣传重点，丰富宣传内容，拓展宣传渠道，创新宣传形式，增加宣传频次，引导社会公众特别是进出口企业、报关企业、进出境旅客等理解知识产权保护方针政策，为知识产权强国建设营造良好舆论氛围。充分运用国家、地方各级各类媒体及“海关发布”微博、微信、微直播等“指尖”新媒体宣传平台，广泛宣传知识产权保护方针政策和海关保护知识产权的措施成效。紧扣知识产权宣传周、海关法治宣传日等重要时间节点，开展形式多样的宣传活动，讲好知识产权海关保护故事。发布年度知识产权海关保护状况，评选中国海关保护知识产权年度典型案例。依托中国海关知识产权保护展示中心，以沉浸式体验增强社会公众对知识产权海关保护工作的了解和支持，向社会公众普及知识产权海关保护有关知识。开展送法进企业、进校园、进社区等活动，提升企业及社会公众尊重和保护知识产权的意识。

7. 深化内外部协作，积极参与构建知识产权大保护工作格局。在强化知识产权全链条保护中主动作为，推动建立高效的知识产权综合管理体制，增强系统保护能力。加强京津冀、长三角、珠三角等区域海关联动配合，进一步拓展信息收集、趋势分析、经验交流等方面合作范围。积极参与全国打击侵权假冒平台建设，巩固并进一步深化与市场监管、版权、烟草专卖、公安、法院等行政和司法机关的跨部门合作，建立和完善案件会商和执法协调机制，强化对侵权假冒的追踪溯源、属地管理和联合行动，为“查源头、清市场、端窝点”提供支持。健全工作衔接机制，加强与各级地方政府合作，积极融入各级地方政府知识产权保护工作，构建知识产权立体保护体系。引导行业自律，密切与行业协会、进出口商会、权利人维权联盟等组织的联系配合，鼓励相关组织建立知识产权保护自律监督机制，增强企业守法经营意识。

8. 加强队伍建设，提高新形势下做好知识产权海关保护工作本领。以政治建设为统领，围绕人才创新能力发展需要，弘扬专业工匠精神，增强知识产权人才队伍的历史使命感、职业荣誉感与工作责任感，推动各级知识产权人才在本领域深耕。优化知识产权人才队伍结构，加强知识产权法律体系和海关执法实践的理论研究，联合知识产权主管部门、高等院校、学术机构等单位开展知识产权专业培训，推广“以干代培”“双向跟班”“模拟实训”等新培训模式。强化骨干梯队建设，成立知识产权海关保护专家库，针对知识产权查验、办案、综合管理等细分领域，统筹推进专家、能手、骨干、兼职后备等多层级梯队建设，发挥好业务专家“传帮带”作用。完善人才激励机制，优化立功受奖、骨干培育等方面的激励。加强利用知识产权国际组织的交流平台，积极输送人才参与海关知识产权国际交流工作，打造政治素质过硬、业务水平一流、具有全球视野的知识产权人才队伍。

新时代需要新的奋斗，新时代开启新的征程。海关将以习近平新时代中国特色社会主义思想为指导，深入贯彻党的十九大和十九届历次全会精神，认真落实习近平总书记关于全面加强知识产权保护工作的重要指示，不忘初心、牢记使命，以全面推动落实《纲要》为抓手，扎实推进海关知识产权保护制度创新和治理能力建设，展现新海关应有的担当作为，为构建新发展格局提供坚实保障。

推进知识产权与标准化协同
增强支撑国家创新发展合力

田世宏*

近期，中共中央、国务院先后印发了《知识产权强国建设纲要（2021—2035年）》和《国家标准化发展纲要》，对知识产权和标准化工作作出重大部署，为新时代知识产权和标准化工作提供了根本遵循。贯彻落实两个纲要，推进知识产权与标准化协同，促进国家创新驱动发展，具有重要的现实意义和长远的战略意义。

一、深刻认识知识产权与标准化协同发展的重要意义

习近平总书记指出，创新是引领发展的第一动力，标准助推创新发展。世界各主要国家纷纷出台新的创新战略，加强人才、专利、标准等战略性创新资源的争夺。这些重要论述，深刻揭示了知识产权与标准化协同支撑创新发展的客观规律。知识产权是权利人依法就作品、发明、实用新型、外观设计、商标、地理标

* 田世宏：国家市场监督管理总局党组成员、副局长，国家标准化管理委员会主任。

志等享有的专有权利。标准是以科学、技术和经验的综合成果为基础，按照规定的程序经协商一致制定，供共同使用、遵守的规则和依据。知识产权与标准都具有鲜明的技术属性，都是创新成果的重要形式和载体，在科技实践活动中，两者相互渗透融合是创新发展的必然要求和必由之路。专利技术融入标准有利于鼓励创新、提高标准技术水平，而标准中纳入专利技术有利于促进科技成果产业化和市场化，扩大专利技术推广应用范围。同时，标准还是知识产权规则体系的重要组成，标准化在知识产权创造、运用、保护、管理等全过程都发挥着重要作用。知识产权制度也为标准版权的形成和保护提供了法律依据。新时期，加强知识产权与标准化协同发展，对于激发创新活力、增强创新能力，强化国家战略科技力量、建设创新型国家，推动高质量发展具有重大意义。

二、准确把握知识产权与标准化协同发展的形势与任务

国际组织和发达国家历来高度重视知识产权和标准化协同发展。国际标准化组织（ISO）、国际电工委员会（IEC）和国际电信联盟（ITU）三大国际标准组织均鼓励以标准化推动技术创新，支持将先进技术通过必要专利形式纳入国际标准。三大国际标准组织联合发布了《ITU—T/ITU—R/ISO/IEC 共同专利政策》及实施指南，对专利信息披露和技术许可等作出规定，确保全球范围内技术和系统的兼容性。发达国家纷纷在其标准化战略中不断强化知识产权工作，美国标准化战略明确提出标准化流程必须尊重知识产权所有人。德国标准化战略强调在国际竞争中将标准化和

专利体系作为互补的战略工具。日本标准化战略指出企业的知识产权战略应与其标准化战略并行推进。ISO、IEC、ITU公布的数据显示，截至2021年9月30日，三大国际标准组织国际标准必要专利声明总量已达11486项，涉及国际标准1768项，其中美国位居第一、芬兰位列第二、日本位列第三，我国仅排名第十，与发达国家差距明显。

近年来，特别是党的十八大以来，党中央、国务院高度重视知识产权和标准化协同发展，作出了一系列决策部署。《国家创新驱动发展战略纲要》提出要实施知识产权、标准、质量和品牌战略，强化基础通用标准研制，健全技术创新、专利保护与标准化互动支撑机制，及时将先进技术转化为标准。《国民经济和社会发展第十四个五年规划和2035年远景目标纲要》明确要求实施知识产权强国战略，实行严格的知识产权保护制度，通过完善标准、质量和竞争规制等措施，增强企业创新动力，完善科技创新体制机制。《知识产权强国建设纲要（2021—2035年）》和《国家标准化发展纲要》对新时期知识产权和标准化协同发展作出了部署，明确要求推动技术创新、知识产权保护与标准化更加紧密衔接。《“十四五”国家知识产权保护和运用规划》要求促进技术、专利和标准协同发展，研究制定标准必要专利许可指南，引导创新主体将自主知识产权转化为技术标准。这些战略规划明确了推动标准化与知识产权协同发展的目标任务。

三、客观看待我国知识产权与标准化协同发展的实践探索

近年来，有关部门大力推动知识产权与标准化协同发展制度

创新，加大相关领域国家标准制定力度，积极参与国际标准化工作，取得了一定成效。在制度创新方面，国家标准委与国家知识产权局联合发布《国家标准涉及专利的管理规定（暂行）》，建立与国际接轨的国家标准必要专利保护政策，明确标准必要专利的处置原则和程序要求，既维护了国家标准的公正权威，又体现出对标准必要专利的保护。国家标准委发布国家标准《标准制定的特殊程序 第1部分：涉及专利的标准》，细化了标准制定和修订过程中涉及专利问题的处置要求和特殊程序。民政部和国家标准委制定《团体标准管理规定》，明确社会团体处置团体标准中涉及必要专利问题的义务。这些制度文件与国家标准，初步构建了我国标准涉及专利问题的规则框架。在国家标准制定方面，我国积极推动将自主专利技术融入国家标准，相继发布了视频监控数字视音频编解码技术、电动汽车无线充电技术等领域国家标准，在相关领域我国自主创新技术推广应用中发挥了关键作用。我国还高度重视发挥标准化在知识产权保护中的引领、规范作用，制定了《关于知识产权服务标准体系建设的指导意见》，相继发布企业、科研组织、高等学校、科学技术研究项目、电子商务平台等系列知识产权管理国家标准，以及专利代理机构、知识产权分析评议、专利导航等方面的服务规范和指南，为不同创新主体以及科技项目的知识产权管理提供了依据，有效促进了我国知识产权服务质量和水平的提升。在国际标准化工作方面，我国积极参与国际标准化活动，牵头制定《创新管理 知识产权管理指南》ISO标准，将知识产权管理理念纳入国际标准。在3GPP等国际性专业标准组织开展的标准化活动中，我国贡献了大量具有自主知识产权的技术提案，其中5G标准必要专利声明数量达到了全球的38%。这些实践探索为深入推动知识产权与标准化协同发展奠定了良好基础。

与此同时，我国知识产权与标准化协同发展仍存在一些问题和不足。比如，社会各界对知识产权与标准化关系的认识还有偏差，企业综合运用知识产权与标准化提升竞争力的能力水平还有待提升，推进知识产权与标准化协同发展的机制措施和标准体系还不够完善。这些问题需要我们认真研究，妥善应对解决。

四、努力开创知识产权与标准化协同发展新局面

深入学习习近平总书记关于知识产权强国建设和加强标准化工作的一系列重要论述，认真贯彻落实《知识产权强国建设纲要（2021—2035年）》与《国家标准化发展纲要》，在全社会形成知识产权与标准化相互协同的良好氛围，是当前和今后一个时期的重要任务。

一是健全工作机制。充分发挥国务院知识产权战略实施工作部际联席会议制度和国务院标准化协调推进部际联席会议制度作用，加强知识产权与标准化协同发展顶层设计，协调推进知识产权强国建设和标准化发展。健全知识产权与标准化主管部门协调工作机制，加强知识产权创造、运用、保护、管理与标准化工作的联动。强化知识产权审查机构与标准审评机构、标准化专业技术组织紧密协作，加强知识产权专家与标准化专家之间的互动合作，形成上下联动、整体推进的工作格局。

二是加强制度建设。完善标准必要专利制度，统筹推进政府颁布标准与市场自主制定标准的建设，建设标准必要专利数据

库，进一步完善专利技术纳入标准的披露、许可程序和要求，加强标准制定过程中的知识产权保护，促进创新成果产业化应用。建立标准创新型企业制度，鼓励优势企业综合运用技术、专利、标准等手段加强创新能力建设，营造企业创新发展良好生态环境。加强支撑知识保护标准体系建设，完善不同主体知识产权管理规范，更新专利技术纳入国家标准相关工作指南。

三是提升企业能力。开展企业知识产权和标准化相关技术人员培训，提升企业协同推进技术研发、产品研制、标准制定与知识产权保护的意识和能力。加强知识产权和标准化公共服务平台建设，为企业提供知识产权、标准相关信息服务。开展知识产权服务业和标准化服务业融合发展试点，为企业创新发展提供包括知识产权、标准化在内的全链条解决方案。鼓励企业加大关键核心技术研发，制定实施包含专利技术的高水平标准，提升企业核心竞争力。

四是推进国际合作。建立政府引导、企业主体、产学研联动的国际标准化工作机制，鼓励以企业为主体参与国际标准化活动，为创新技术转化为国际标准提供有力支持。鼓励和引导社会各界积极参与创新领域国际标准化活动，为国际标准化发展贡献和分享更多中国智慧与中国经验。积极参与 ISO、IEC、ITU 等国际标准组织知识产权政策规则制定，加强与相关国际专业技术组织和国家知识产权、标准化机构的合作，推进我国标准知识产权政策与国际接轨，推动专利和国际标准有效结合，为营造更加开放、包容的国际创新生态贡献力量。

落实知识产权强国建设纲要
推动广播电视和网络视听高质量发展

孟　冬*

党的十八大以来，广播电视和网络视听行业坚持以习近平新时代中国特色社会主义思想为指导，全面落实《国家知识产权战略纲要》，大力实施新时代精品工程，推进广播电视和网络视听版权精品、知名品牌和技术标准建设，广播电视和网络视听知识产权工作取得重大成就。进入新阶段，中共中央、国务院制定出台《知识产权强国建设纲要（2021—2035 年）》（以下简称《纲要》），在全面建设社会主义现代化国家的工作大局中定位和谋划知识产权工作，对知识产权强国建设作出重大部署，为广播电视和网络视听高质量发展建设提供了政策指引和支撑。在全面建设社会主义现代化国家新征程上，全国广播电视和网络视听行业将坚持创新引领，加大知识产权工作力度，统筹推进知识产权强国和文化强国建设，着力推动广播电视和网络视听高质量发展。

* 孟冬：国家广播电视总局党组成员、副局长。

一、广播电视和网络视听知识产权蓬勃发展

国家广播电视总局（以下简称广电总局）历来高度重视知识产权工作。2008 年 6 月《国家知识产权战略纲要》颁布后，2010 年 11 月制定出台《广播影视知识产权战略实施意见》，明确广播电视和网络视听知识产权中长期规划，推动广播电视和网络视听知识产权工作取得历史性成就，知识产权的创造、运用、保护、管理和服务水平获得显著提高。

（一）精品内容创作持续繁荣，版权价值不断凸显

近年来，广电总局带领全行业深入贯彻落实习近平总书记关于文艺精品创作和广播电视工作的重要指示和批示精神，以实施“新时代精品”工程为抓手，登“高原”攀“高峰”，主题主线创作生产取得显著成效，原创作品创作水平不断提高，涌现出一批思想精深、艺术精湛、制作精良的优秀作品。一是视听内容创作生产数量稳步提升。据统计，2020 年全国制作发行电视剧 202 部、7476 集，年产量高居世界第一；全年制作发行电视动画片 374 部、11.67 万分钟；全年制作纪录片 8.70 万小时，互联网上线纪录片 259 部、1905 集。二是精品力作供给能力全面提高，形态形式推陈出新，涌现出《觉醒年代》《山海情》《光荣与梦想》《大决战》等电视剧精品内容，推出时代报告剧《在一起》《石头开花》和系列短剧《理想照耀中国》等。三是视听节目创新创优持续推进，不断激活文化节目创造力，形成了一批体现中国风格、中国气派、中国风采，彰显中华文化认同、文化自信的优质

节目。例如，河南卫视“中国节日”系列节目、《典籍里的中国》、《中国诗词大会》、《上新了·故宫》等。同时，优质内容拉动付费观看成为主流。数据显示，在全年 230 部上线网络剧中付费剧为 210 部，占比高达 91%，优质内容的版权价值日益凸显，市场变现能力不断强化。

（二）知识产权制度日益完善，支撑力引领力不断提升

广播电视和网络视听属于知识产权密集型行业，《著作权法》《商标法》《专利法》及有关配套行政法规的立法修法工作对广播电视和网络视听节目版权保护、品牌建设和技术革新至关重要，广电总局组织全行业积极参与相关立法工作，推动广播电视和网络视听相关知识产权制度的建设。一是深度参与《著作权法》修改工作，为广播电视和网络视听行业发展争取制度支持。通过召开立法座谈会、开展问卷调查等方式，积极为《著作权法》修改提出意见、建议。2020 年 11 月 11 日，全国人大常委会审议通过《关于修改〈中华人民共和国著作权法〉的决定》，其中视听作品、广播组织信息网络传播权、新闻作品保护等规定为广播电视和网络视听行业长远发展带来积极的保障作用。二是推动落实有关知识产权法律法规，构建良性行业发展环境。2009 年 11 月，国务院颁布《广播电台电视台播放录音制品支付报酬暂行办法》，确立了广播电视播出机构使用录音制品支付报酬的具体制度和标准。以落实该办法为契机，全国各主要广播电视机构普遍建立了媒体资产管理系统，对版权作品进行清理、著录和登记，为自有版权作品后续开发及使用他人作品付费等提供有力支撑。三是将知识产权条款纳入广播电视和网络视听行政法规和部门规章。积

极推动《广播电视法》立法，为落实网上网下一个标准、一体管理提供法律支撑。《广播电视法》从业务准入、平台责任、安全保障、监督管理和法律责任等方面完善国家层面制度支撑，并明确规定与广播电视和网络视听有关的知识产权依法受到保护，任何组织和个人不得侵犯。同时，在《电视剧内容管理规定》《互联网视听节目服务管理规定》《专网及定向传播视听节目服务管理规定》等广播电视和网络视听部门规章中规定知识产权条款，对权利人的著作权等相关权利进行保护。

（三）侵权盗版得到有效遏制，发展环境持续向好

保护知识产权就是保护创新。广电总局历来高度重视知识产权保护工作，坚持标本兼治、内外并举、预防与打击并重，采取多种举措不断强化广播电视和网络视听节目的知识产权保护力度。一是严格落实备案公示、发行许可各项制度，明确权利，预防侵权。例如，自 2005 年起，全国国产电视动画片实行备案公示、发行许可制度。在备案公示阶段，注重剧本审查，对于内容雷同、抄袭等侵害知识产权的作品，不予备案；要求儿歌类动画片提供歌曲版权声明，对于未经歌曲版权方授权的作品，不予备案。动画片完成片审查通过后，获得国产电视动画片发行许可证，标明作品片名、集数时长、制作机构、联合制作机构、发行许可证号、发证单位信息，明确作品权属。二是积极参与打击知识产权侵权专项行动。作为国务院知识产权战略实施工作部际联席会议和全国打击侵犯知识产权和制售假冒伪劣商品工作领导小组的重要成员单位，广电总局积极参与保护知识产权、打击侵权假冒的专项行动，有效遏制了行业侵权盗版。三是与国家版权局

等相关部门连续多年联合开展打击网络侵权盗版“剑网”专项行动，“剑网2021”专项行动重点加大短视频版权治理力度，打击公众账号经营者未经授权对电影、电视剧等视听作品删减切条、改编合辑制作短视频，以及未经授权复制抄袭短视频并上传网络平台进行传播等行为，取得阶段性成效，推动广播电视和网络视听行业发展环境持续向好。

（四）知识产权宣传力度不断加大，社会意识普遍提高

广电总局积极指导各级广电媒体配合有关部门做好知识产权宣传引导，提高全社会知识产权意识，营造良好的知识产权高质量发展人文环境。一是加大知识产权宣传力度，提升全社会知识产权意识。围绕世界知识产权日等重要时点，开展丰富多彩的知识产权专题宣传活动和报道，增强全社会保护创新、公平竞争意识。二是做好相关宣传报道。指导各级广电媒体配合有关部门做好宣传引导，营造良好氛围，广泛开展普法宣传教育，引导群众知法守法，同时积极展示我国保护知识产权、打击侵权假冒工作成效，彰显负责任大国形象。稳妥回应社会关切，针对国内外舆论关注，认真研究、及时发声，消除疑虑误解，增进理解共识，为打击侵权假冒、保护知识产权工作营造良好舆论氛围。三是以广播电视公益广告为抓手，大力宣传普及知识产权文化理念。从2017年开始连续三年与国家知识产权局联合举办保护知识产权主题广播电视公益广告作品征集活动，取得了良好效果，涌现出《版权保护伴我行》《保护中医药知识产权就是保护中华民族创新成果》《我们为什么要付费听歌和看剧》等一大批优秀知识产权公益广告作品，并已将获得扶持的作品纳入“全国优秀广播电视

公益广告作品库”，供全国各级播出机构下载播出，扩大知识产权公益广告播出频次和范围，助力提升全社会知识产权意识。

（五）人才和队伍建设不断加强，行业组织逐步壮大

2010 年 5 月，广电总局举办第一期全国广播影视知识产权骨干培训班，培养了第一批广播影视知识产权骨干人才队伍。时至今日，广播影视知识产权骨干培训班已连续举办十届，培养锻造了一大批广播电视和网络视听知识产权工作骨干队伍，为广电知识产权工作提供了坚实的人才保障。与此同时，广电行业管理、制作和播出机构的知识产权工作部门也逐步建立起来，为广电知识产权工作提供强有力的组织保障。为贯彻落实《广播电台电视台播放录音制品支付报酬暂行办法》，在民政部和广电总局指导下，中国广播电视协会广播版权委员会和电视版权委员会分别于 2011 年 3 月和 5 月成立。两个专业的版权委员会成立以来，积极组织全国广播电视机构与中国音乐著作权协会就广播电视播放录音制品付酬问题进行集体谈判，开展广播电视知识产权相关课题研究，组织行业知识产权培训，在知识产权工作方面发挥了重要作用。

（六）促进自主创新成果的知识产权化、产业化，积极参与国际标准制定，推动自主知识产权的创新技术转化为国际标准

一是加大自主创新投入力度。广电总局从经费、激励机制等方面支持、鼓励科研人员进行发明创造，在内容制播、传输覆盖、接收终端、安全播出、监测监管、内容保护等领域形成了一批核心自主知识产权技术和国家标准，截至目前，累计共申报了

近百项专利和300多项软件著作权，发布了几十项行业标准，支撑了广播电视事业产业的转型升级。二是高度重视推进科技成果转化。对卫星直播电视、可下载CA、数字音频广播、数字版权保护等技术的运用进行了全面的战略部署，以自主知识产权带动了新兴产业的形成，为新时代的广电行业注入了活力。三是着力提升国际影响力。“十三五”期间，广电总局努力提升科研能力，在扩大国际科研舞台的规模、质量及影响力方面下功夫，积极参加了ITU、IEEE、SMPTE、3GPP、IETF等标准组织的多项国际会议，并担任副主席、报告人、编辑人等职务，提交近30篇国际标准提案、文稿，编制并获得通过了十几项国际标准，推动HI-NOC、C-DOCSIS、CDR等标准的国际化进程。

二、广播电视和网络视听知识产权工作进入新发展阶段

进入新发展阶段，广播电视和网络视听面临新形势新任务，推动高质量发展成为广播电视和网络视听持续健康发展的必然要求。要实现广播电视和网络视听高质量发展，需要现代化的知识产权制度保障、高质量的视听内容作品供给和高效益的视听版权产业支撑。

（一）广播电视和网络视听高质量发展需要现代化的知识产权制度

习近平总书记提出，“加强知识产权保护是完善产权保护制度最重要的内容和提高国家经济竞争力的最大激励”。在知识经济时代，知识产品和智力成果作为生产要素的价值日益彰显。只

有严格保护知识产权，才能完善现代产权制度、深化要素市场化改革。当前，随着信息技术的高速发展，视听产品传播渠道日趋多元，各类传播领域联系日益密切，跨网跨平台的融合传播态势已基本形成。视听产品制作传播已不仅仅局限于传统媒体，更多来自互联网领域甚至是个人创作者，尤其是短视频制作门槛低、从业主体繁杂，未经授权拆分、编辑、集成发布等侵权使用现象时有发生，不利于广播电视与网络视听行业的良性发展。围绕视听作品的权利归属、作品使用和利益分享成为当下业界普遍关注的话题，也成为立法和实践中争议较多的问题。对于视听产业内部的长视频与短视频之间，以及视听产业与文学、音乐、游戏等上下游产业之间的版权作品使用和利益分享等问题都亟需从著作权制度上予以回应。2021 年 9 月 20 日，世界知识产权组织（WIPO）发布《2021 年全球创新指数》（GII）报告，中国排名由 2013 年的第 35 位上升至 2021 年的第 12 位，连续 9 年稳步上升。报告高度评价中国在创新方面取得的进步，并强调了政府决策和激励措施对于促进创新的重要性，这其中制度作为七大评估指标的首要指标，对于促进创新起着关键性作用。因此，实现新时期广播电视和网络视听高质量创新性发展需要知识产权制度的支撑。

（二）广播电视和网络视听高质量发展需要高质量的视听内容作品

高质量的知识产权创造是创新发展的基本内涵。习近平总书记强调，“当前，我国正在从知识产权引进大国向知识产权创造大国转变，知识产权工作正在从追求数量向提高质量转变”。进入新时代，广播电视和网络视听也阔步迈入高质量发展阶段，需要着力实现知识产权创造由多向优、由大到强的转变。近年来，广电总局持续深入推进广播电视和网络视听综合治理，坚持导向管理，坚决整治不良创作倾向，对剧集“注水”、老剧翻拍等问题坚决说“不”，全行业去产能化趋势明显。当前，广播电视和网络视听精品内容供给仍存在结构性不足，优秀作品偏少，高峰之作仍有不足等问题。为此，广电总局以实施“新时代精品工程”为抓手，谋划实施电视剧、纪录片、动画片、广播电视节目、网络视听节目等重点创作规划，不断完善优秀选题项目储备库，加强动态调整管理，加大专项资金扶持力度，引导广播电视和网络视听行业创造高质量的视听内容精品，不断提高精品视听内容作品的成果转化率、社会影响力和市场占有率，推动视听内容产业良性循环和综合效益增长。

（三）广播电视和网络视听高质量发展需要高效益的视听版权产业

版权产业是文化与技术、商业的结合，具有融合度高、带动性强、绿色低碳等特征，在转方式、优结构、扩消费、增就业、促转型中具有特殊作用。广播电视和网络视听以“内容为王”，其版权产业具有广阔发展空间，成为推动广播电视和网络视听产业转型升级、实现高质量发展的重要引擎。一是技术和产业变革不断延伸版权产业链，网络化、数字化、智能化正在重塑广电行业，视听产业重心加速向网络端转移，向文创、文旅、教育等跨界行业融合拓展，媒体生态和视听作品创作传播都在因此发生深刻变革。以5G、大数据、人工智能、区块链等为代表的新一代信息技术正广泛渗透和影响广电行业，不断带来新应用、催生新业态，不断延伸版权产业链。二是内容付费成为新的消费习惯，版权产业发展动力充沛。2020 年，我国人均国内生产总值突破 1 万美元，中等收入群体超过 4 亿，居民消费结构不断升级，文化消费需求增长迅速，内容付费逐渐成为新的消费习惯，为版权产业发展带来强劲动力。据统计，2020 年网络视听机构用户付费、节目版权收入大幅增长，达 830. 80 亿元，同比增长 36. 36%。三是广播电视和网络视听领域的版权侵权盗版得到有效遏制，为视听版权产业发展营造了良好空间。

三、以创新为引领推动广播电视和网络视听高质量发展

创新是引领发展的第一动力，保护知识产权就是保护创新。在全面建设社会主义现代化国家的新征程上，广播电视和网络视听行业将高举习近平新时代中国特色社会主义思想伟大旗帜，全面落实《纲要》有关重点任务，统筹推进知识产权强国和文化强国建设，充分发挥知识产权制度在文化强国建设中的重要作用，不断提质增效转型升级，着力推动广播电视和网络视听高质量发展。

（一）完善知识产权政策法规，以高质量制度保障广电高质量发展

进入新时代，广播电视和网络视听知识产权工作的重点发生了一个很大转变，从以保护为主过渡到保护与创新并重的新阶段。下一步，要实现广播电视和网络视听高质量发展必须坚持保护与创新并举，发挥知识产权制度的激励作用。一是研究部署新

时期广播电视和网络视听知识产权工作。深入学习领会习近平总书记关于知识产权工作的重要论述和指示批示精神，贯彻落实《纲要》重要任务，结合行业特点，制定广播电视和网络视听知识产权中长期工作计划，推动《纲要》在行业内落地见效。二是积极参与知识产权相关配套法规的修订工作。经过十年努力，《著作权法》第三次修改工作圆满完成。下一步，关于视听作品法律概念的理解和适用、播放录音制品付酬等问题仍有待进一步研究和跟进，与《著作权法》相关的配套行政法规，如《著作权法实施条例》《信息网络传播权保护条例》《著作权集体管理条例》《广播电台电视台播放录音制品支付报酬暂行办法》等都有待修订和完善，《民间文学艺术作品著作权保护条例》也在研究制定过程中。广电总局将积极配合司法部、国家版权局等相关部门，推进相关配套法规修订工作，积极反映行业诉求，推动构建适应广播电视和网络视听高质量发展的知识产权制度。

（二）繁荣视听文化产品创作生产，提升精品力作的持续供给能力

广播电视和网络视听行业将认真落实《纲要》重点任务，继续深入实施“新时代精品工程”，着力在内容创作生产上提质升级，打造更多新时代精品力作，满足人民日益增长的文化生活新需要。一是加强选题规划，建构新时代精品创作生产新格局。围绕建党 100 周年、北京冬奥会、抗美援朝胜利 70 周年、“一带一路”倡议提出 10 周年、新中国成立 75 周年、抗战胜利 80 周年等党和国家重要时间节点超前规划、提前布局，研究谋划重点创作项目，特别是现实题材项目。二是加强政策扶持，打造新时代文

艺创作的精神高地。继续鼓励文艺创新，大力实施“内容创新计划”“中华文化广播电视传播工程”“国家文化记忆和传承项目”，围绕中国历史上的大思想家、大文学家以及传统戏曲和文化遗产等主题，分类推动纪录片创作规划，重点打造《大运河》《国家公园》《王阳明》《百年巨匠》等具有深厚底蕴和当代价值的历史文化类作品。三是加强行业管理，树立新时代文艺创作的质量标杆。紧紧抓住提升作品内容质量这个牛鼻子，坚持“思想精深、艺术精湛、制作精良”相统一，进一步深化创新创优工作，用好重大题材网络影视剧 IP 征集平台，引导全行业发扬工匠精神，克服急功近利的浮躁思想，共同营造“繁荣创作、多出精品、力攀高峰”的良好氛围。

（三）创新广播电视和网络视听新业态，推动视听版权产业发展

《纲要》明确了“十四五”时期知识产权强国建设目标，提出到 2025 年知识产权市场价值进一步凸显，品牌竞争力大幅提升，版权产业增加值占 GDP 比重达到 7.5%。当前，我国视听版权产业仍存在一些薄弱环节，必须着力打通版权创造、运用、保护、管理和服务全链条，最大限度地提升版权作品的增加值。一是创新版权作品使用方式，拓展版权产业链。推动视听版权产业与经济、科技、文化、社会等各方面深度融合发展，通过多种形式授权许可，拓展版权作品的盈利模式，开发多元化收入来源。二是发展新型文化产业，尤其是数字内容产业。“十四五”规划提出要“实施文化产业数字化战略，加快发展新型文化企业、文化业态、文化消费模式”。2020 年修改的《著作权法》也将“数

字化”作为著作权的一项新权能，为版权作品的数字化授权使用提供了制度保障。三是重视和发展网络版权产业。数据显示，2020年中国网络版权产业市场规模达到11847.3亿元，首次突破1万亿元，同比增长23.6%，“十三五”期间年复合增长率近25%，展现巨大发展潜力。在细分门类中，包括长视频、短视频、直播在内的各类视频业态发展迅速，市场规模占比达到29.07%。

（四）以重点平台建设为抓手，提升视听版权服务水平

统筹推进广播电视和网络视听知识产权服务平台建设，不断提升视听版权服务功能和引领作用。一是持续推进“广电视听融合传播基础信息管理平台”建设，综合运用区块链等新技术手段，有效记录视听节目融合传播信息，精准定位视听节目传播路径，构建统一、全面、综合的视听节目信息管理体系，为视听版权权利人提供准确权威的节目版权使用凭证。二是推进我国自主研发的视音频内容数字版权保护体系（China DRM）的产业化应用，发挥其在技术支撑、安全评估、服务认证、密钥管理等方面的作用，促进人工智能、区块链等新技术在广播电视和网络视听版权领域的应用，建立健全广电版权产业生态体系。三是建好用好“中国联合展台”在线平台。2020年，面对突如其来的新冠肺炎疫情，广电总局会同国内几家头部企业，危机中育新机，变局中开新局，适时推出“中国联合展台”在线平台，为中外视听企业提供信息发布、版权贸易、展览展示、在线交流、数据分析、专业咨询等六大功能服务。在2021年世界互联网大会上，“中国联合展台”在线平台入选世界互联网大会“携手构建网络空间命运共同体最佳实践”精品案例。未来，广电总局将不断扩大“中

国联合展台”在线平台覆盖和服务范围，吸引更多国际知名企业入驻，与国外的媒体机构、知名影视节展建立更广泛的合作关系，不断强化版权交易和服务功能。

（五）发挥大众媒体宣传优势，营造知识产权人文社会环境

《纲要》提出要建设促进知识产权高质量发展的人文社会环境。广播电视和网络视听要发挥大众传媒优势，加大知识产权宣传力度，营造良好知识产权人文环境。一是强化知识产权宣传引导，加强对尊重知识、崇尚创新、诚信守法、公平竞争的知识产权文化理念的阐释和宣传，厚植公平竞争的文化氛围，培育新时代知识产权文化自觉和文化自信，推动知识产权文化与法治文化、创新文化和公民道德修养融合共生、相互促进。二是巩固和壮大知识产权宣传主阵地，探索建立专业的广播电视知识产权节目栏目，扩大广播电视和网络视听知识产权宣传文化阵地。三是创新知识产权宣传形式，综合利用广播、电视、互联网与移动端等“网、端、微、屏”全媒体形态和平台，主动设置知识产权议题，通过媒体报道、新闻评论、影视节目、短视频等形式，推动知识产权宣传跨屏、跨域、跨网、跨终端有效衔接，提高知识产权宣传实效。四是加大知识产权公益广告创作播出力度，继续实施“广播电视公益广告提升行动”，支持创作更多阐释和弘扬知识产权文化理念的公益广告作品，促进提高全民知识产权道德水准和文化素养。

（六）完善知识产权人才梯队，夯实行业发展根基

中央人才工作会议提出，“发展是第一要务，人才是第一资

源，创新是第一动力”。发展广播电视和网络视听版权经济，推动行业高质量发展，必须坚持人才引领发展的战略地位，不断健全和完善广播电视和网络视听高质量知识产权人才队伍。一是大力培养使用广播电视和网络视听知识产权领军人才，将知识产权人才纳入“两个人才工程”，即全国广播电视和网络视听行业领军人才工程和青年创新人才工程，发挥领军人才的专长和优势，养用结合，鼓励、支持领军人才组建创新团队，积极参与立法和政策制定，承担重大创作研究和学术科研攻关活动，强化知识产权领军人才的引领作用。二是加强广播电视和网络视听知识产权骨干人才培养，继续举办全国广播电视行业知识产权骨干培训班，创新和提升骨干人才培养效益，形成支撑广电高质量发展的知识产权人才队伍。三是开展广播电视和网络视听知识产权通识教育和培训，开发一批适应广播电视和网络视听行业特性的知识产权精品课程，开展干部知识产权学习教育，提高知识产权通识培训的针对性和时效性，着力提升全行业的知识产权素养。

（七）积极参与国际规则制定，加强知识产权国际合作

习近平总书记强调要统筹推进知识产权领域国际合作和竞争，深度参与世界知识产权组织框架下的全球知识产权治理。《纲要》对此也作了明确要求。广电总局将不断深化广播电视和网络视听领域知识产权国际合作。一是积极参与广电相关知识产权国际条约的制定工作。2012年6月，广电总局积极参与、承办世界知识产权组织保护音像表演外交会议，推动签署《视听表演北京条约》。这是在中国诞生的第一个国际知识产权条约，极大地提升了中国版权事业的国际地位和北京在国际社会的知名度。

未来，广电总局将继续在世界知识产权组织等国际框架内，积极参与和推动《保护广播组织公约》的制定，对广播组织权利内容以及“网播”组织的地位等核心争议条款进行研究，提出中国的意见、立场和方案，推动构建开放包容、平衡普惠的广播电视和网络视听知识产权国际规则。二是实施广播电视技术服务对外交流合作计划，发挥技术对内容传播的基础性支撑作用，推动以DTMB为代表的具有自主知识产权的广播电视技术标准国际化，带动内容和产业“走出去”，提升广电视听国际传播竞争优势。三是探索建立国际化的广播电视和网络视听知识产权综合服务体系，加强对广播电视和网络视听品牌商标国际注册的指导，探索建立广播电视和网络视听涉外版权纠纷的仲裁机制，更好地服务于广播电视和网络视听国际传播，促进视听内容作品和服务“走出去”。

加强植物新品种保护
促进林草事业高质量发展

彭有冬*

2008 年 6 月 5 日，国务院发布《国家知识产权战略纲要》，将知识产权上升为国家战略并进行了系统部署，开启了我国知识产权事业发展的新篇章。国家林业和草原局以贯彻实施《国家知识产权战略纲要》和建设知识产权强国为契机，建立健全林草知识产权服务体系，积极创新政策机制、夯实发展基础、依法保护权益、加快转化运用，强化林草科技自主创新，林草知识产权创造和运用能力得到持续增强，为促进我国林草事业高质量发展提供了强大动力。

林草植物新品种保护作为林草知识产权保护的重要组成部分，对于保护育种者权益、激励林草育种创新、推进我国种业振兴具有举足轻重的作用。结合职能任务分工，国家林业和草原局全面加强林草植物新品种保护工作，围绕保护管理制度建设、技术支撑体系建设、转化运用体系建设、行政执法体系建设、深化国际合作交流等方面开展了大量工作，取得了显著成效，有效调

* 彭有冬：国家林业和草原局党组成员、副局长。

动了全社会林草育种创新的积极性。大量颇具特色的优良新品种在生产上得到广泛应用，展现出良好的经济价值和广阔的市场前景，逐步成为区域生态建设、产业发展、林农增收的重要手段，对现代林业和草原发展的支撑作用日益凸显。未来 15 年是推动林业、草原、国家公园“三位一体”，实现林草事业高质量发展的战略机遇期和黄金发展期。国家林业和草原局将持续推进知识产权强国建设，进一步解放思想，加大“放管服”改革力度，精准施策，补齐短板，力争在优化完善运行管理机制、推进审查提质增效、加强优良新品种创制与转化运用、打击假冒侵权等方面取得新的突破，全面提升新时代林草植物新品种保护水平，为生态文明和美丽中国建设提供有力支撑。

一、发展现状

（一）林草植物新品种保护制度不断完善

以贯彻落实《国家知识产权战略纲要》为抓手，不断强化林草知识产权制度建设，发布了《国家林业局关于贯彻实施〈国家知识产权战略纲要〉的指导意见》，制定并组织实施了《全国林业知识产权事业发展规划（2013—2020 年）》和林业实施知识产权战略年度推进计划，发布了《林业植物新品种保护行政执法管理办法》，制定了《林业植物新品种测试管理规定》《林业植物新品种权申请审查规则》等规章制度。先后发布了 8 批《中华人民共和国植物新品种保护名录（林业部分）》，林草保护名录累计达到 293 个属（种），满足了育种者申请新品种保护的需求。

（二）林草植物新品种的技术支撑体系逐步增强

进一步健全完善林草植物新品种测试体系，建立了1个测试中心、5个区域测试分中心、2个分子测定实验室、6个专业测试站，开展了165项林业植物新品种测试指南的编制，已制定完成70项，分别以国家标准或行业标准发布，有效提高了植物新品种的审查测试能力。贯彻落实“放管服”改革要求，优化完善管理工作流程，加强信息化管理平台建设，努力提升审查质量和审查效率，林草植物新品种的申请量和授权量近年来得到大幅增长。截至2020年底，共受理植物新品种申请5566件，授予植物新品种权2643件，其中“十三五”期间共受理植物新品种申请3778件，授予植物新品种权1640件，申请量较“十二五”增长255%，授权量较“十二五”增长140%。

（三）林草植物新品种的转化运用能力显著提升

建立了林草植物新品种权转化运用的政策导向和激励机制，开展林草授权植物新品种应用情况调研，多次召开林草植物新品种发布推介会、植物新品种职务育种制度座谈会，发布和推介授权植物新品种，并组织签订新品种权转让许可合同，有效促进了林草植物新品种的推广应用。建立了中国林业植物新品种保护网站和信息共享平台，每年编辑出版《中国林业植物授权新品种》。支持建立了一批林草植物新品种转化运用示范基地，同时筛选优良植物新品种，纳入各级林草科技推广计划进行转化运用。通过组织召开林草植物新品种惠农工作座谈会，搭建植物新品种惠农交流平台，就推进优良植物新品种创制、保护、转化、推广、产业化等进行座谈交流。筛选了一批转化运用效果好、惠农成效明显的优良新品种，建立优良新品种惠农典型样板，全方位开展宣传报道，特别是在《中国绿色时报》开辟专版进行深入报道，提升了林草新品种的显示度和影响力。

（四）林草植物新品种保护行政执法工作有序开展

加强植物新品种保护执法，依法保护品种权人的合法权益，是植物新品种保护制度顺利实施的关键。每年组织开展打击侵犯林草植物新品种权专项行动，重点对各类林木、花卉博览会、交易会等进行检查，严格查处植物新品种违法行为，加大处罚力度，净化了植物新品种交易市场，指导品种权人积极维权，营造良好的市场氛围。同时构建了月季、牡丹品种 DNA 图谱数据库，为执法取证提供技术支撑。为探索建立行政执法长效机制，促进行政执法与刑事司法的衔接，在陕西、河北、山东等省开展了林草植物新品种权行政执法试点。各地林草主管部门根据相关要求，不断健全林草植物新品种权的行政执法体系，加强执法人员培训，提高了执法人员的业务水平和责任意识。

（五）林草植物新品种保护的国际合作日益深化

国家林业和草原局认真履行《国际植物新品种保护公约》，积极参与东亚植物新品种保护论坛。完成了山茶属、丁香属、牡丹、核桃属等四项国际测试指南的编制，提升了我国植物新品种保护的国际影响力。积极参与了中瑞（士）、中日韩自由贸易协定等双边和多边知识产权谈判，与欧盟植物新品种保护办公室和韩国林木植物新品种保护部门签署了合作协议，与国际植物新品种保护联盟成员国开展合作交流，有力提升了我国林草植物新品种的保护水平。

二、形势要求

习近平总书记和党中央高度重视知识产权保护和种业发展问题。2020 年 11 月 30 日，习近平总书记主持十九届中央政治局第二十五次集体学习并作重要讲话，用“五个关系”深刻阐明加强知识产权保护的重大意义，用“两个转变”科学界定了我国知识产权保护所处的历史方位，从加强顶层设计、提高法治化水平、强化全链条保护、深化体制机制改革、统筹推进国际合作和竞争、维护知识产权领域国家安全六个方面作出重要部署，为新时代加强我国知识产权保护工作提供了根本遵循和行动指南。2021 年 7 月 9 日，习近平总书记主持召开中央全面深化改革委员会第二十次会议，审议通过《种业振兴行动方案》，对加强种业知识产权保护提出了明确要求。加强种业知识产权保护，既是推进种业振兴的重要保障，也是当前急需突破的重点难点。如果没有强有力的制度保护，种业自主创新就会大打折扣，容易出现“谁搞原始创新，谁就是冤大头”的恶性循环。全面提升植物新品种创造、保护、运用、管理和服务水平，就是对育种创新者核心利益的最大保护，是对增强我国种业竞争力的最大激励，是对打好种业翻身仗、推进种业振兴的最大支持。

（一）加强植物新品种保护工作，是切实做好“两个维护”的重要体现

习近平总书记高度重视知识产权工作，从 2012 年至今就知识

产权保护工作作出的重要讲话和论述有几十次。中央政治局第二十五次集体学习更是将知识产权保护的重要性提到了前所未有的高度，赋予其新的时代内涵，明确了其新的功能定位，具有鲜明的政治导向。作为负责林草植物新品种授权审批和管理保护的中央国家机关，国家林业和草原局将进一步强化政治机关意识，不断增强政治敏锐力和政治鉴别力，切实将做好“两个维护”体现在坚决贯彻党中央决策部署的行动上，体现在履职尽责、做好本职工作的实效上。

（二）加强植物新品种保护工作，是适应新发展阶段、贯彻新发展理念的时代要求

目前，我国正在从知识产权引进大国向知识产权创造大国转变，知识产权工作正在从追求数量向提高质量转变，这对植物新品种工作提出了新的更高的要求。我国植物新品种权保护工作与发达国家相比仍存在一定差距，尤其是林草植物新品种质量效益不够高、高质量高价值新品种偏少，新品种保护法治化水平仍然不高，成果转化路径单一、转化率不高。要切实增强植物新品种保护工作的责任感和使命感，坚持以人民为中心的发展思想、以问题为导向的发展路径、以忧患意识为基础的发展思维，谋划好林草植物新品种保护“十四五”规划和 2035 年远景目标。

（三）加强植物新品种保护工作，是坚持创新驱动发展、推动构建新发展格局的战略要求

构建新发展格局，加快科技创新是关键。习近平总书记在多个场合强调，新发展格局“决不是封闭的国内循环，而是开放的

国内国际双循环”，要“大力提升自主创新能力，尽快突破关键核心技术”。党的十九届五中全会对科技创新作出重要部署，凸显了以习近平同志为核心的党中央对科技创新的高度重视。创新是引领发展的第一动力，保护知识产权就是保护创新。习近平总书记在国家南繁科研育种基地考察时就强调：“要下决心把我国种业搞上去，抓紧培育具有自主知识产权的优良品种。”因此，要从国家战略高度出发，找准角色定位，积极发挥作用，进一步全面保护育种创新成果，进一步激发全社会育种创新活力，进一步推进育种成果转化落地，以创新驱动发展为引领，以推动构建新发展格局为目标，全力推进新时代植物新品种保护事业迈向新台阶。

（四）加强植物新品种保护工作，是助力乡村振兴、促进林草事业高质量发展的重要保障

当前，我国林草事业正从快速发展阶段转向高质量发展阶段，科学开展困难立地造林绿化、推进山水林田湖草沙系统治理、加强草原生态保护修复、将绿水青山有效转化为金山银山、巩固脱贫攻坚成果等国家林业和草原局的重点工作都迫切需要丰富多样的优良林草植物新品种来提供支撑。通过加强植物新品种保护，进一步增强林草科技创新活力，培育一批具有重大应用价值的优良林草新品种，解决林草种业种苗“卡脖子”问题，为助力乡村振兴、促进林草事业高质量发展提供强大动力。

三、目标任务

（一）总体目标

牢固树立保护知识产权就是保护创新的理念，按照《知识产权强国建设纲要（2021—2035年）》提出的目标，以更高的标准、更严的要求、更实的举措全面推进林草植物新品种保护工作。到2035年，林草植物新品种保护体系更加完备，管理运行机制更加健全，自主创新能力全面提升。林草植物新品种保护制度进一步完善，稳步提升审查质量和效率，健全林草植物新品种保护的技术支撑体系和行政执法体系，建立林草授权植物新品种的评估机制和交易平台，有效提升林草植物新品种创造、保护、运用、管理和服务水平，构建“严保护、大保护、快保护、同保护”新格局。在生态林、生态草、用材林、经济林、观赏植物等领域培育出一批具有重要影响的优良新品种，新品种转化应用成效显著增强。

（二）重点任务

1. 完善法律法规制度，夯实法治基础

配合完成《中华人民共和国种子法》《中华人民共和国植物新品种保护条例》修订，跟进修订完善《中华人民共和国植物新品种保护条例实施细则（林草部分）》，出台《林草植物新品种权质押登记管理办法》，积极推动林草植物品种权转让、实施许可、投资入股、质押融资等各项政策措施的落实，让品种权人分享更多的知识产权收益。

2. 强化品种质量提升，实现自立自强

引导高质量植物新品种创制和布局，探索建立林草植物新品种质量评估机制，加快林草植物新品种培育，围绕生物育种前沿技术，支持开展林木、花卉、竹藤和草高效分子育种研究，加快培育一批具有自主知识产权的高抗、速生优良植物新品种，提高林草植物授权品种的质量。健全林草植物新品种权的利益分享机制，使品种权人、品种生产经营单位和品种使用人共同受益。

3. 健全技术支撑体系，提升服务能力

加快林草植物新品种测试机构和保藏机构建设，完善已知品种数据库，加快测试指南编制，加强测试机构的合理布局和条件能力建设，完善现有测试机构能力建设，提高专业测试站的测试能力，形成布局合理、条件完善、科学高效的国家林草植物新品种测试体系，扩大林草植物新品种保护范围，有效提高审查测试能力。推进林草植物新品种申请便利化改革，建立林草植物新品种保护管理系统，实施并大力推广林草植物新品种的网上申请。健全完善林草植物新品种审查机构和审查员制度，充分利用信息化新技术建设智能化审查系统，提高林草植物新品种的审查质量和效率。

4. 抓好转化运用示范，促进新品种惠农

健全林草知识产权运营体系，加强技术转移与知识产权运营机构建设，创新授权植物新品种许可模式。实施林草授权植物新品种转化运用项目，遴选一批优良林草植物新品种转化运用试点单位，为试点单位提供定向专业辅导、制定靶向政策和激励制度，系统性策划、运营对接等服务，充分发挥优良林草植物新品种的产业化带动作用，探索实现新品种惠农的模式途径，助力美丽乡村建设和乡村振兴战略实施。建立林草植物新品种信息共享和交易服务平台，实现供需对接、项目评估和信息共享，提高林草植物新品种的转化运用能力和水平，推动林草产业转型升级。充分发挥政府的引领作用，为植物新品种权的管理机构、研发机构、商业机构、金融机构、中介机构搭建交流平台，促进全国性的信息交流和新品种展示，保障供需信息获取渠道的畅通，有效打通科研和市场的“最后一公里”。

5. 完善行政执法体系，提高执法实效

健全林草植物新品种权行政执法体系，强化植物新品种权行政执法能力建设，及时查处侵犯植物新品种权和假冒授权品种的案件。建立国家、省、市、县四级林草植物新品种保护执法体系，加强行政执法与刑事司法的衔接，将植物新品种保护执法纳入林草行政综合执法范畴，提高执法队伍素质和执法水平，维护品种权人的合法权益。

6. 深化国际交流合作，扩大国际影响

强化涉林草国际植物新品种保护制度和规则研究，深入开展《国际植物新品种保护公约》1991 年文本与 1978 年文本的利弊分析研究，提出我国植物新品种保护加入《国际植物新品种保护公约》1991 年文本的对策建议。扩大国际交流与合作，尤其是加强与“一带一路”沿线国家和地区的合作与交流，引导林业草原科研院所、高等院校和企业积极融入科技全球化进程，加强国际植物新品种的申请和布局，牵头和参与新品种测试国际标准制定，努力实现中国从国际规则遵循者、跟随者到参与者和建立者的角色转换。

四、重点举措

（一）优化完善管理体制机制

建立健全林草重大研究项目知识产权全流程管理，完善林业草原科技人才考核评价体系，更加重视授权品种的质量和转化运用等指标，推动奖励政策从申请、授权的资助奖励逐步向转化运用的绩效奖励转变。积极探索保护管理制度创新、保护模式和技术手段创新。支持育种单位和个人根据育种创新链，开展全链条知识产权管理，引导加强向国外申请新品种权的布局。聚焦申请人关注的审查与授权时效等问题，进一步优化审查流程、创新审查机制、提高审查效率，推动利用现代生物技术等手段开展审查，实现审查快、鉴定快、授权快、维权快的高效快捷保护。

（二）加强专业人才队伍建设

提高知识产权行政执法人员职业化、专业化水平，重点加强植物新品种审查、测试队伍建设，定期开展行政执法、文件审查、实审测试等技术培训，持续提高业务能力。充分发挥和调动各方面的积极性，形成多层次、多渠道的林草植物新品种教育培训体系，建立面向育种人和育种企业的长期培训制度。完善吸引、使用和管理专业人才的制度，优化人才结构，形成一支与现代林草高质量发展相适应的专业人才队伍。

（三）强化优良新品种转化运用

设立一批优良新品种转化运用试点单位，提供定向专业指导和咨询服务，分类制定靶向政策，激励优良新品种创制和转化应用，发挥产业示范带动作用。开辟审查授权惠民通道，对具有重要推广价值、惠农潜力比较明显的经济林类和观赏植物类优良新品种，设立一定比例的惠农专用绿色通道，加快审查授权进程。探索建立公益性授权植物新品种转化应用和布局的政府补贴制度，对具有重大社会公益价值、生态推广价值的植物新品种给予政府补贴。

（四）加强林草植物新品种宣传

多渠道、多形式开展林草知识产权和植物新品种宣传。组织好全国林草知识产权宣传周等大型活动，充分利用各类媒体平台，加强优良新品种的宣传推介和引导，支持品种权人开展宣传活动。举办林草植物新品种培训班，提高林草行业的知识产权保护意识，使尊重知识、崇尚创新、诚信守法、公平竞争理念深入人心，为加快建设知识产权强国营造良好氛围。

大力加强知识产权文化建设 推动形成全社会知识产权文化自觉

胡文辉[*]

文化是民族凝聚力和创造力的重要源泉，是综合国力竞争的重要因素。知识产权文化是知识产权制度的积淀和升华，是知识产权制度有效实施的重要保障。党的十八大以来，以习近平同志为核心的党中央把知识产权保护工作摆在更加突出的位置，对包括知识产权文化建设在内的各项工作作出一系列重要部署。2020年11月30日，习近平总书记在主持中央政治局第二十五次集体学习时特别强调，要加强知识产权保护宣传教育，增强全社会尊重和保护知识产权的意识。这为新时代塑造“尊重知识、崇尚创新、诚信守法、公平竞争”的知识产权文化理念、建设促进知识产权高质量发展的人文社会环境、形成全社会知识产权文化自觉指明了方向。

知识产权文化自觉，是对知识产权文化地位作用的深刻认识，是对知识产权文化发展客观规律的正确把握，也是对建设知识产权强国历史责任的主动担当。《知识产权强国建设纲要

---

* 胡文辉：国家知识产权局党组成员、副局长兼办公室主任。

（2021—2035年）》中提出“到2035年，全社会知识产权文化自觉基本形成”的发展目标。目标的提出，系统总结了知识产权文化建设成绩，深刻分析了当前发展面临的机遇挑战，科学擘画了新时代知识产权文化建设前景，对全面提升我国知识产权综合实力、大力激发社会创新活力、建设中国特色世界水平的知识产权强国，具有重要意义。

一、党的十八大以来，知识产权文化建设成效显著

国家知识产权局坚决贯彻党中央、国务院决策部署，全面加强知识产权保护工作。在文化建设方面，积极培育知识产权文化土壤，统筹做好知识产权文化宣传，不断扩大知识产权文化国际影响，全社会尊重和保护知识产权意识明显提升，有力支撑了知识产权强国建设。

（一）文化发展环境不断改善

法治环境方面，《民法典》的实施，为知识产权保护提供了明确的法律依据，为科技、文化和艺术创新赋能，为知识产品开发提供了稳定恒久的制度性激励。按照《民法典》的原则性规定，专利法、商标法、著作权法等知识产权法律相继修订，侵权惩罚性赔偿制度进一步明确，为推动尊重知识价值、实现公平正义保驾护航。政策体系方面，知识产权领域“放管服”改革不断深化，专利商标审查质量和审查效率持续提升，知识产权确权、维权更加快捷便利，激发了活跃的创新氛围和旺盛的创新热情。诚信机制方面，严厉打击不以保护创新为目的的非正常专利申请

行为和不以使用为目的的恶意商标注册行为，实施知识产权（专利）领域严重失信主体联合惩戒，知识产权注册管理秩序持续规范，鼓励诚信经营、创新发展的市场环境不断优化。

（二）文化宣传力度持续加大

活动组织方面，持续开展全国知识产权宣传周、中国国际专利技术与产品交易会、中国（无锡）国际设计博览会等知识产权品牌文化活动，集中营造知识产权文化宣传氛围。定期举办“中国知识产权发展状况”等新闻发布活动，邀请中外媒体参与“知识产权 竞争未来”主题采访，宣传知识产权政策制度以及知识产权创造、保护、运用等方面的典型经验，展示知识产权文化发展自信。媒体报道方面，支持中国日报、中国知识产权报等传统媒体出版知识产权周刊，人民网、学习强国等新媒体建设知识产权频道，促进知识产权文化多渠道推广。探索媒体融合，建成国家知识产权局“两网两微抖音推特”“一报四刊”的行业媒体矩阵，不断壮大知识产权文化舆论影响。淘宝、微博等社交媒体积极配合举办知识产权文化活动，助力提升网民知识产权意识。

（三）文化产品创作日益繁荣

理论研究方面，《郑成思知识产权文集》《知识产权经典译丛》等助力知识产权理论研究专业书籍上榜热销，引领社会广泛参与知识产权文化建设。多部知识产权优秀调查研究报告集相继推出，成为助力知识产权强国建设的决策参考和智力支撑。影视产品方面，《中国专利》《国之利器》《一项兴国利民的国家战略》《缘来桑植》等展示中国知识产权发展实践的优秀作品热播荧屏。“小撒带你走进知识产权”“餐桌上的‘地标’故事”“小明与商标的故事”等科普短视频广泛传播。知识产权促进科技进步、支撑社会发展的重要作用得以全面展现。主题读本方面，《IP 创新怎样赢?》《影响世界的专利》等启发创新主体知识产权布局的图书受到欢迎，扩大了知识产权文化的社会影响。《青少年知识产权问答》《青少年知识产权普及教育丛书》等知识产权启蒙读物先后推出，有效助力正确的知识产权价值理念在青少年阶段成型。

（四）文化教育渠道逐步拓宽

中小学教育方面，开展全国中小学知识产权教育试点示范工作，推动知识产权文化建设与中小学生思想道德建设、校园文化建设紧密结合，助力知识产权文化理念在基础教育阶段萌芽生根。高校教育方面，形成知识产权专业型、复合型人才培养模式，近四十所高校建立知识产权学院，知识产权专业进入《普通高等学校本科专业目录》，评定国家知识产权试点示范高校，积极培育更多高水平知识产权人才。人才培训方面，设立国家知识产权培训基地，面向政府、企业和科研单位持续举办各类专业培训，培养知识产权紧缺人才，提升知识产权创造、运用、保护和管理能力。网络教育方面，定期举办知识产权公益讲座，建成中国知识产权远程教育平台和省级子平台，与世界知识产权组织合作共建世界知识产权组织远程教育中文平台，形成辐射全国的现代化知识产权文化教育网络。

（五）文化交流影响走向世界

多边合作方面，与“一带一路”沿线国家共同发布“加强

'一带一路'沿线国家知识产权领域合作的共同倡议"，举办"一带一路"沿线国家知识产权意识提升国际研讨会，与四十多个国家交流分享中国普及知识产权文化，启蒙培育中小企业、高校院所、中小学校知识产权意识方面的经验。面向金砖五国知识产权局发布"中国社会公众知识产权意识提升手册"，制作发布工作模板，倡导深化知识产权文化领域交流合作。双边合作方面，与澳大利亚、哈萨克斯坦等国知识产权管理机构签订"合作谅解备忘录"，与墨西哥工业产权局等机构签订"合作工作计划"，将促进公众意识提升作为重要合作领域，传播中国知识产权文化建设经验，提高我国知识产权的国际影响力。

二、面向新时代，我国知识产权文化建设机遇与挑战并存

文化兴国运兴，文化强民族强。实现中华民族从站起来、富起来到强起来的伟大飞跃，必然伴随着中国特色社会主义文化的大发展、大繁荣。知识产权文化是社会主义文化的重要组成，也是统筹推进知识产权强国建设的重要内容。高水平的知识产权文化，有利于进一步构建激励创新的知识产权氛围，为知识产权强国建设提供丰厚滋养；有利于进一步营造国际一流营商环境，为经济社会高质量发展提供重要支点；有利于进一步培育知识产权人才，为应对发展道路上的风险挑战提供力量源泉。

（一）发展机遇

在国际层面，当今世界正处于百年未有之大变局。知识产权领域合作与竞争日益深入，即使在新冠肺炎疫情全球流行期间，

各国依然通过线上形式，加强合作、共商发展。面对全球知识产权保护政策水平和文化环境等多方面差异，确定合理的知识产权保护水平、有效平衡知识产权垄断与国家安全及公共利益的关系等问题显得更加迫切，相关问题处理时更需要和而不同的文化交流。我国一直秉承的坚持共建人类命运共同体，构建开放包容、平衡普惠的知识产权国际规则等价值理念，也使各国对中国在全球知识产权治理中发挥更多积极作用充满期待。知识产权文化作为文明交流的重要内容，在宣介中国知识产权价值理念、倡导构建知识产权国际新秩序、提升知识产权国际影响力、促进国际知识产权和平发展合作等方面，必将发挥更积极重要的作用。

在国内层面，当前我国正在从知识产权引进大国向知识产权创造大国转变，知识产权工作正在从追求数量向提高质量转变。我国知识产权保护全面加强，知识产权审查质量效率和运用服务效能持续提升。知识产权发展实力的持续提高，激励着知识产权文化氛围、思想观念、社会舆论等文化环境不断发展。在新一轮科技革命和产业变革加速影响下，知识产权作为创新和经济发展驱动力的作用凸显。知识产权文化固有的精神感召、价值吸引和社会约束，已然成为激发社会创新活力的重要优势。当前，我们正在按照党中央、国务院部署，朝着全面建成社会主义现代化国家砥砺奋进，知识产权文化建设更应紧抓历史机遇、紧扣时代脉搏，在助力知识产权强国建设、推动知识产权事业高质量发展中发挥更加积极的作用，为实现中华民族伟大复兴贡献力量。

（二）工作挑战

习近平总书记强调，知识产权保护工作关系国家治理体系和治理能力现代化、关系高质量发展、关系人民生活幸福、关系国家对外开放、关系国家安全。总书记的重要指示为新时代全面加强知识产权保护工作提供了根本遵循和行动指南，也对知识产权强国建设提出了更高要求。我国持续多年的知识产权文化建设，已经明显提升了全社会知识产权意识，逐步夯实了知识产权发展的人文社会环境。但是面对 2035 年基本建成中国特色、世界水平的知识产权强国目标，实现公众从提升知识产权意识到形成知识产权文化自觉的转变仍然任重道远。

工作机制方面，政府是知识产权文化建设最主要的资源提供者和活动主体。社会公众在具体实践中往往只是信息的接受者。知识产权文化宣传效率还不高，市场在宣传资源配置中的决定性作用发挥还不充分，有为政府和有效市场在知识产权文化建设中的协同配合还不够密切。

基础环境方面，高端型、复合型、国际化的知识产权人才仍然缺乏，还不能适应知识产权竞争需要。部分干部对尊重创新成果、倡导创新文化的认识还有待提升。青少年知识产权教育在师资培育、课程资源、经费保障等方面还需不断强化。

个体差异方面，创新主体熟练理解运用知识产权的能力仍然不足，知识产权侵权行为仍时有发生。社会公众对地理标志等知识产权的正确认知度不高，仍有一定比例公众表示“（知识产权侵权）无所谓，关键看自己购买的商品性价比”，在社会活动中尚未建立普遍尊重知识产权的行为习惯。

传播影响方面，知识产权领域媒体融合的力度有待加大，各类媒介资源和生产要素尚未实现有效整合，适合网络传播的优秀知识产权文化产品数量仍不足，互联网运用和管理水平还需加强。面向境外的知识产权宣传渠道有待拓宽，讲好中国知识产权故事的策略还不全面，知识产权文化交流的主动性和话语权还需进一步提升。

三、推动形成全社会知识产权文化自觉的重点任务

知识产权文化自觉涉及知识产权文化参与主体的胸襟气度、理性高度、觉悟水平、认知能力，也涉及知识产权文化环境的历史发展、当代境遇、系统整合等。知识产权文化自觉，是实现知识产权文化自信的必要条件，象征着中华民族在知识产权文化方面的觉悟和觉醒，象征着社会公众在知识产权文化方面的责任与担当。

知识产权文化自觉的形成需要政府、市场以及社会公众等多元主体之间的良性互动。一方面，政府要继续加强知识产权文化建设，持续推动公众从对知识产权基本知识和法律规范的感性认知到对知识产权价值目标和思想体系的理性认识。另一方面，需要市场主体积极回应，充分利用文化市场资源开展广泛的知识产权文化建设，促进公众从尊重和保护知识产权，到自觉运用知识产权制度创造经济与文化价值的进步。

为到2035年，基本形成全社会知识产权文化自觉，《知识产权强国建设纲要（2021—2035年）》明确了“建设促进知识产权高质量发展的人文社会环境”的工作重点，提出了“塑造尊重知识、崇尚创新、诚信守法、公平竞争的知识产权文化理念，构建内容新颖、形式多样、融合发展的知识产权文化传播矩阵，营造更加开放、更加积极、更有活力的知识产权人才发展环境”三项工作任务。

（一）积极塑造新时代的知识产权文化理念

新时代知识产权文化理念的表述为“尊重知识、崇尚创新、诚信守法、公平竞争”。尊重知识是指倡导尊重人才、尊重创造、尊重权利的观念。崇尚创新是指发扬创新变革、勇于竞争、宽容失败的精神。诚信守法是指推行诚实信用、遵纪守法、遵从公益、和谐发展的风尚。公平竞争是指既保障对发明创造的激励，又对滥用知识产权垄断地位获取不正当利益进行限制。

塑造“尊重知识、崇尚创新、诚信守法、公平竞争”的知识产权文化理念，要加强教育引导、实践养成和制度保障，培养公民自觉尊重和保护知识产权的行为习惯，自觉抵制侵权假冒行为；倡导创新文化，弘扬诚信理念和契约精神，大力宣传锐意创新和诚信经营的典型企业，引导企业自觉履行尊重和保护知识产权的社会责任；厚植公平竞争的文化氛围，培养新时代知识产权文化自觉和文化自信，推动知识产权文化与法治文化、创新文化和公民道德修养融合共生、相互促进。

（二）努力构建全媒体的知识产权传播矩阵

知识产权文化传播矩阵的建设要求为“内容新颖、形式多样、融合发展”。内容新颖是指深入结合中国知识产权发展实践，充分挖掘反映时代精神、体现知识产权价值、能够引起社会共鸣的宣传素材。形式多样是指积极拓展社交媒体等新媒体渠道，运用丰富的新闻语言、方法和技巧把知识产权大道理讲透讲好。融合发展是指遵从媒体传播规律，运用信息革命成果，做大做强知识产权文化宣传主流舆论。

构建内容新颖、形式多样、融合发展的知识产权文化传播矩阵，要打造传统媒体和新兴媒体融合发展的知识产权文化传播平台，拓展社交媒体、短视频、客户端等新媒体渠道；创新内容、形式和手段，加强涉外知识产权宣传，形成覆盖国内外的全媒体传播格局，打造知识产权宣传品牌；大力发展国家知识产权高端智库和特色智库，深化理论和政策研究，加强国际学术交流。

（三）奋力营造高水平的知识产权人才发展环境

高水平的知识产权人才发展环境是“更加开放、更加积极、更有活力”的发展环境。更加开放是指海纳百川、引才用智，培养造就大批德才兼备的知识产权高素质人才。更加积极是指政府主导、社会协同，以积极的政策、明确的任务、有力的举措推动知识产权人才培养和人才发展。更有活力是指生机盎然、动力十足，高校院所、管理部门、中小学校等都能充分培养适应时代需要的知识产权人才，激发全社会创新创造活力。

营造更加开放、更加积极、更有活力的知识产权人才发展环境，要完善知识产权人才培养、评价激励、流动配置机制；支持学位授予自主审核高校自主设立知识产权一级学科；推进论证设置知识产权专业学位；实施知识产权专项人才培养计划；依托相关高校布局一批国家知识产权人才培养基地，加强相关高校二级知识产权学院建设；加强知识产权管理部门公职律师队伍建设，做好涉外知识产权律师培养和培训工作，加强知识产权国际化人才培养；开发一批知识产权精品课程；开展干部知识产权学习教育；进一步推进中小学知识产权教育，持续提升青少年的知识产权意识。

四、推动形成全社会知识产权文化自觉的主要举措

（一）完善知识产权文化建设制度机制

持续优化文化建设相关公共政策。完善有利于践行知识产权文化理念的法治体系、政策体系和诚信体系，培养公众尊重和保护知识产权的行为自觉。持续提升知识产权公共服务水平，为创新精神提供自由的思维和宽容的环境。

充分调动各类市场资源积极参与。发挥市场在资源配置中的决定性作用，联合民间智库、产业协会、社会团体、媒体联盟、创新主体等机构组织，开展不同层面的知识产权宣传普及，打造“政府主力带动、民间积极参与”的知识产权文化宣传生动局面。

（二）开展分众化的知识产权宣传普及

组织开展大型文化宣传活动。办好全国知识产权宣传周等知识产权文化活动，面向不同受众采取针对性、差异化的宣传策略，增强全社会尊重和保护知识产权的意识。

强化知识产权普法宣传力度。加大对知识产权制度产生和机制设计的正确引导，加大对知识产权侵权案例的曝光通报，提升市场主体自觉合理利用知识产权参与公平竞争的能力。

做好面向创新主体的专业宣传。针对创新主体知识产权文化的深层次需求，加大知识产权保护运用经验的宣传力度，做好知识产权相关政策解读、案例报道和维权预警，为其发展提供更大力度的支持。

（三）建设媒体融合发展的全媒体传播格局

构建知识产权融合传播的“大宣传”矩阵。建立健全政府活动宣传、媒体报道统筹协调、舆情处置规范高效的知识产权文化传播平台。鼓励地方各级政府因地制宜开展丰富多样的知识产权宣传和文化教育活动。建设好国家知识产权局“两网两微抖音推特”“一报四刊”的行业媒体矩阵，探索进一步拓展社交媒体、短视频、客户端等新媒体渠道，形成覆盖国内外的知识产权文化全媒体传播格局。

打造内容丰富、表达生动的知识产权宣传产品。强化宣传策划，注重传播策略，聚焦知识产权领域重大问题和热点事件，主动设置议题，积极回应关切。充分运用信息革命成果，发挥人工智能、大数据算法等技术手段在信息传播和舆论引导方面的优势，增强知识产权信息的便利性和针对性。

加大知识产权主题文化作品供给。支持影视剧、图书等知识产权文化作品创作。以公众喜闻乐见和潜移默化的方式，积极开展知识产权的社会普及，提升公众知识产权认知。

（四）加强知识产权教育和人才培育

继续深入推进中小学知识产权教育工作。发挥政府、学校、市场等多主体的合力，持续提升青少年知识产权意识，进一步形成“教育一个学生，带动一个家庭，影响整个社会”的浓厚知识产权文化氛围。

完善知识产权专业人才培养。支持以设置知识产权学院及专业、开展知识产权学历教育和继续教育等多种方式实施创新意识与能力教育、知识产权意识和制度运用教育，为知识产权强国建设提供持续不断的智力资源。

开展党政干部知识产权学习教育。推动知识产权进干部培训课堂，提升党政领导干部知识产权保护意识，增强新形势下做好知识产权保护工作的本领，推进各级政府知识产权治理体系与治理能力现代化。

（五）提升知识产权文化的国际影响力

加强国际传播能力建设。用好中央媒体外宣平台、境外新闻媒体和社交网络，持续优化国家知识产权局英文网站、英文年报等外宣窗口，展示真实、立体、全面的中国知识产权良好形象。

加强国际学术交流。深化知识产权理论和政策研究，加强智库建设，大力发展国家知识产权高端智库和特色智库。鼓励专家学者在国际知名期刊杂志发表知识产权相关文章，阐释中国观点、分享中国经验。

积极参与知识产权国际合作。深化与世界知识产权组织的融合交流，不断完善远程教育平台，扩大平台影响。坚持人类命运共同体理念，坚定维护知识产权国际合作秩序，为“一带一路”国家及其他发展中国家的知识产权意识提升工作树立典范。

“浩浩终不息，乃知东极临。”纵观人类文明史，文化演进永远是生生不息的过程。中国知识产权文化的建设，是一场伟大的文化创新实践，也有着自己的发展路径。当前，知识产权文化建设已经完成了从启蒙到发展的初阶之路，正在朝着形成文化自觉的目标努力前进。文化自觉的实现是一个复杂的认识过程和艰苦的探索过程。面向 2035 年，我们唯有深刻认识知识产权文化的地位作用，客观把握知识产权文化发展规律，充分驾驭知识产权文化发展机遇挑战，在历史发展中不断强化责任担当，才能真正推动形成全社会知识产权文化自觉，让创新活力迸发、创新成果涌流，从而推动建成中国特色、世界水平的知识产权强国。

强化知识产权海外保护
助力我国企业更高水平“走出去”

卢鹏起*

党中央、国务院高度重视知识产权工作，继2020年11月习近平总书记主持中共中央政治局第二十五次集体学习，就加强我国知识产权保护工作发表重要讲话后，中共中央、国务院印发了《知识产权强国建设纲要（2021—2035年）》（以下简称《纲要》）。《纲要》是以习近平同志为核心的党中央站在新的历史方位，立足世界百年未有之大变局和中华民族伟大复兴战略全局，面向知识产权事业未来15年发展作出的重大战略部署。《纲要》将“全方位、多层次参与知识产权全球治理的国际合作格局基本形成”确立为知识产权强国建设的重要战略目标，并相应明确了“建设知识产权涉外风险防控体系”“提高知识产权仲裁国际化水平”“积极发挥非政府组织在知识产权国际交流合作中的作用”等重要任务举措，对知识产权海外保护工作提出了新的更高、更迫切的要求。

---

* 卢鹏起：中国国际贸易促进委员会党组成员、副会长。

一、新时期强化知识产权海外保护机制具有重要意义

当前，中国参与国际经贸合作与竞争日益深入，我国企业“走出去”广度深度不断拓展，知识产权海外保护作为提升企业和国家核心竞争力、维护国家安全的重要内容之一，作用越来越突出，任务越来越紧迫。从落实国家战略的高度统筹规划强化知识产权海外保护机制，健全和完善相关公共服务供给，对于为我国企业高水平、高质量“走出去”开展国际竞争与合作保驾护航，推动形成以国内大循环为主体、国内国际双循环相互促进的新发展格局，具有重大而深远的意义。

（一）强化知识产权海外保护是服务国内国际双循环新发展格局的有力抓手

构建以国内大循环为主体、国内国际双循环互相促进的新发展格局，要求更好地利用国内国际两个市场、两种资源，提高在全球配置资源的能力，更好争取开放发展中的战略主动。知识产权制度作为国际化程度最高的市场经济制度之一，在促进我国对外贸易和国际投资方面发挥着巨大作用。知识产权正日益成为我国企业“走出去”开展国际经济贸易合作的重要竞争优势。强化知识产权海外保护，有利于我国企业参与国际竞争与合作；有利于发挥创新输出和知识产权“出海”对我国对外经济贸易发展的推动作用；有利于利用国际循环提升国内大循环效率和水平，改善我国生产要素质量和配置水平，推动我国产业转型升级。

（二）强化知识产权海外保护是适应知识产权国际竞争新形势的内在要求

知识产权是国际竞争力的核心要素，也是国际争端的焦点之一。知识产权规则的竞争已成为大国竞争的重要内容。当前，国际知识产权在规则制定、获权维权、纠纷解决等方面都正在经历深刻变化，更高标准的知识产权保护要求正在逐渐嵌入全新的知识产权国际规则中，特别是在区域或多双边贸易投资协定中有充分体现。企业知识产权国际布局竞争更加激烈，知识产权争端与纠纷日益增多。有关国家采用知识产权壁垒限制我国企业参与国际市场竞争也不断加剧。强化知识产权海外保护，有利于提升我国参与国际知识产权规则制定的话语权，帮助我国企业有效应对知识产权领域的经贸摩擦，适应国际知识产权竞争新形势和新要求。

（三）强化知识产权海外保护是提高我国企业核心竞争力的迫切需要

企业自主创新和运用知识产权的能力和水平决定着企业的核心竞争力，很大程度上也决定了国民经济的综合竞争力。随着我国企业创新能力的显著增强和融入国际市场参与全球竞争的不断深化，海外知识产权利益正逐渐成为我国企业核心利益的重要组成部分，也是企业核心竞争力的重要体现。强化知识产权海外保护，能帮助企业增强海外知识产权战略意识、强化知识产权海外布局、提高防范海外知识产权风险的能力、及时妥善解决知识产权纠纷，以及维护自身合法利益，从而提升企业核心竞争力，进而提升我国国家竞争力。

二、我国知识产权海外保护工作具有一定基础

《关于强化知识产权保护的意见》《“十三五”国家知识产权保护和运用规划》《深入实施国家知识产权战略行动计划（2014—2020年）》《国务院关于新形势下加快知识产权强国建设的若干意见》等一系列文件中多次就加强知识产权海外保护，提出了明确的任务要求。国务院知识产权战略实施工作部际联席会议各成员单位开展了大量工作，强化知识产权公共服务，开展国际交流合作，帮助提升我国企业国际知识产权保护能力，加强海外知识产权维权援助，成为护航企业“走出去”的有力保障。

（一）知识产权海外纠纷应对机制初显成效

国家海外知识产权纠纷应对指导中心及22家分中心投入运行，已办理海外知识产权风险防控及纠纷应对指导案件300余件。持续优化国家海外知识产权信息服务平台“智南针”建设，提供189个国家（地区）知识产权法律法规及国际条约1339部，40余种海外知识产权实务指引。编制完成德国、韩国等一系列重点国家知识产权保护国别指南，发布《海外重点国家商标维权指南》，发布350多家涉外知识产权服务机构和40余名专家名录。开展重点领域知识产权涉外风险防控体系建设，组织海外知识产权保护专题培训80多期，受众达5.3万余人次。

（二）知识产权领域经贸摩擦应对工作稳步推进

中国国际商会组织工商界正面应对美国“301”调查和特别“301”年度审议等，提交高质量抗辩材料，并 5 次赴美参加“301”调查听证会，3 次参加特别“301”审议听证会，代表中国工商界阐述立场，对美多家商协会、智库、法律服务机构等开展游说。积极帮助企业开展“337”调查应对工作，组织企业积极应诉抗辩，维护中国企业海外利益。为强化涉外知识产权法律服务保障，中国贸促会成立经贸摩擦顾问委员会，专设知识产权组，服务我涉外知识产权摩擦应对工作。

（三）海外知识产权风险预警机制初步形成

构建覆盖全国、延伸海外的经贸摩擦预警网络，累计设立 239 家境内外预警机构，定期向企业发布海外知识产权风险预警信息。开展重点国家知识产权海外信息收集与风险评价“风向标”项目，发布国际知识产权保护指数报告，为企业“走出去”提供知识产权决策参考。持续发布《国际商标监测预警报告》，帮助商标权利人及时掌握商标海外侵权线索。为美国国际消费电子展等 12 个国际重点展会提供知识产权服务，累计服务企业近 2 万家次，协调解决纠纷 200 多起。开展包括知识产权在内的企业国际化经营合规风险排查，为 18 个省市近 5000 家高科技、外向型企业提供培训服务和“一对一”体检。

（四）知识产权国际交流合作不断深化

中日、中欧、中俄等政府间双边知识产权工作小组机制稳步推进，共召开44次会议，反映我企业海外知识产权诉求，解决我企业关切。召开“一带一路”知识产权高级别会议，举办上海知识产权国际论坛、国际知识产权工商论坛、金砖国家知识产权论坛等系列活动，形成了多个国际知识产权对话交流的高端专业平台。

（五）非政府组织功能作用不断提升

积极发挥非政府组织作为世界知识产权组织长期观察员作用，代表中国工商界发声。发挥国际保护知识产权协会中国分会和许可贸易工作者协会中国分会的平台作用，加强与相关国际组织交流与合作，积极参与相关议题的决议讨论。举办“中国国际商标品牌节”，深化与国际商标协会等国际组织合作交流，传播中国商标品牌建设声音。持续多年接待美国知识产权所有人协会、日本国际保护知识产权论坛等外国知识产权行业协会代表团访华，召开中美企业知识产权圆桌会，加强沟通，增信释疑。

三、我国企业海外知识产权发展现状与面临挑战

随着我国成为世界第一大货物贸易国、第二大经济体和对外投资大国，我国企业“走出去”步伐加快、步距加长，成效显著。自“一带一路”倡议提出以来，中国非金融类对外直接投资总额累计1.31万亿美元，境外中资企业共计4.4万家。知识产权保护是创新驱动发展的“刚需”，也是国际贸易投资的“标配”。我国企业在“走出去”开展贸易与投资过程中，知识

产权也变得越来越重要，所作贡献比例也越来越高。

一是PCT国际专利申请领跑世界。近年来中国以创新驱动加快转型发展，中国企业海外专利布局意识不断提升。数据显示，1999年世界知识产权组织（WIPO）从中国收到PCT国际专利申请276件；2019年这一数字升至5.899万件，申请量超过美国跃升至世界第一。短短20年，中国PCT国际专利申请量增长200倍。2020年，尽管新冠肺炎疫情对全球经济造成了巨大冲击，中国提交的PCT国际专利申请量仍创下了历史新高，共计6.872万件，同比增长16.5%，连续第11年保持增长趋势。2020年，华为公司公布的PCT申请达5464件，连续4年位居全球PCT申请人榜首。中国企业PCT国际专利申请数量与日俱增，领跑全球，表明中国企业在走出国门开拓国际市场过程中对知识产权保护重视程度日益提高。

二是马德里国际商标申请量稳步提升。自2001年我国加入世界贸易组织（WTO）起，马德里国际商标申请量呈现快速增长趋势。在推进共建“一带一路”过程中，中国企业国际商标申请量更是突飞猛进，2019年马德里国际商标注册申请量达到6491件。2020年，虽受全球新冠肺炎疫情冲击，但中国马德里国际商标申请量仍同比增长16.4%，达到7553件，位居世界第三，反映出中国企业商标和品牌海外布局不断加速，申请类别亦不断丰富。2020年，广告销售类首次排名前三，科技服务类首次进入前十，体现了我国产业结构从工业制造向创新服务转型发展。

三是版权产业的商品出口额连续增长。据中国新闻出版研究院的研究报告，中国版权产业在国民经济中的比重稳步提升。

2019 年，中国版权产业的增加值为 7.32 万亿元人民币，同比增长 10.34%，占 GDP 的比重为 7.39%。越来越多的企业走出国境，积极拓展国际市场，对外版权贸易稳中向好，版权产业的商品出口额连续增长，在全国商品出口总额中的比重稳定在 11% 以上。

我们也应看到，我国海外知识产权保护服务保障供给还无法全面满足企业开展国际化经营过程中知识产权布局与维权的需求，多部门协作和服务资源整合还有待完善，在国别信息搜集、重大风险预警、企业能力提升、维权应对协调、专业人才储备等方面都需要进一步加强，企业“走出去”面对的知识产权挑战日益增多。

（一）各国知识产权环境存在较大差异

各国经济发展水平不同，导致知识产权法规和政策存在较大差异。特别是“一带一路”沿线大部分是发展中经济体，知识产权制度尚不够完善，知识产权保护水平参差不齐，我国企业在进入这些国家或地区开展经济贸易合作时将面临不同的知识产权障碍。同时，随着科技发展的日新月异和经济的不平衡发展，各国知识产权制度和国际规则也在不断变化和调整，中国企业需快速、准确了解相关国家或地区的知识产权法律、制度、政策等。

（二）知识产权领域保护主义不断抬头

美国发起“301”调查对我国出口美国的商品征收高额关税，每年还利用特别“301”行政审议，对我国知识产权保护无端指责。中国自 2003 年以来成为美国发起“337”调查立案数最多的国家，特别是近年来涉华案件量快速增长，2018 年有 19 起，占比 38%，2019 年有 27 起，占比 57. 4%，2020 年有 20 起，占比 40. 82%，而且逐渐向高新技术领域延伸。面对美国的单边主义和贸易保护主义以及部分国家的“跟风”行为，中国企业将面临更严峻的挑战。

（三）企业海外知识产权布局意识较弱

中小创新型企业对产品或品牌缺乏保护意识，走向国际市场缺乏知识产权风险防控意识。以商标为例，2020 年我国国内商标申请量 911. 6 万件，但 WIPO 国际商标申请量虽增长迅速，却仍远低于国内申请量。海外商标布局滞后，导致很多企业在进入国外市场时相应的商标已被抢注。“走出去”形势愈加复杂多变，部分中国企业甚至一些技术领跑行业的“独角兽”企业，知识产权布局投入不足，缺少可用的权利积累和有效的保护机制，没有专门的知识产权管理部门和人员，在应对海外知识产权纠纷时，面对各国不同的知识产权制度和政策往往束手无策或成效不佳。

（四）企业海外知识产权维权难愈发凸显

随着“走出去”的优质中国企业增加，中国制造、中国创造的竞争优势逐渐显现，中国企业在海外遭遇知识产权侵权的情况愈加频繁。中华商标协会发布的《2020 年度国际商标监测预警报告》显示，以申请日在 2020 年为准，据对全球 184 个国家/地区的 313 家企业的商标国际监测，50 家知名企业商标有被抢注记录，年度被抢注比例达16%。在专利领域，恶意专利申请和专利诉讼也时常发生，阻碍中国企业在海外市场的发展。企业在应对、处理海外知识产权纠纷时，面临维权费用高、周期长、语言不通、权属判定困难、交通不畅等不利因素，极大增加了维权成本。因此，很多企业遇到纠纷后便望而却步，放弃维护自身权益，即便实力较强的大企业也只能疲于应对。

四、加强我国知识产权海外保护体系建设的目标和主要举措

在新的历史时期，我国知识产权海外保护工作要以习近平新时代中国特色社会主义思想为指导，全面贯彻党中央、国务院决策部署，立足新发展阶段，完整、准确、全面贯彻新发展理念，服务和融入构建新发展格局，牢固树立保护知识产权就是保护创新的理念，更大力度地加强知识产权保护国际合作，构建由政府、企业、贸易投资促进机构、专业服务机构各方密切协作的海外知识产权保护体系，帮助企业更高水平“走出去”，为高质量共建“一带一路”和构建人类命运共同体提供有力支撑。

（一）建设目标

针对我国知识产权海外保护体系现状，结合国际经贸和知识产权发展最新形势，我国知识产权海外保护体系建设的总体目标是：打造全面、及时的海外知识产权风险预警机制；建立协调、有效的海外知识产权摩擦应对机制；建设高效、务实的

海外知识产权维权援助机制；健全专业、便利的涉外知识产权服务体系；加强国际知识产权交流合作；完善多元化知识产权纠纷解决机制；全面提升企业海外知识产权保护能力；形成高质量知识产权国际化人才队伍，更好服务以国内大循环为主体、国内国际双循环相互促进的新发展格局，为建设知识产权强国和贸易强国作出更大贡献。

（二）主要举措

1. 打造全面及时的海外知识产权风险预警机制

积极发挥经贸摩擦预警机构体系作用，完善海外知识产权预警信息平台，提供全面、及时的知识产权风险预警信息和预警报告，强化信息供给。开展全球知识产权保护评估，针对全球重点国别知识产权发展情况信息进行收集、分析、整理及评估，发布全球知识产权保护指数。建立外国知识产权法律法规修改变化动态跟踪机制，发布重点产业海外知识产权合作信息和竞争动态。

2. 建立协调有效的海外知识产权摩擦应对机制

积极应对美国针对我国知识产权领域发起的“301”调查和特别“301”审议，组织企业和工商界积极发声，出席听证会，提交抗辩意见，加强与美国工商界沟通交流，做好增信释疑工作。积极组织我国企业开展“337”调查等涉外知识产权案件应对工作。遴选有信誉、有实力的境内外知识产权法律服务机构协助企业做好知识产权相关摩擦应对工作。针对我国与相关国家经贸摩擦中的知识产权问题，全面评估对我国企业的影响，为企业提供培训辅导，帮助我国企业排查“走出去”面临的知识产权摩擦风险。

3. 建设高效务实的海外知识产权维权援助机制

推进国家海外知识产权纠纷应对指导工作体系高效运行，逐步建立覆盖全球的海外分中心网络，为中国企业知识产权纠纷开展咨询服务，提供相关的指导意见。依托驻外代表机构，完善企业海外知识产权问题及案件信息提交机制。组织境外中资企业开展知识产权培训，帮助中资企业及时、准确了解当地知识产权法规、政策，做好相关法律风险防范和应对工作。

4. 健全专业便捷的涉外知识产权公共服务体系

完善国际展会知识产权法律服务，在传统国际展会基础上，选取“一带一路”沿线国家和地区重点展会，开展展前、展中、展后全链条知识产权保护服务。收集整理所在国家（地区）知识产权信息，准确把握当地知识产权法规、政策、竞争形势等发展方向。探索“一带一路”沿线国家和地区知识产权合作机制，研究制定重点国别与知识产权相关的贸易调查应对与风险防控指南。就外国公司不合理专利许可限制、技术壁垒、商标抢注等，组织国内企业跟踪和拟订应对方案，切实维护我国企业海外知识产权合法权益。建立海外知识产权维权联合应对工作机制，搭建境内外企业间沟通交流平台，促进企业与知识产权专业服务机构、政府部门交流，提高“走出去”企业风险防范能力。

5. 加强开放共赢的国际知识产权交流合作

积极发挥非政府组织在知识产权国际交流合作中的作用。充分加强与世界知识产权组织、世界贸易组织、国际保护知识产权协会、国际商会等相关国际组织合作，通过二十国集团等国际机制及交流平台，积极参与国际规则制定和治理工作，努力创造公平、合理的国际知识产权规则环境。积极推进与经贸相关的多双边知识产权对外谈判。密切与相关国家知识产权行业协会和社团组织在知识产权保护方面的交流合作，开展政企对话，加强信息交流。举办国际保护知识产权协会杭州世界知识产权大会、虹桥国际经济论坛知识产权分论坛、国际工商知识产权论坛、金砖国家知识产权论坛等国际论坛，宣传我国知识产权保护成就，促进国际知识产权交流。积极宣介和推动落实《区域全面经济伙伴关系协定》《中华人民共和国与欧洲联盟地理标志保护与合作协定》等协定中的知识产权相关内容。

6. 完善多元化知识产权纠纷解决机制

打造国际知识产权诉讼优选地，加强知识产权仲裁机构国际化建设，加快涉外知识产权仲裁调解机构培育，推动建立中国国际知识产权仲裁委员会，设立中国贸促会调解中心知识产权调解专家委员会，为企业提供便捷的知识产权纠纷解决国际化平台。研究制定知识产权仲裁规则和调解规则，加大知识产权纠纷多元解决宣传，引导当事人通过仲裁调解解决知识产权纠纷。加强跨部门协作，探索建立知识产权侵权案件仲裁、调解优先推荐机制，完善诉讼与调解的对接机制和案件分流制度。

7. 全面提升企业海外知识产权保护能力

实施支持企业海外知识产权布局业务推广行动计划，面向重点地区和产业的技术密集型、创新驱动型企业加强海外知识产权业务推广和宣传，开发海外知识产权布局、保护和运用实务培训课程，开展海外知识产权相关培训和交流活动，帮助企业提高海外知识产权布局、保护和运用的意识和能力。组织开展中国企业海外知识产权保护状况调查。加大外向型企业知识产权合规培训和风险排查，开展第三方监督评估，帮助企业强化知识产权合规意识、防范化解风险、维护海外利益。加强跨境电商等外贸新业态新模式相关的知识产权培训，指导企业识别并防范新兴领域的知识产权法律风险，提升纠纷应对能力。

8. 形成高质量知识产权国际化人才队伍

加强涉外知识产权人才培训，提升从业人员专业化、国际化水平。充分利用国家海外知识产权纠纷应对指导专家库、中国贸促会经贸摩擦知识产权顾问委员会等由知识产权主管部门、法院、知识产权事务所、高等院校和社会各界知名知识产权专家组成的专家库，推动专家顾问在海外知识产权保护中发挥更大作用。继续向世界知识产权组织、国际保护知识产权协会等国际组织输送人才。加强涉外知识产权专业人才队伍培养，推动高等院校与政府部门、知识产权服务机构、企业等合作建立知识产权实习基地，更好地培养理论与实践相结合的人才。打造具有公信力、竞争力的知识产权仲裁员、调解员队伍，不断提高知识产权仲裁、调解从业人员专业能力，大力培养知识产权多元化纠纷解决国际化人才。

全面加强知识产权司法保护
为知识产权强国建设提供坚实司法保障

林广海*

中共中央、国务院印发《知识产权强国建设纲要（2021—2035年）》（以下简称《纲要》），充分体现了以习近平同志为核心的党中央对知识产权工作的高度重视和殷切期望，充分体现了我国通过知识产权强国建设推动创新型国家和社会主义现代化强国建设的坚定决心，是我国知识产权事业发展的纲领性文件，在我国知识产权事业发展史上具有重大里程碑意义。深入落实党中央决策部署，必须完整、准确、全面贯彻新发展理念，牢固树立“保护知识产权就是保护创新”的意识，适应新时代新发展阶段要求，心怀“国之大者”，全面加强知识产权司法保护，为知识产权强国建设提供坚实法治保障。

一、中国特色社会主义知识产权司法保护体系不断完善、审判工作取得新成效

党的十八大以来，以习近平同志为核心的党中央对知识产权

* 林广海：最高人民法院民事审判第三庭庭长。

工作作出一系列富有远见卓识的战略部署，出台了一系列重大改革措施，推动知识产权事业快速发展，走出了一条中国特色社会主义知识产权发展之路。人民法院坚决贯彻落实党中央决策部署，全面加大知识产权司法保护力度，深入实施国家知识产权战略，知识产权审判体制机制不断优化，司法保护能力和水平日益提高，国际影响力进一步提升。

（一）坚持严格保护，知识产权司法保护质效明显提升

人民法院紧紧围绕习近平总书记提出的“努力让人民群众在每一个司法案件中感受到公平正义”目标，积极履行审判职能，严格保护知识产权。全国法院新收各类知识产权一审案件由 2013 年的 10.08 万件增长至 2020 年的 46.73 万件，2020 年新收案件数是 2013 年的四倍多。从类别来看，2013 年至 2020 年共审结知识产权民事、行政一审案件 179.7 万件，其中著作权案件占 66.2%，商标案件占 21.7%，专利案件占 7.2%，不正当竞争案件占 1.1%，其他类型知识产权案件占 3.8%，2013 年至 2020 年共审结知识产权刑事一审案件 5.8 万件。人民法院审理的知识产权案件覆盖了所有知识产权领域。

及时回应新技术新产业新业态新模式的司法需求。人民法院加大对关键核心技术、新兴产业、重点领域等的知识产权保护力度，妥善审理了 OPPO 公司诉夏普株式会社等一批标准必要专利、集成电路布图设计、计算机软件等案件。加强种业种源知识产权保护，制定植物新品种保护司法解释，严格保护国家种质资源，审理玉米“隆平 206”等品种权案，重拳打击侵权伪劣、套牌侵权等突出问题。加强反垄断和反不正当竞争案件审理工作，依法

审理电商平台“二选一”“大数据杀熟”“网络虚假刷单”等典型案件。加大商业秘密保护，依法审理“卡波”技术秘密侵权案等典型案件，有效遏制侵害商业秘密行为，维护市场公平竞争秩序。加强著作权保护，依法保护红色文化经典，弘扬社会主义核心价值观。制定网络侵权司法解释，既依法判处侵害《流浪地球》等影视作品著作权的被告人刑罚、严厉打击盗版侵权行为，也严惩虚构版权牟利等“碰瓷”行为，维护法治秩序，推动文化繁荣。加强商标权保护，依法审理“海棠湾”等商标侵权案件，坚决制止和惩治恶意抢注、囤积、傍名牌、仿冒等不法行为，促进知名品牌培育和商品服务贸易健康发展。加强地理标志司法保护，依法审理“库尔勒香梨”地理标志侵权案等案件，保障区域特色经济发展。依法惩治侵犯知识产权犯罪，2020年判处刑罚10314人次，充分发挥刑罚威慑、预防和矫正功能。

（二）深化改革创新，知识产权审判体制机制不断优化

努力建设适应我国知识产权发展的审判体制机制。形成以最高人民法院为龙头，以北京、上海、广州、海南自贸港知识产权法院为示范，以24家地方法院知识产权法庭为重点的专业化审判体系。2019年成立最高人民法院知识产权法庭，推动建立国家层面上诉审理机制，技术类案件二审平均审理周期由超过一年大幅缩减至120天左右。针对知识产权案件特点和普遍存在的难点，人民法院完善证据规则，支持当事人证据保全、调查取证申请，适用举证妨碍排除等制度，切实减轻权利人举证负担。完善多元化技术事实查明机制，加强技术调查人才库建设，充分发挥人才共享机制功能。探索建立体现知识产权价值的侵权损害赔偿制

度，努力实现侵权损害赔偿与知识产权市场价值相协调。在香兰素技术秘密侵权案件中，判赔数额达1.59亿元，有效震慑不法行为，让违法者无利可图。出台知识产权惩罚性赔偿司法解释，加大惩罚性赔偿适用力度，有效降低维权成本，提高侵权代价。探索完善知识产权民事、行政、刑事“三合一”审判机制，优化审判资源配置。积极推进知识产权案件繁简分流，完善简易程序规则，破解案多人少矛盾。人民法院积极开展知识产权纠纷多元化解，与国家知识产权局共同建立知识产权纠纷在线诉调对接机制。加强信息化和智能化建设，积极推进跨区域的知识产权远程诉讼平台建设，提高纠纷解决的便捷性、高效性和透明度。

（三）统一法律适用强化公正司法，知识产权司法公信力和国际影响力不断提升

为保证民法典正确统一适用，民法典颁布后集中清理新中国成立以来知识产权类司法解释27件，修订18件、废止4件。及时回应社会关切，新制定知识产权相关司法解释和规范性文件三十多件，涵盖专利、商标、网络、商业秘密等多个领域，涉及证据规则、惩罚性赔偿、行为保全、刑事保护等多个方面。重视互联网、人工智能、大数据等技术发展新需求，及时发布典型案例、制定《最高人民法院关于审理涉电子商务平台知识产权民事案件的指导意见》等司法解释，促进新兴业态规范发展，加强对“卡脖子”关键核心技术司法保护，促进高水平科技自立自强。依法严惩涉新冠肺炎疫情防控的商标抢注、假冒商标、商业诋毁、虚假宣传等扰乱市场秩序的行为，依法妥善审理五粮液公司与徐中华等侵害商标权纠纷案，服务统筹新冠肺炎疫情防控和经

济社会发展大局。积极构建由指导性案例、公报案例、典型案例构成的中国特色知识产权案例指导制度，统一裁判尺度。积极开展国际交流合作，深度参与世界知识产权组织框架下的全球知识产权治理，加强以案说法，充分展示中国知识产权司法保护成就。依法审理了“乔丹”商标争议系列行政纠纷案、“红牛”商标权属纠纷案等一批具有国内外重大影响的案件，传达了平等保护中外当事人合法权益的信号，持续打造市场化、法治化、国际化营商环境。在华为公司与康文森公司、OPPO公司与夏普株式会社、三星与爱立信、小米与IDC公司等标准必要专利许可纠纷案中，依法并遵循国际规则作出具有禁诉令性质的行为保全裁定，有效化解国际平行诉讼问题，平等保护中外当事人合法权益，相关案件全部实现全球和解。

回顾过去，人民法院取得知识产权审判工作成绩的宝贵经验在于：始终坚持党的绝对领导，确保知识产权审判工作始终保持正确方向；始终坚持以人民为中心，充分发挥知识产权审判职能作用、提高审判效果；始终坚持公正司法，深化改革创新，推动知识产权审判事业的高质量发展；始终坚持服务大局，支撑知识产权审判工作不断迈上新台阶；始终坚持队伍建设，为知识产权审判事业稳步向前提供根本保证。

二、践行习近平法治思想，健全公正高效、管辖科学、权界清晰、系统完备的司法保护体制

习近平总书记指出，创新是引领发展的第一动力，保护知识产权就是保护创新。《纲要》立足新发展阶段，谋划长远，系统

绘制了未来15年我国知识产权事业发展的总体要求和目标任务。要深入践行习近平法治思想，牢牢把握加强知识产权保护是完善产权保护制度最重要的内容和提高国家经济竞争力最大的激励，以更加健全的知识产权司法保护体制，更加高质量的知识产权审判执行工作，营造开放、公平、公正、非歧视的科技发展环境和市场化、法治化、国际化营商环境，为中国特色、世界水平的知识产权强国建设提供坚实司法保障。

（一）坚定不移走中国特色社会主义法治道路

充分认识建设中国特色、世界水平的知识产权强国，是以习近平同志为核心的党中央作出的重大战略部署，是坚持以人民为中心的发展理念、让创新成果更好惠及人民的重要举措，是深度参与知识产权全球治理、提升国家核心竞争力的必然要求，是推动新时代知识产权事业发展壮大的总抓手。深刻认识《纲要》编制和发布的重大政治意义、战略意义、时代意义，坚定不移地以习近平新时代中国特色社会主义思想为指导，深入践行习近平法治思想，全面贯彻党的十九大和十九届二中、三中、四中、五中、六中全会精神，把增强“四个意识”、坚定“四个自信”、做到“两个维护”落实到服务知识产权强国建设的具体司法实践中。不断提高政治判断力、政治领悟力、政治执行力，不折不扣贯彻落实习近平总书记关于加强知识产权保护的系列重要讲话精神和党中央决策部署。牢牢坚持党的领导，把党的领导贯穿人民法院工作全过程，坚定不移走中国特色社会主义法治道路，确保知识产权司法保护工作发展的正确方向，走好中国特色知识产权发展之路。

（二）心怀“国之大者”，自觉服务建设创新型国家和社会主义现代化强国

要坚持把创新作为引领发展的第一动力，自觉树立保护知识产权就是保护创新的意识，深刻认识全面加强知识产权审判工作事关国家治理体系和治理能力现代化，事关推动高质量发展和创造高品质生活，事关国内国际两个大局，事关国家安全。要强化系统观念、法治思维、强基导向，增强机遇意识、风险意识，自觉以具体司法实践服务知识产权强国建设。要紧紧围绕“努力让人民群众在每一个司法案件中感受到公平正义”的目标，坚持以我为主、人民利益至上、公正合理保护的原则，充分发挥知识产权审判职能作用，提高审判质效，切实维护社会公平正义和权利人合法权益。要坚持统筹发展与安全，充分运用法治手段，坚决维护国家主权、安全和发展利益。

（三）强化问题导向，积极回应知识产权强国建设新要求新任务

《纲要》明确要健全公正高效、管辖科学、权责清晰、系统完备的司法保护体制，锚定了知识产权司法保护的目标任务，为人民法院知识产权事业持续快速发展提供了强劲动力和广阔空间，同时也对人民法院的工作提出了新的更高要求。要准确把握新时代知识产权司法保护在激励创新创造、科技自立自强方面的重大意义，抓住重要发展战略机遇，乘势而上，找准角色定位，服务保障大局，切实履行好职责担当。要立足新发展阶段，完整、准确、全面贯彻新发展理念，自觉融入新发展格局、推动高

质量发展。要对标《纲要》要求，以问题为导向，找准知识产权司法保护方面的薄弱环节，着力解决制约知识产权审判工作发展的瓶颈，通过破解矛盾问题，实现事业上有新突破，改革中有新作为，努力开创知识产权工作新局面。

（四）加强审判指导，夯实知识产权强国建设的司法保障

《纲要》明确到2025年，知识产权强国建设取得明显成效，知识产权保护更加严格，社会满意度达到并保持较高水平；到2035年，我国知识产权综合竞争力跻身世界前列，中国特色、世界水平的知识产权强国基本建成。长远规划的实现不是一蹴而就的，需要阶段性目标的任务分解和持续推进落实。最高人民法院于2021年4月发布了《人民法院知识产权司法保护规划（2021—2025年）》，同时结合《纲要》出台了服务保障知识产权强国建设的有关意见，将"十四五"规划和2035年远景目标有机结合，明确责任主体、实施路线和时间节点，分解落实，分步持续推进，确保一张蓝图绘到底。

三、全面加强知识产权司法保护

知识产权司法保护在激励和保护创新中具有不可或缺的重要作用。人民法院将找准知识产权司法保护的结合点、切入点，担当作为、改革创新，全面严格保护知识产权，为知识产权强国建设提供坚实司法保障。

（一）充分发挥知识产权审判职能作用

加强科技创新成果保护。全面贯彻实施专利法，以强化保护

为导向，加强对专利授权确权行政行为合法性的严格审查，推动行政标准与司法标准统一，提升专利授权确权质量。以实质性解决专利纠纷为目标，建立专利民事行政案件审理工作在甄别统筹、程序衔接、审理机制、裁判标准等方面的协同推进机制，防止循环诉讼和程序空转，有效提高审判效率。准确适用个人信息保护法、数据安全法，加强互联网、人工智能、大数据、高新技术等领域知识产权司法保护，探索算法、商业方法和人工智能产出物司法保护方式。合理确定新经济新业态主体法律责任，积极回应新技术、新产业、新业态、新模式知识产权保护司法需求。加强数据云存储、数据开源、数据确权、数据交易、数据服务、数据市场不正当竞争等产生的各类案件的审理和研究，切实维护数据安全。加大对具有自主知识产权的重大农业科技成果保护力度，严格依法保护种业自主创新，有效保障国家粮食安全。加大对中医药领域发明创造的保护，推动完善中医药领域发明专利审查规则，促进提升中医药领域专利质量。

加强著作权和相关权利保护。充分发挥著作权审判对于优秀文化的引领和导向功能，促进文化和科学事业发展与繁荣。加大对文化创作者权益的保护，准确把握作品认定标准。依法维护作品传播者合法权益，妥善处理互联网领域文化创作传播相关著作权保护新问题，适应全媒体传播格局变化。依法审理涉著作权集体管理组织案件，妥善处理维护著作权集体管理制度和尊重权利人意思自治关系，促进作品传播利用。加强遗传资源、传统文化、传统知识、民间文艺等知识产权保护，加强中医药古方、传统医药等非物质文化遗产司法保护，推动中医药传统知识保护与现代知识产权制度有效衔接。

加强商业标志保护。提高商标授权确权行政案件审理质量，科学合理界定商标权权利边界与保护范围，促进商标申请注册秩序正常化和规范化。强化商标使用对确定商标权保护范围的作用，积极引导权利人持续实际使用商标，发挥商标的识别功能，保护消费者合法权益。制定商标民事纠纷案件司法解释，加强驰名商标、传统品牌和老字号司法保护，促进知名品牌培育和商品服务贸易发展。完善地理标志司法保护规则，加强道地药材地理标志保护，推动地理标志与特色产业发展、生态文明建设、历史文化传承、乡村振兴有机融合。

加强反垄断和反不正当竞争保护。严格落实《关于强化反垄断深入推进公平竞争政策实施的意见》，依法妥善审理反垄断和反不正当竞争案件。出台反垄断民事纠纷司法解释及反不正当竞争司法解释，发布典型案例，明确司法规则，依法规制各类垄断和不正当竞争行为。加强对平台企业垄断的司法规制，依法严惩破坏公平竞争、扰乱市场秩序行为，切实保护消费者合法权益和社会公共利益，维护和促进市场公平竞争，推动平台经济规范健康持续发展。加强反不正当竞争法对商业标识的司法保护，解决不同标识之间的权利冲突。

加强商业秘密保护。依法加大对涉及国家安全和利益的技术秘密的司法保护力度，严惩窃取、泄露国家科技秘密行为。妥善审理商业秘密民事纠纷案件，准确把握保护客体、保密措施、保密义务的判断。正确把握侵害商业秘密民事纠纷和刑事犯罪的界限，完善侵犯商业秘密犯罪行为认定标准。加强诉讼中的商业秘密保护，切实防止诉讼中的“二次泄密”，保障权利人依法维权。在依法保护商业秘密的同时，维护劳动者正当就业创业合法权益，妥善处理保护商业秘密与自由择业、竞业限制和人才合理流动的关系。

（二）深化知识产权审判领域改革创新

完善知识产权专门化审判体系。全面总结最高人民法院知识产权法庭三年试点工作情况，提出进一步改革方案，促进完善技术类知识产权审判，深化国家层面知识产权案件上诉审理机制建设。加强知识产权法院、知识产权法庭建设，深化司法责任制综合配套改革，推动完善知识产权专门化审判机构布局。深入推进知识产权民事、刑事、行政案件“三合一”审判机制改革，构建案件审理专门化、管辖集中化和程序集约化的审判体系。推进四级法院审级职能定位改革。加强互联网法院知识产权审判功能建设，着力解决信息化时代知识产权保护新问题。

健全知识产权诉讼制度。研究制定符合知识产权审判规律的诉讼规范，完善符合知识产权案件特点的诉讼证据制度，建立以诚信原则为指引、激励当事人积极提供证据的诉讼机制，强化临时措施保护。进一步完善以技术调查官制度为基础，以技术咨询、专家陪审员、专家辅助人、技术鉴定为重要组成部分的多元化技术事实查明机制，提高技术事实查明的客观性、公正性、科学性。优化知识产权民事、行政案件协同推进机制，推动行政确权案件和民事侵权案件在程序衔接、审理机制、裁判标准等方面相互协调。

深入推进案件繁简分流改革。深化知识产权案件繁简分流改革，完善简易程序规则，推动简单知识产权类案件适用小额诉讼程序，探索简单商标授权确权类行政案件适用独任制审理。加强和规范在线诉讼，简化常见简单案件裁判文书格式。提升知识产权类纠纷诉前调解质量，优化调解案件司法确认程序，促进纠纷实质性化解。

（三）提升知识产权司法保护整体效能

加大对知识产权侵权行为惩治力度。依法妥善运用行为保全、证据保全、制裁妨害诉讼行为等措施，加强知识产权侵权源头治理、溯源打击，及时有效阻遏侵权行为，切实降低维权成本，提高侵权违法成本。正确把握惩罚性赔偿构成要件，合理运用证据规则、经济分析方法等手段，努力实现侵权损害赔偿与知识产权市场价值的协调性和相称性。完善知识产权刑事司法解释，准确把握知识产权刑事法律关系与民事法律关系的界限，加大刑事打击力度，有效发挥刑罚惩治和震慑功能，依法惩治侵犯知识产权犯罪。加大对于知识产权虚假诉讼、恶意诉讼等行为的规制力度，完善防止滥用知识产权制度，规制“专利陷阱”“专利海盗”等阻碍创新的不法行为，严惩不诚信诉讼，依法支持知识产权侵权诉讼中被告以原告滥用权利为由请求赔偿合理开支，推进知识产权诉讼诚信体系建设。

健全知识产权多元化纠纷解决机制。坚持和发展新时代“枫桥经验”，拓展知识产权纠纷多元化解渠道，有效推动知识产权纠纷综合治理、源头治理。充分依托人民法院调解平台，大力推进在线诉调对接机制，切实将非诉讼纠纷解决机制挺在前面。加强与知识产权行政职能部门、仲裁机构、行业协会、调解组织等协调配合，探索依当事人申请的知识产权纠纷行政调解协议司法确认制度，因地制宜创新知识产权解纷方式，满足人民群众多元高效便捷的纠纷解决需求。

健全行政保护与司法保护衔接机制。积极参与知识产权保护体系建设工程，健全知识产权司法保护与行政保护衔接机制，加强与行政职能部门协同配合，积极参与构建知识产权大保护工作格局。充分发挥司法审查监督职能，促进知识产权行政执法标准和司法裁判标准的统一。加强知识产权信息化、智能化基础设施建设，推动与国家市场监督管理总局、国家知识产权局、国家版权局等部门建立信息资源共享机制，打通“信息孤岛”“数据壁垒”，进一步推动知识产权保护线上线下融合发展，促进形成知识产权保护合力。为继续推动西部大开发、东北全面振兴、中部地区崛起、东部率先发展，深入推进京津冀协同发展、长江经济带发展、粤港澳大湾区建设、海南自由贸易港建设、长三角一体化发展、黄河流域生态保护和高质量发展、成渝地区双城经济圈建设等国家区域发展战略提供司法服务和保障，提升服务国家重大发展战略水平。

深化知识产权国际合作竞争机制。依法妥善审理涉外知识产权案件，坚持严格公正司法，平等保护中外权利人合法权益，积极营造市场化法治化国际化营商环境，打造国际知识产权诉讼优选地。妥善审理与国际贸易有关的重大知识产权纠纷，积极服务国内国际双循环新发展格局，确保案件裁判符合相关国际公约和国际惯例，促进国际贸易合作。依法受理国际平行诉讼，推进我国知识产权有关法律规定域外适用，切实保护我国公民、企业境外安全和合法权益，维护知识产权领域国家安全。深化国际司法交流合作，不断提升中国司法国际公信力和影响力，通过司法裁判推动完善相关国际规则和标准，积极参与知识产权司法领域全球治理。

（四）优化知识产权审判保障

加强知识产权审判队伍建设。坚持以党建带队建促审判，加强政治建设，筑牢政治忠诚，增强知识产权审判队伍服务大局意识和能力，努力锻造一支政治坚定、顾全大局、精通法律、熟悉技术、具有国际视野的知识产权审判队伍。严格落实防止干预司法“三个规定”等铁规禁令，健全知识产权领域审判权运行和监督制约机制，确保队伍忠诚干净担当。加强知识产权审判队伍的专业化培养和职业化选拔，健全知识产权审判人才培养、遴选和交流机制，进一步激发知识产权审判队伍的积极性、主动性和创造性。加强技术调查人才库建设，充分发挥知识产权司法保护专家智库作用。加强与科学技术协会和其他科技社团协同合作，提高为科技创新主体提供法律服务的能力水平。

全面深化智慧法院建设。要科学布局，加强谋划，面向司法人员、诉讼参与人、社会公众和其他部门提供全新的智能化、一体化、协同化、泛在化和自主化智慧法院服务，创新审判模式，优化诉讼流程，助推司法改革，为更加客观寻找事实、更加精准适用法律提供坚强科技支撑。要扎实推进信息技术与法治建设融合促进，积极推进互联网、人工智能、大数据、云计算、区块链、5G 等现代科技在司法领域的深度应用，全面加强智慧审判、智慧执行、智慧服务、智慧管理，实现信息化建设与知识产权审判深度融合。适应信息化时代发展，探索更加成熟定型的在线诉讼新模式和在线调解规则，积极推进跨区域知识产权远程诉讼平台建设，加强司法大数据充分汇集、智能分析和有效利用。

强化与经贸相关知识产权保护 提升国际知识产权规则话语权

李詠箑*

中共中央、国务院印发《知识产权强国建设纲要（2021—2035年）》（以下简称《纲要》），这是以习近平同志为核心的党中央面向知识产权事业未来15年发展作出的重大顶层设计，是新时代建设知识产权强国的宏伟蓝图，在我国知识产权事业发展史上具有重大里程碑意义。

作为负责与经贸相关知识产权工作的部门，商务部将坚决贯彻落实《纲要》的各项要求，立足新发展阶段，贯彻新发展理念，服务构建新发展格局，不断深化知识产权保护国际合作，营造公平竞争市场环境，激发创新创造活力，加强知识产权保护，为建设知识产权强国作出积极贡献。

一、发展现状

近年来，商务部立足本职，与其他知识产权相关部门相互协

---

* 李詠箑：商务部条约法律司司长。

调配合，持续加强与经贸相关的知识产权保护，不断深化国际知识产权磋商交流合作，着力打造国际一流营商环境。多边层面，坚决维护以世界贸易组织为基石的多边贸易体制，积极参与世界贸易组织改革，加强与各成员在世界贸易组织 TRIPS 项下的知识产权对话，推动世界贸易组织公共健康多哈宣言落实，深度参与新冠肺炎疫苗知识产权豁免讨论等。推动构建“一带一路”知识产权合作新格局，在亚太经合组织、金砖国家等治理平台发出中国声音，提出中国方案。正式签署《区域全面经济伙伴关系协定》(RCEP)，全面提升区域内知识产权整体保护水平，在充分尊重区域内不同成员发展水平的同时，为本区域知识产权的保护和促进提供了平衡、包容的方案，有力促进区域内创新合作和可持续发展。双边层面，不断夯实与欧盟、日本、俄罗斯等重要经贸伙伴间的交流合作机制。对外增信释疑，宣传我知识产权保护成果；对内了解企业诉求，帮助企业解决知识产权关注。成功与欧盟缔结《中华人民共和国与欧洲联盟地理标志保护与合作协定》，助力中国优质地理标志产品“走出去”。

二、形势要求

建设知识产权强国，是建设社会主义现代化强国的必然要求，是推进国家治理体系和治理能力现代化的内在需要，是推动高质量发展的迫切需要，是推动构建新发展格局的重要支撑。实施知识产权强国战略，对于提升国家核心竞争力，扩大高水平对外开放，实现更高质量、更有效率、更加公平、更可持续、更为安全的发展，满足人民日益增长的美好生活需要，具有重要意义。当前，我国进入新发展阶段，商务工作包括与经贸相关的知识产权保护发展条件深刻变化，面临新的机遇与挑战。

从国际看，当今世界正经历百年未有之大变局。国际力量对比深刻调整，新兴市场国家和发展中国家地位上升。新一轮科技革命和产业变革深入发展，数字化、网络化、智能化趋势加快，以技术创新为载体的知识产权日益成为多双边经贸关系中的焦点问题。当前各国的竞争，既是技术创新的竞争，也是知识产权规则的竞争。而国际知识产权规则历经百余年的发展，在经济全球化和数字经济的影响下，自身也面临着前所未有的变革挑战。一方面发达经济体着力构建更高标准、更为严格的规则体系，并抢抓新一轮国际规则博弈主导权；另一方面发展中国家在维持现有多边规则体系的基础上努力掌握更多的话语权，以期建立符合自身经济发展水平、平衡知识产权与公共利益的国际规则体系。

从国内看，我国已转向高质量发展阶段。党的坚强领导为进一步扩大开放、改革发展提供了根本保证。制度优势显著，经济长期向好，超大规模市场优势日益显现，产业体系完备，人力资源丰富，自主创新步伐加快，推动知识产权高质量发展、知识产权强国建设具有多方面优势和条件。同时，国内社会主要矛盾变化带来新特征新要求，知识产权保护工作也需随之应变、迎难而上。随着新技术新业态蓬勃发展，知识产权保护法治化仍有滞后，立法成果转化为执法效果还有待加强，知识产权整体质量效益与国际先进水平仍有差距。

综合判断，面向2035年，知识产权强国建设面临的机遇和挑战均前所未有，总体上机遇大于挑战，必须增强机遇意识和风险意识，准确识变、科学应变、主动求变，抓住机遇，应对挑战，在危机中育先机、于变局中开新局。

三、目标任务和重点举措

建设中国特色、世界水平的知识产权强国，是以习近平同志为核心的党中央作出的重大战略部署，是做好新时代知识产权工作的总抓手。《纲要》对知识产权强国建设作出整体部署，明确了知识产权强国建设的指导思想、工作原则和发展目标，我们必须准确把握知识产权强国建设的总体要求，始终坚持“法治保障，严格保护”“改革驱动，质量引领”“聚焦重点，统筹协调”“科学治理，合作共赢”的工作原则，协调好政府与市场、国内与国际，以及知识产权数量与质量、需求与供给的联动关系，全面提升我国知识产权综合实力，大力激发全社会创新活力，分阶段稳步推进各项工作。

商务工作是国内大循环的重要组成部分，是联结国内国际双循环的重要枢纽，在构建新发展格局中发挥重要作用。在推进知识产权强国建设的进程中，商务部将坚持以习近平新时代中国特色社会主义思想为指导，紧紧围绕“五位一体”总体布局和“四个全面”战略布局，坚持稳中求进工作总基调，以深化供给侧结构性改革为主线，以改革创新为根本动力，以满足人民日益增长的美好生活需要为根本目的，围绕国际国内两个大局，统筹国际国内两个市场，进一步着力强化与经贸相关知识产权保护，充分发挥知识产权对于高质量发展的积极作用，推进知识产权强国建设取得实效。

一是持续提升知识产权国际影响力。积极维护和发展知识产权多边体系，在世界贸易组织等国际框架和多边体制中加强合作与交流，介绍中国知识产权发展成就，宣传知识产权发展的“中国实践”，分享知识产权保护的“中国经验”，提出知识产权规则的“中国方案”。支持发展中国家扩大在知识产权国际事务中的话语权，不断提升我国在知识产权全球治理领域的影响力和塑造力。

二是不断增强知识产权国际规则话语权。积极参与和引领世界贸易组织、亚太经合组织、金砖国家等平台知识产权议题讨论。深化与“一带一路”国家和地区知识产权务实合作，秉承共商、共享、共建原则推进“一带一路”高质量知识产权项目落地。积极对接国际高水平知识产权规则，推进加入《全面与进步跨太平洋伙伴关系协定》（CPTPP）各项工作，研究推动与更多国家和地区开展地理标志协定谈判，深度参与知识产权相关的国际经贸规则构建。

三是扎实推进双边知识产权交流合作。不断完善与主要贸易伙伴的双边知识产权交流合作机制，及时有效交流各自知识产权新发展新成果，妥善应对并合理处置外方的知识产权关注，并对等向外方提出我企业知识产权诉求，保护我“走出去”企业利益。不断夯实双边知识产权项目合作，协调国内相关部门推动一批卓有实效的项目实施。

四是全方位推进知识产权高质量发展。锚定知识产权高质量发展的目标，完善以企业、市场为导向的发展机制，引导市场主体创造高水平高价值专利、商标、版权。配合相关部门进一步增强打击侵权假冒的实效，有力保护创新。做好对外贸易中的知识产权保护工作，坚决维护我企业知识产权合法正当权益。发挥自由贸易区等特殊经济区域制度优势，加强区内企业知识产权能力培育，鼓励开展知识产权创新实践，发挥其示范引领和辐射带动作用。

五是建立健全海外知识产权预警和维权援助。不断完善相关平台建设，整合资源、加强协调，为企业提供国际知识产权最新动态和风险预警。指导企业做好知识产权海外布局和维权工作，为我“走出去”企业提供维权援助服务。继续在国外知名展会设立知识产权服务站，积极探索新形势下“线上办展”维权援助新方式。

完善知识产权法律体系 支撑知识产权强国建设

张　鹏*

中共中央、国务院印发的《知识产权强国建设纲要（2021—2035 年）》（以下简称《纲要》）是以习近平同志为核心的党中央面向知识产权事业未来 15 年发展作出的重大顶层设计，是新时代建设知识产权强国的宏伟蓝图，在我国知识产权事业发展史上具有重大里程碑意义。在这一框架下，做好面向社会主义现代化的知识产权顶层设计，谋划构建门类齐全、结构严密、内外协调的知识产权法律体系无疑具有重大意义。

一、知识产权法律制度建设总体情况

（一）工作开展情况

1. 专利法律制度建设工作

改革开放以来，我国逐步融入国际经济贸易体系，科技创新

---

* 张鹏：国家知识产权局条法司司长。

日益活跃，专利制度伴随改革开放的深化而日益完善。1984 年 3 月 12 日，第六届全国人民代表大会常务委员会第四次会议通过的《中华人民共和国专利法》（以下简称《专利法》），1985 年 4 月 1 日起正式实施。这是我国建立专利制度的重要标志和开端。此后，《专利法》分别于 1992 年、2000 年、2008 年、2020 年进行了四次修改。2021 年 6 月 1 日，最新修改的《专利法》正式实施。为了进一步维护专利权人的合法权益，增强创新主体对专利保护的信心，充分激发全社会的创新活力，本次《专利法》从三个方面进行了修改：一是加强对专利权人合法权益的保护，包括加大赔偿力度，对故意侵权行为规定一到五倍的惩罚性赔偿，将法定赔偿额上限提高到五百万元，完善举证责任，完善专利行政保护，新增诚实信用原则，新增专利权期限补偿制度和药品专利纠纷早期解决程序有关条款等；二是促进专利实施和运用，包括完善职务发明制度，新增专利开放许可制度，加强专利转化服务等；三是完善专利授权制度，包括进一步完善外观设计保护相关制度，增加新颖性宽限期的适用情形，完善专利权评价报告制度等。

2. 商标法律制度建设工作

《中华人民共和国商标法》（以下简称《商标法》）自 1983 年施行以来进行了三次全面修改。此外，为有效规制恶意申请和囤积注册行为，加强对商标专用权的保护，营造良好的营商环境，2019 年又对《商标法》进行了一次特别修改。国家知识产权局目前正继续推进《商标法》全面修改准备工作，主要从重构商标注册制度、提高商标注册便利化、加大商标恶意申请打击力度、增强注册商标使用义务、发挥商标促进经济发展作用等方面进行完善。

3. 地理标志法律制度建设工作

2018 年机构改革后，从现行地理标志法律制度出发，结合实践中的问题，借鉴其他国家的地理标志保护制度，国家知识产权局就完善地理标志法律制度开展了深入研究论证，对《地理标志产品保护规定》进行修改并对外公开征求意见。

4. 知识产权基础性法律研究工作

为落实 2008 年《国家知识产权战略纲要》相关任务，国家知识产权局就知识产权基础性法律持续多年进行专题论证。各界对制定知识产权基础性法律的认同度、关注度增加，在立法的必要性和可行性、立法模式、立法内容等方面不断取得共识，并形成立法草案建议稿等阶段性成果。

5. 知识产权审查制度体系建设工作

知识产权审查政策体系建设日臻完善，审查政策体系更加突出政策间的系统性和协同性，落地效果也更为显著，为审查工作的开展提供了很好的支撑。

专利审查政策方面，近年来陆续出台了《专利审查质量提升工程实施方案》及年度行动计划、《提升发明专利审查质量和审查效率专项实施方案（2019—2022 年）》等政策文件，对专利审查质量和效率的不断提升作出系统性部署。在审查模式优化方面，先后建立并完善了优先审查、巡回审查、集中审查和延迟审查等审查模式，充分满足了各类创新主体的多样化需求。在审查标准方面，建立了《专利审查指南》常态化修改机制。在审查能力建设方面，专利审查质量保障体系和业务指导体系日益健全，新技术在专利审查中得到运用，建设并升级了多个智能审查系统。

商标审查政策方面，持续完善细化《商标实质审查操作指南》，围绕《商标注册便利化改革三年攻坚计划》制定“商标审查质量提升年”工作方案，相继完善了《独任审查员工作分类管理暂行办法》《会议纪要执行管理办法》《审查质量责任管理办法》等相关制度，通过科学设置质量管理职能、合理设定工作定额、加强业务指导能力建设、强化业务管理、完善质量考核办法等多个手段，保障商标审查工作质效提升。为规范商标审查审理程序，保障各环节法律适用统一和标准执行一致，开展商标审查审理标准修订工作，发布并实施《商标审查审理指南》。

6. 国际规则与国际磋商工作

深度参与世界贸易组织（WTO）、世界知识产权组织（WIPO）等平台框架下《外观设计法条约》《专利法条约》《商标法条约》等规则协调和遗传资源、传统知识等议题的相关磋商。配合推进《区域全面经济伙伴关系协定》（RCEP）知识产权章节顺利签署。积极参与中挪、中以、中秘等多个自贸协定知识产权章节谈判。完成中欧地理标志保护与合作协定谈判。积极推进加入《工业品外观设计国际注册海牙协定》相关工作。深度参与审查业务五局合作。

（二）存在的问题

我国用几十年的时间完成了西方发达国家历时几百年的知识产权法律制度构建，逐步建立起符合国际通行规则又适合中国国情的知识产权法律体系。但同时，法律制度的运行也暴露出一些问题，例如，法律制度对新技术发展产生大量新领域新业态创新成果的保护需求回应还不够充分。为进一步激励和保护创新，为我国创新驱动发展提供制度保障，仍需要针对加大专利保护力度和促进专利实施运用等方面提出更加科学和有效的制度设计。商标恶意注册、囤积牟利现象依然存在，须加大法律规制力度。地理标志等重点领域法律制度建设尚不能满足现实需要。在知识产权审查制度体系建设方面，审查标准的完善与创新发展需求还不能很好地适应，与高质量发展要求的匹配度还有一定差距。

二、知识产权法律体系建设面临的形势和挑战

（一）当前形势分析

站在新的发展起点上，面对复杂的国内国际形势，知识产权法律工作既面临难得的历史机遇，也面临艰巨的困难、挑战。

从国内形势上讲，党中央、国务院日益重视知识产权工作，对知识产权工作作出了一系列重大部署。习近平总书记多次强调知识产权制度的重要作用，明确表示中国将着力营造尊重知识价值的营商环境，全面完善知识产权保护法律体系。另外，我国经济已由高速增长阶段转向高质量发展阶段，国家创新水平大幅提升，创新主体积极性大大增强，创业创新成为经济发展的重要动力，这都对完善知识产权制度提出了更新更高的要求。

从国际形势上讲，世界经济格局深刻调整，单边主义和贸易保护主义抬头，对多边贸易体制的权威性和有效性造成了严重冲击，知识产权领域多边谈判呈现僵持甚至停滞状态，难有较大进展。然而，在全球化的大背景下，自由、开放与合作仍是各国发

展所需，在多边磋商进展缓慢的情况下，全球双边和小多边贸易协定谈判进展和成果显著。在这样的背景下，我国需要深化改革，助力企业“走出去”，也需要维护多边规则，深度参与新规则的构建，积极推动双边和小多边经贸谈判，成为多边规则的维护者、国际新规则的贡献者。

（二）面临的挑战

随着我国经济、科技转向高质量发展阶段，创新主体对激励和保护创新的呼声不断增强，希望加大知识产权保护力度，促进专利实施运用，对知识产权法律制度及审查制度体系建设提出了一系列新问题、新挑战。国际范围内知识产权规则不断调整，也需要对我国专利法律制度和审查规则流程作适应性调整，以进一步融入国际规则体系，为我国企业“走出去”提供制度支撑。

三、知识产权法律体系建设思路与战略目标

党的十九大报告中指出，从 2020 年到 2035 年，在全面建成小康社会的基础上，再奋斗 15 年，基本实现社会主义现代化。到那时，我国经济实力、科技实力将大幅跃升，跻身创新型国家前列；人民平等参与、平等发展权利得到充分保障，法治国家、法治政府、法治社会基本建成，各方面制度更加完善，国家治理体系和治理能力现代化基本实现。

随着我国经济从高速增长阶段转向高质量发展阶段，我国经济发展将完成三个转型，即从数量追赶转向质量追赶，从规模扩张转向结构升级，从要素驱动转向创新驱动。到 2035 年，适应经

济社会发展的需求，我国将建立系统完备、科学规范的知识产权法律制度体系，打造健康有序、公平开放的知识产权保护环境，营造尊重知识、崇尚创新的知识产权文化氛围，成为国际规则的重要参与者和积极建设者。根据这一背景形势判断，确立未来知识产权法律制度体系建设的思路如下。

（一）建设思路

以习近平新时代中国特色社会主义思想为统领，坚持党全面领导下的知识产权法律制度体系建设思路，以服务经济社会高质量发展为目标，以支撑知识产权强国建设为核心，扎实推进中国特色知识产权法律制度体系建设，实现知识产权法律制度与其他法律制度有效协调，国内知识产权法律制度与知识产权国际条约平行互动，知识产权地方立法与国家立法有机衔接，知识产权审查制度体系与国家经济科技发展需求充分响应，为知识产权严格保护和高效运用奠定完备的法律基础，为推进知识产权全球治理改革创造规则保障，为创新驱动发展提供有效的制度激励，为经济高质量发展营造良好的营商环境。

（二）工作目标

进一步完善知识产权法律法规体系，国内知识产权法律制度体系化建设与国际规则谈判实现协同发力、彼此呼应、相互支撑，我国在知识产权国际规则制定中的参与度和话语权大幅提升，中国知识产权法律制度建设水平与创新型国家前列的地位高度匹配，知识产权法律制度体系支撑知识产权强国建设的作用充分有效发挥。

四、主要战略措施

紧跟知识产权国际发展趋势，结合我国基本国情和创新主体实际需求，进一步加强知识产权法律制度的顶层设计和立法前瞻性研究。完善审查制度体系，支持知识产权审查业务能力建设，加快构建国际一流审查机构。

（一）统筹推进知识产权相关法律法规修改完善

在专利领域，推进完成《专利法实施细则》修改工作。在完善专利审查制度、加强专利保护、加强与国际规则对接等方面予以细化，保障专利法规定的各项制度有效实施。

在商标领域，为了深入落实“放管服”改革要求，满足国内创新创业主体对商标注册、保护时效性的迫切要求，加大对商标恶意抢注、囤积注册等现象的规制力度，围绕优化授权确权程序、规制恶意注册、全面增强使用义务、加强商标权保护等重点问题开展调研论证，形成修改建议稿，并广泛征求意见，适时向立法机关提出建议，积极推动完成《商标法》及其实施条例修改。

在地理标志领域，针对地理标志法律制度目前存在的审查程序相关规定不完善、权利保护较弱和法律位阶较低等问题，根据实际及时推进地理标志相关部门规章的修订，加强相关制度协调衔接，完善程序性规定，强化保护措施。同时积极就制定地理标志专门法律法规开展调研，充分回应社会关切，力争尽早形成建议草案并提出立法计划建议，推进地理标志法律制度不断完善。

在集成电路布图设计领域，集成电路产业对信息科技发展具有重要的影响，集成电路是我国“十四五”期间重点攻关的关键核心技术，因此有必要就完善集成电路布图设计法律制度开展研究。通过企业调研了解集成电路产业对于制度修改的产业诉求以及目前行政裁决和司法裁判中存在的主要法律问题，对《集成电路布图设计保护条例》及其实施细则进行立法后评估，提出立法建议。

同时，新形势下，知识产权与科技发展、反垄断、电子商务等的关系也需要进一步理顺。“十四五”期间，将配合相关牵头部门，推动《反垄断法》《科学技术进步法》《电子商务法》等有关知识产权条款的完善，共同促进我国科技、经济和社会发展进步。

（二）深入开展知识产权基础性法律研究工作

为加快建设知识产权强国，推进知识产权领域治理体系和治理能力现代化，满足国务院机构改革后知识产权工作开展的现实需要，巩固深化知识产权领域改革成果，针对知识产权专门法律法规在适用性、统一性方面存在的问题，从加强顶层设计、增强法律一致性、提升知识产权法治化水平的角度进一步论证制定知识产权基础性法律的重要意义，不断丰富完善草案内容，进一步开展交流研讨。与立法机关保持沟通，积极报送立法工作计划建议，争取将制定知识产权基础性法律列入全国人大立法规划。

（三）大力推动遗传资源、传统知识、民间文艺保护制度完善

为加强遗传资源、传统知识、民间文艺等我国资源丰富领域

的知识产权保护，我国已完善专利法律法规相关规定。但仍存在专门管理和保护制度有待建立健全、知识产权制度与专门保护制度缺乏有效衔接等问题，需要进一步健全遗传资源获取和惠益分享制度，制定民间文艺、传统知识等领域保护办法。下一步，国家知识产权局将继续就上述问题开展研讨，促进国内相关规则的建立与完善。配合主管部门推进《中医药传统知识保护条例》制定，与知识产权制度有效衔接，健全传统知识保护制度。结合我国种业实际发展状况和创新主体需要，进一步完善植物新品种保护制度，推动完成《种子法》《植物新品种保护条例》的新一轮修改。

（四）持续完善专利和商标审查标准

着眼未来，做好审查制度顶层设计，加强部门间的工作协同配合，做到系统集成、协同推进。提高审查标准制定的科学性、及时性、有效性，关注重点产业发展需求，及时调研论证。

不断健全《专利审查指南》常态化修改工作机制，持续关注行业发展需求，研究完善数据产权、人工智能等领域专利审查标准，及时进行《专利审查指南》的修改工作。开展对现有审查政策尤其是专利特殊审查政策与机制的综合性评估论证，梳理特殊审查制度的运行情况和实际效果，提出相关政策的制定和完善建议。完善《商标审查审理指南》动态修改机制，增强商标审查审理标准的适用与指导作用。持续关注经济社会发展和《专利法》《商标法》等法律法规的实施效果，针对实践中存在的问题及时跟进研究，及时提出立法建议。

（五）着力完善以强化保护为导向的专利和商标审查政策

持续完善专利审查质量保障体系。突出需求导向，为全链条保护提供有力支撑。优化专利审查质量管理机制，完善质量反馈机制，明确各级质量保障工作职责，压实各级质量管理主体责任。加强商标审查质量管理顶层设计，明确管理目标，建设质量保障体系。强化商标注册审查与异议、评审、撤销等各程序间的协调和衔接，探索建立科学高效的案件中止审查审理机制。

继续提高审查效率，完善审查周期管理，满足不同区域不同产业多样化需求，推进落实更加多元化的专利审查模式。完善专利申请案源分配机制，强化对业务管理需求的响应和支撑，充分利用现代化信息手段，进一步提升专利案源管理的效能。统筹分配商标审查审理工作任务，合理制订工作计划，优化商标案件分文机制。建立商标快速审查审理机制，着力提高审查智能化水平。

建立加强专利申请质量源头控制工作机制。夯实法规基础，积极推进《关于规范专利申请行为的若干规定》的进一步修订。不断完善恶意商标注册申请审查标准，加强对恶意商标注册申请行为的监控，提升对恶意商标注册申请行为的打击精准度。

（六）全面提高服务便利化水平

提升网络信息化服务水平，继续推广完善“一站式”网上服务内容。持续开展专利信息分析，向社会公众提供专利、商标数据服务。进一步简化商标审查审理各环节手续，拓宽网上办理业务范围，优化网上申请系统。优化审查流程，按照便利申请人的原则，梳理相关业务流程和环节，研究制定优化有关流程的措施，压减需当事人提交的材料。

（七）进一步深度参与相关涉外工作

继续积极参与世界贸易组织（WTO）、世界知识产权组织（WIPO）等多边平台下专利法常设委员会（SCP）、商标、工业品外观设计和地理标志法律常设委员会（SCT），以及知识产权与遗传资源、传统知识和民间文学艺术政府间委员会（IGC）等有关议题的讨论，适时分享中国经验和做法，推动相关国际规则制定取得阶段性成果。

推进加入《工业品外观设计国际注册海牙协定》（1999 年文本）。深入研究《商标法条约》《商标法新加坡条约》《里斯本协定》等知识产权领域国际条约。积极参与和推动与相关国家的自由贸易协定知识产权章节谈判。落实《区域全面经济伙伴关系协定》（RCEP）知识产权章节，研究《全面与进步跨太平洋伙伴关系协定》（CPTPP）中的知识产权条款。

继续深度参与审查领域国际合作，推进 WIPO、中美欧日韩等多边框架下的合作，以及与欧洲专利局和欧盟知识产权局，美国、日本和韩国等国家和地区知识产权机构的双边审查业务深入交流与合作。深度参与多层次审查业务规则磋商，贡献中国智慧，推动国际审查规则的发展和完善。加强我国专利审查业务发展成果的宣传，提升我国专利检索和审查结果的国际认可度。加强同共建“一带一路”沿线国家和地区审查业务交流合作，推动审查成果的共享和利用。开展世界主要专利审查机构审查政策和业务动态的追踪研究，对标世界一流审查机构，科学借鉴有益经验，形成较强审查规则影响力和国际用户吸引力。

五、工作措施保障

（一）强化国内立法协调

强化立法过程中法条内容的协调。知识产权法律制度是国家法律体系的一部分，既要体现民法、行政法、刑法等法律的精神，也要兼顾科技、贸易、金融、市场监管等领域的特殊性，因此须确保各项法律制度的有效衔接和相互配合。为此，在中国特色知识产权法制体系建设中，知识产权法律制度更加凸显“开门立法”的重要性。要建立跨部门的法律起草协调机制，加强各法律起草有关部门之间的协调，探索知识产权立法社会协调员制度，鼓励有代表性的创新主体和企业参与立法研究和立法起草。加强其他法律法规的立法参与，重点围绕数字经济、人工智能等新领域开展知识产权保护前瞻性研究，做好相关法律中知识产权条款内容的协调。

推动建立动态立法机制。针对新一轮产业革命变革中新技术新领域新业态发展快、变化速度快、需求强的特点，囿于现有知识产权法律制度的限制会失掉先机，为营造更好创新环境，建议探索建立快速响应社会经济发展需要的知识产权动态立法机制，对局部性、关键性、影响特别重大的知识产权法律问题实行知识产权法律动态修改。

（二）统筹国内立法与国际规则协调发展

处理好知识产权法律制度建设与国际规则协调的关系。以尽快实现从国际规则的被动接受者和执行者向积极的、有影响力的参与者和建设者的转变为根本，建立国内立法与国际规则协调间的平行互动机制，努力实现国际规则与国内立法相互促进。一方面，强化国际制度规则的跟踪梳理、利弊分析和趋势判断，厘清国内立法与国际规则协调的定位，国内立法以满足社会经济发展需求为导向，借鉴融汇国际规则的立法技巧和成功经验，提高国内立法水平，为我国加入并影响国际规则做好准备；另一方面，基于国内立法实践和国家利益诉求，深度参与国际规则制定，努力成为知识产权多边体系的维护者、国际规则的重要参与者和积极建设者，尤其是尝试在国内优势产业领域制定和实践新的法律规则，探索引领相关国际规则的制定。

（三）加强地方立法和业务指导

要贯彻“知识产权事业发展一盘棋”的理念，完善地方立法指导网络，建立国家立法与地方立法指导协调机制。

首先，明确国家立法和地方立法的协调定位。国家立法基于地方立法的实践探索和“先行先试”。地方立法要遵守国家立法，本着“不抵触、有特色、可操作”原则，充分体现地域特色、产业特色。

其次，推动地方知识产权立法朝着综合性、协调化方向发展。以知识产权综合管理改革为契机，推动开展地方知识产权综合立法，横向上充分发挥专利、商标、版权等知识产权的协同效应，纵向上打通知识产权创造、运用、保护、管理和服务全链条，有效提升市场主体综合运用知识产权促进创新驱动发展的能力。

最后，加强工作沟通与业务指导。将配合各类知识产权法律修改节奏，及时向地方通报立法进程，指导地方做好配套性法律和规章修订准备。针对现阶段知识产权工作的共性和关键问题，提出建设性解决方案建议，支持地方订立立法计划，通过立法解决问题。引导地方开展立法评估，推动地方法律完善和调整。

（四）建立知识产权立法研究支撑体系

夯实立法研究基础，提高外部响应力。与知识产权法律动态修改相配套，定期对知识产权法律制度运行绩效进行评估评价。搭建法律制度运行绩效评估与知识产权立法研究平台，引入制度经济学家和法律专家团队，对法律运行情况进行监控，对法律运行绩效进行评估，以需求和问题为导向开展针对性的立法研究。加强立法研究统筹，形成立法研究指南，加强研究引导，引入企业和创新主体参与研究。组建知识产权立法指导顾问委员会，为立法过程中的方案条款提供咨询意见。

加强国际条约谈判统筹规划。加强国际条约的追踪研究。对知识产权领域国际条约进行梳理，分析哪些条约到2035年我国可以加入，哪些条约需要按照我国产业发展的诉求和利益推动修改，形成动态化的国际条约谈判策略库。建立小多边知识产权条款谈判要价库，实现小多边与双边知识产权谈判条款要价的内在协调与一致。

（五）加大知识产权普法力度

建立健全完备、层级分明的知识产权工作法治宣传教育工作机制，不断提升全民法治观念和知识产权保护意识。通过持续开展内容丰富、形式新颖的知识产权普法宣传教育活动，使知识产权法律制度更加深入人心，并在经济、社会、文化等各方面发挥更加重要的作用，同时努力引导创新主体自觉运用知识产权保护其合法权益，推动形成尊重和保护知识产权的良好社会风尚。

充分发挥联席会议机制作用 有力推进知识产权强国建设纲要贯彻落实

龚亚麟*

中共中央、国务院印发《知识产权强国建设纲要（2021—2035年）》（以下简称《纲要》），对知识产权事业未来15年发展作出重大顶层设计，描绘了新时代知识产权强国建设的宏伟蓝图，在我国知识产权事业发展史上具有重大里程碑意义。我们要充分发挥国务院知识产权战略实施工作部际联席会议机制作用，加大知识产权战略实施统筹协调力度，有力推进《纲要》贯彻落实。

一、我国知识产权战略实施体系在实践中不断完善

2008年6月，国务院颁布实施《国家知识产权战略纲要》，正式启动实施国家知识产权战略。在战略实施过程中，我国逐渐形成了较为完备的知识产权战略实施工作机制、推进机制和基础保障体系，有力保障了国家知识产权战略的组织实施和系统推进。

---

* 龚亚麟：国务院知识产权战略实施工作部际联席会议办公室副主任。

（一）知识产权战略实施工作机制不断健全

为贯彻落实《国家知识产权战略纲要》，加强组织领导和统筹协调，大力推进国家知识产权战略实施工作，2008 年 10 月，国务院批复建立了由 28 个部门和单位组成的国家知识产权战略实施工作部际联席会议制度，在国务院的统一领导下，统筹协调国家知识产权战略实施工作，国家知识产权局局长任召集人，联席会议办公室设在国家知识产权局。

党的十八大以来，以习近平同志为核心的党中央着眼世界百年未有之大变局，统揽中华民族伟大复兴战略全局，把知识产权工作摆在更加突出的位置。2016 年 3 月，为适应新形势新任务新要求，进一步加强战略实施的组织领导和统筹协调，国务院批复建立国务院知识产权战略实施工作部际联席会议制度，由国务院分管知识产权工作的领导同志担任召集人。联席会议主要职责是在国务院领导下，统筹协调国家知识产权战略实施和知识产权强国建设工作，具体包括：加强宏观指导，研究重大方针政策，制订国家知识产权战略实施计划，指导、督促、检查有关政策措施的落实，协调解决重大问题等。联席会议成员单位增至 31 个，工作职责进一步强化，统筹协调力度得到加强。2018 年党和国家机构改革后，联席会议成员单位调整为 29 个。近年来，联席会议工作制度和工作机制不断完善，制定了联席会议工作规则，明确了联席会议办公室的工作职责，建立了包括联席会议成员、联络员和工作联系人的工作机制。

随着知识产权战略实施的不断深入，联席会议办公室切实加强对地方知识产权战略实施的指导，推动地方结合工作实际，建立健全知识产权战略实施统筹协调机制。截至目前，全国已有 30 个省（区、市）和新疆生产建设兵团建立了地方党委、政府领导下的知识产权战略实施统筹协调机制，召集人（组长）一般由地方分管知识产权工作的领导同志担任，广东省由省政府主要负责同志担任召集人。近年来，各地方知识产权战略实施统筹协调力度不断加强，我国逐步形成了从中央到地方统一部署、协调联动的知识产权战略实施工作体系，有力保障了知识产权战略实施和知识产权强国建设工作的开展。

（二）知识产权战略实施推进机制不断强化

2016 年以来，国务委员、联席会议召集人王勇同志先后五次主持召开联席会议全体会议，深入学习贯彻习近平总书记关于知识产权工作的重要指示精神和党中央、国务院决策部署，审议研究知识产权战略实施和知识产权强国建设重大政策，对知识产权战略实施重点工作进行研究部署。联席会议全体会议先后审议了《〈国务院关于新形势下加快知识产权强国建设的若干意见〉重点任务分工方案》《〈"十三五"国家知识产权保护和运用规划〉重点任务分工方案》《国务院知识产权战略实施工作部际联席会议工作规则（试行）》以及年度知识产权战略实施推进计划等重大政策文件，部署开展了国家知识产权战略实施十年评估、知识产权强国建设纲要制定等重点工作。联席会议机制为知识产权战略各项任务的有效推进实施提供了强大的组织保障，联席会议各成员单位认真贯彻落实党中央、国务院决策部署和联席会议议定事项，结合工作实际出台了一系列配套落实政策，形成了知识产权战略实施工作合力。

自2009年起，联席会议办公室连续13年组织联席会议各成员单位和相关单位制定年度知识产权战略实施推进计划，将知识产权战略明确的各项任务进行细化分解，同时明确各项任务责任单位，由各单位分工推进落实，确保了知识产权战略实施工作按步骤、分阶段扎实推进。推进计划成为各单位按年度推进知识产权战略实施的工作指导和主要依据，已累计部署了约1600项具体任务，其中既有阶段性工作，也有延续性工作，还有探索性工作，整体上形成了阶段完成、接续推进、探索推行相协调的推进模式。此外，联席会议办公室还组织各地方制定年度地方知识产权战略实施工作要点，从而实现对全国知识产权战略实施工作进行系统部署。2019年起，推进计划和地方工作要点开始抄送各省（区、市）人民政府，加强了中央与地方工作的协调衔接，实现了对全国知识产权战略实施工作“一盘棋”部署。

为全面深入了解国家知识产权战略实施情况，联席会议办公室分别于2013年和2018年组织开展了《国家知识产权战略纲要》实施五年评估和十年评估。五年评估工作全面总结了《国家知识产权战略纲要》实施五年的情况，客观评价了阶段性目标完成情况，提出了进一步推进国家知识产权战略实施的建议，为《深入实施国家知识产权战略行动计划（2014—2020年）》《国务院关于新形势下加快知识产权强国建设的若干意见》等重大政策文件的制定提供了支撑。十年评估工作全面总结了国家知识产权战略实施总体情况、重点任务完成情况，分析研判了新形势新要求，提出制定知识产权强国建设纲要等建议。在十年评估过程中，联席会议办公室还邀请世界知识产权组织专家组开展国际评估，专家组对我国知识产权战略实施工作给予了高度评价，认为

“中国知识产权战略符合中国的发展方向，与创新体系的发展协同并进，战略执行统一有力，过去十年取得了举世瞩目的成就，可作为发展中国家实施知识产权战略的典范”。

（三）知识产权战略实施基础保障体系不断增强

2010 年起，联席会议办公室先后在中南财经政法大学、北京大学、同济大学等单位设立了 8 个国家知识产权战略实施研究基地。多年来，各研究基地围绕知识产权战略实施和知识产权强国建设中的重点和难题问题，开展了一批重要专题研究和应急性研究，及时跟踪研究国内外知识产权发展动态，编发研究基地《信息速递》。从 2014 年起，联席会议办公室部署开展了知识产权强国研究，围绕为什么要建设知识产权强国、怎样建设知识产权强国等基本问题进行了深入研究，集中探讨了知识产权强国的基本概念与特征、形势与任务、思路与举措，形成了一大批研究成果。此外，联席会议办公室会同有关成员单位连续编制发布年度知识产权发展状况评价报告，综合客观反映我国知识产权总体发展水平和工作成效，展现知识产权对经济社会高质量发展的支撑促进作用。这些研究成果为知识产权战略实施和知识产权强国建设提供了研究支撑。

联席会议办公室持续完善国家知识产权战略信息工作机制，制定战略信息工作管理办法，打造战略信息沟通和交流平台，积极组织联席会议各成员单位、相关单位和各地方报送知识产权领域重要信息，编发联席会议《工作动态》，及时反映知识产权领域重要动态，充分展示各部门、各地方知识产权战略实施工作先进经验做法。发挥新媒体信息传播优势，指导建设国家知识产权战略网和知识产权战略微信平台，大力营造实施知识产权战略、建设知识产权强国的良好氛围。

在知识产权战略实施工作中，持续涌现出一批贡献突出的先进集体和先进工作者，为表彰先进、树立典型，激励社会各界更好地深入推进知识产权战略实施工作，经报请全国评比达标表彰工作协调小组批准，联席会议办公室分别于 2013 年和 2018 年评选表彰了国家知识产权战略实施工作先进集体和先进个人，其中 2013 年评选表彰 60 个国家知识产权战略实施工作先进集体和 30 名国家知识产权战略实施工作先进工作者，2018 年评选出 100 个国家知识产权战略实施工作先进集体和 100 名国家知识产权战略实施工作先进个人。知识产权战略实施评比表彰工作进一步激发了社会各界做好知识产权战略实施工作的积极性和创造性。

二、准确把握《纲要》组织实施的任务要求

《纲要》对我国未来 15 年知识产权强国建设工作进行了系统谋划和全面部署，确定了到 2025 年的中期目标和到 2035 年的远期目标，部署了六大方面 18 项重点任务，提出了一系列重要战略举措。一分部署，九分落实，要实现知识产权强国建设的宏伟蓝图，必须准确把握党中央、国务院对《纲要》组织实施的任务要求，切实抓好《纲要》贯彻落实。

一是强化党对《纲要》组织实施的全面领导。东西南北中、党政军民学，党是领导一切的。建设知识产权强国，是以习近平同志为核心的党中央作出的重大战略部署，是做好新时代知识产权工作的总抓手。做好《纲要》组织实施工作，必须坚持党的全

面领导，坚持以习近平新时代中国特色社会主义思想为指导，认真贯彻落实习近平总书记关于知识产权工作的重要指示论述，充分发挥国务院知识产权战略实施工作部际联席会议作用，建立统一领导、部门协同、上下联动的工作体系。

二是强化《纲要》组织实施的系统推进。《纲要》涉及部门多、涵盖领域广，组织实施任务十分繁重，要树立系统思维、坚持系统观念，坚持战略引领、统筹规划，强化前瞻性思考、全局性谋划、战略性布局、整体性推进。要明确任务分工，密切部门间的协同配合，加强对地方贯彻落实工作的指导，制定实施落实《纲要》的年度推进计划和地方工作要点，建立《纲要》实施与国民经济和社会发展规划、重点专项规划及相关政策相协调的工作机制，结合实际统筹部署相关任务措施，逐项抓好落实。

三是强化《纲要》组织实施的工作抓手。《纲要》实施期跨度 15 年，在实施过程中将会面临许多新形势、新问题、新要求，要建立《纲要》实施动态调整机制，开展年度监测和定期评估总结。要对《纲要》部署工作任务落实情况开展督促检查，纳入相关工作评价，重要情况及时按程序向党中央、国务院请示报告。要按照国家有关规定，对在知识产权强国建设工作中作出突出贡献的集体和个人给予表彰。

三、强化统筹协调，推进《纲要》各项任务落地落实

下一步，联席会议办公室将坚持以习近平新时代中国特色社会主义思想为指导，深入学习贯彻习近平总书记关于知识产权工作的重要指示精神和党中央、国务院的决策部署，增强“四个意

识”，坚定“四个自信”，做到“两个维护”，充分发挥联席会议机制作用，认真做好《纲要》组织实施工作。

（一）加强组织领导

坚决贯彻落实好党中央、国务院关于知识产权强国建设的决策部署，充分发挥联席会议机制作用，进一步完善联席会议相关制度和工作规则，强化制度保障，加强统筹协调，优化与联席会议各成员单位和相关单位之间的沟通协作机制，形成工作合力。加强对地方知识产权战略实施工作的指导，指导地方认真贯彻落实党中央、国务院决策部署和联席会议议定事项，推动地方进一步强化知识产权战略实施统筹协调机制，加大地方层面的战略组织实施力度。加快构建从中央到地方权责清晰、运行高效、充满活力的战略实施统筹协调机制。

（二）加强政策协同

组织联席会议各成员单位、相关单位制定《纲要》重点任务分工方案，将各项任务落实到部门。组织制定落实《纲要》的年度推进计划，将各项任务分解到年度，扎实有序推进实施。推动联席会议各成员单位结合《纲要》任务分工和工作实际，制定贯彻落实《纲要》的配套政策，加强各领域政策与知识产权政策的协同。推动各地方结合《纲要》部署和地方实际，制定地方纲要或实施意见，加强对地方相关政策文件的指导把关，确保党中央、国务院决策部署在地方落地生根。继续组织制定地方战略实施工作要点，配合年度推进计划，实现对全国知识产权强国建设工作“一盘棋”部署。

（三）加强考核评估

国家知识产权局将会同有关部门建立《纲要》实施动态监测调整机制，开展年度监测和定期评估总结，客观反映知识产权强国建设情况和效果，对工作任务落实情况开展督促检查，推动纳入相关工作评价，重要情况及时按程序向党中央、国务院请示报告。推动在对党政领导干部和国有企业领导班子考核中，注重考核知识产权相关工作成效，推动地方各级政府将知识产权强国建设工作纳入督查考核范围。此外，国家知识产权局还将成立《纲要》实施工作领导小组，统筹推进知识产权系统《纲要》实施工作。

（四）加强基础支撑

持续做好战略咨询、战略研究、信息宣传等工作，为《纲要》组织实施提供基础支撑。建立知识产权强国建设专家咨询委员会，积极发挥高层专家的指导和咨询作用，为《纲要》组织实施提供智力支撑。继续做好战略研究工作，加强对国家知识产权战略实施研究基地的管理，集中力量做好知识产权强国建设重大问题研究，为《纲要》实施和政策制定提供研究支撑。进一步提升战略信息质量，办好联席会议《工作动态》，提高信息成果利用效率。持续开展《纲要》宣传解读工作，面向地方开展系列宣讲，发挥新媒体平台作用，为知识产权强国建设凝聚共识、营造良好氛围。

突出指标质量和价值导向
高质量推动知识产权强国建设

葛　树*

《知识产权强国建设纲要（2021—2035 年）》（以下简称《纲要》）是新时代指引知识产权事业发展的纲领性文件。《纲要》明确了今后 15 年我国知识产权事业的发展目标，分阶段提出 2025 年中期目标和 2035 年远期目标。这对于突出质量和价值导向，充分激发全社会创新活力，促进知识产权与经济社会深度融合发展，推动我国知识产权综合竞争力持续提升具有十分重要的意义。

一、立足当前历史方位，坚持目标和问题导向，深刻认识指标引领高质量发展的重要作用

指标体系是发展目标的量化体现，是发展理念的具体反映，是顶层设计的重要内容。加强知识产权工作顶层设计，必须立足当前发展阶段和实际发展需要，科学构建知识产权指标体系，合

* 葛树：国家知识产权局战略规划司司长。

理设置指标目标，客观统计监测发展状况，引导发展理念落实。

2008 年《国家知识产权战略纲要》颁布以来，特别是党的十八大以来，我国知识产权保护工作取得历史性成就，知识产权指标起到重要的引领作用。《国民经济和社会发展第十二个五年规划纲要》《国民经济和社会发展第十三个五年规划纲要》连续纳入每万人口发明专利拥有量指标，国务院印发的国家重点专项规划《“十三五”国家知识产权保护和运用规划》、28 个部门联合印发的《深入实施国家知识产权战略行动计划（2014—2020 年）》两个重要文件均提出到 2020 年的主要预期目标，共同形成了包含 14 个指标的“十三五”时期知识产权发展指标体系。伴随着知识产权事业的快速发展，我国各类知识产权数量大幅增加，成为名副其实的知识产权大国，知识产权保护不断加强，知识产权运用成效显著，知识产权交易、质押融资等日益活跃，知识产权管理和服务持续改善。到 2020 年，我国每万人口发明专利拥有量达到 15.8 件，超过预期目标的 12 件，其他“十三五”时期知识产权发展指标也基本如期实现。

指标实施取得显著成效的同时，我们也清醒地看到发展中仍存在不足之处：知识产权整体质量效益还不够高，关键核心技术面临“卡脖子”问题，创新能力与专利数量规模还不匹配，海外知识产权布局和保护不到位等。对于指标工作而言，“十三五”时期知识产权发展指标体系随之暴露出一些问题，具体表现有：指标体系质量导向不够突出，原有指标体系偏重数量规模类指标，出现部分地方和个人一味追求数量而忽视质量效益的问题；部分指标设计代表性不足，出现一些工作重形式轻实效的情况，比如 PCT 专利申请量，仅关注国际专利布局的一个方面，不反映实际的获权保护情况，难以用于全面表征和更好推动我国海外知识产权布局；还有个别指标目标设计不合理，实际结果与预期目标相差较大。

我国知识产权工作以及指标体系存在的问题表明，“十三五”时期知识产权发展指标体系在发展理念、具体指标设计等方面，已难以适应新的发展阶段需要，不能满足高质量发展要求，需要在加强“十四五”时期知识产权事业发展顶层设计、统筹推进知识产权强国建设中予以优化调整。

二、面向强国建设战略需要，坚持质量和效益优先，《纲要》科学设计发展目标及指标体系

当前，我国正在从知识产权引进大国向知识产权创造大国转变，知识产权工作正在从追求数量向提高质量转变。进入新的发展阶段，知识产权强国建设面临的形势和任务，要求我们必须坚持以推动高质量发展为主题，完整、准确、全面贯彻和落实新发展理念，科学谋划发展目标。

《纲要》坚持分阶段实现知识产权强国建设战略目标，科学把握了远期和中期目标的关系。《纲要》在定性提出2035年远期目标的同时，在2025年中期目标中，结合阶段性发展需要，定量提出了专利密集型产业增加值占GDP比重、版权产业增加值占GDP比重、知识产权使用费年进出口总额、每万人口高价值发明专利拥有量等4项指标及其预期发展目标。中远期目标二者相互衔接、接续推进，既谋划未来长远，又立足当前阶段，为知识产权强国建设提供了清晰可行的实施路径。

《纲要》2025年中期目标中定量指标的设立，是系统构建“十四五”时期知识产权发展指标体系的重要一环。国家知识产权局在指标制定过程中，坚持树立和运用系统观念，将高质量发展的主题贯穿始终，通过专门设立指标工作组，系统构建“十四五”知识产权发展指标体系，注重统筹协同、梯次衔接，一体推进《中华人民共和国国民经济和社会发展第十四个五年规划和2035年远景目标纲要》《纲要》《“十四五”国家知识产权保护和运用规划》（以下简称《规划》）的指标研究和设计；通过加强横向组织协调和与地方上下联动，深入开展调查研究论证，广泛征求社会各界意见与建议，确保指标设计和目标设置紧密联系经济社会发展实际、符合知识产权强国建设的战略需要。

《纲要》2025年中期目标中定量指标的设计，充分体现了新的发展阶段推动知识产权高质量发展的时代特征。在指标设计思路上，突出了质量和价值导向，重点瞄准知识产权整体质量效益不高、高质量高价值知识产权偏少等问题，以知识产权高质量发展促进经济社会高质量发展，支撑知识产权强国建设和社会主义现代化建设。同时，指标设计重点把握了以下原则：一是引领性。突出“十四五”时期知识产权强国建设的阶段性任务，选取能够引领知识产权高质量发展的指标。二是代表性。选取知识产权与经济社会发展紧密结合且影响力较大的指标，抓住重点，带动全局。三是真实性。尽量选取测度标准明确、不易受到短期政策干扰的指标，力争真实反映工作成效。四是可测性。选取可以量化统计、有历史数据的指标，确保目标设置有测算依据，评价数据可及时准确获取。

总的来看，《纲要》通过定量设置2025年预期性指标，将比较宏观的知识产权强国建设目标转化为可操作的具体标准，变虚为实、变抽象为具体，将知识产权质量效益摆在更加突出的位置，有助于进一步明确知识产权强国建设的阶段性目标，有利于充分发挥指标客观评价和引导的作用。

（一）专利密集型产业增加值占 GDP 比重

专利密集型产业的发展集中体现了知识产权、科技创新与产业经济发展的紧密融合。从世界范围来看，专利密集型产业因其创新能力突出、市场竞争力强的特点，已经成为创新型国家促进经济社会高质量发展的有力支撑和重要发展方向。“专利密集型产业增加值占 GDP 比重”指标反映专利密集型产业对经济增长的贡献度及其在国民经济中的地位和重要性，有利于引导产业创新发展，促进经济结构转型升级，更好促进知识产权与经济融合、助力经济高质量发展。

从产业概念来看，依据《知识产权（专利）密集型产业统计分类（2019）》（国家统计局令第 25 号），专利密集型产业是指发明专利密集度、规模达到规定的标准，依靠知识产权参与市场竞争，符合创新发展导向的产业集合，具体包括信息通信技术制造业，信息通信技术服务业，新装备制造业，新材料制造业，医药医疗产业，环保产业，研发、设计和技术服务业等 7 大类共 188 个国民经济行业小类。

为加强专利密集型产业发展状况监测，国家知识产权局与国家统计局联合建立了全国专利密集型产业增加值核算和发布工作机制，按年度核算并发布增加值数据。最新核算数据显示，2019 年我国发明专利密集型产业增加值为 11.5 万亿元，同比增长

7%，占GDP比重为11.6%，具备了一定的规模。展望未来，我国专利密集型产业规模有望继续保持稳定增长，并在转变经济发展方式、促进实体经济发展方面发挥更大作用。预计到2025年，专利密集型产业增加值占GDP比重达到13%，成为支撑经济高质量发展的重要产业力量。

（二）版权产业增加值占GDP比重

世界知识产权组织将版权产业定义为“版权可发挥显著作用的活动或产业”，并将其分为核心版权产业、相互依存的版权产业、部分版权产业和非专用支持产业。版权产业具有智力密集、轻资产高附加值、绿色低碳的特点。近年来，我国版权产业通过与新技术、互联网行业融合发展，成为国民经济新的增长点，对经济社会高质量发展起到重要促进作用。“版权产业增加值占GDP比重”反映了依赖版权参与市场竞争的产业的发展状况及其对国民经济增长的贡献，有利于促进积极壮大版权产业发展规模，助力文化产业高质量发展，为经济发展提供绿色动能。

最新公开数据显示：2019年中国版权产业的行业增加值为7.32万亿，同比增长10.34%，占GDP的比重为7.39%。预计到2025年，版权产业增加值占GDP比重达到7.5%。

（三）知识产权使用费年进出口总额

知识产权使用费进出口总额指本国居民和境外居民之间以许可形式授权使用知识产权而支付的进出口费用总额，包括特许和商标使用费、研发成果使用费、复制或分销计算机软件许可费、复制或分销视听及相关产品许可费和其他知识产权使用费。

“十三五”时期我国将“知识产权使用费出口额”列入主要指标，通过积极引导企业开展知识产权跨国交易，推动有自主知识产权的服务和产品“走出去”，知识产权使用费出口额快速增长。《纲要》中“知识产权使用费年进出口总额”指标是“知识产权使用费出口额”指标的优化，体现了“引进来”与“走出去”并重，在反映我国知识产权国际竞争力的同时，也体现对国外知识产权的引进利用能力以及国内营商环境对国外市场主体的吸引力。该指标的设置有利于促进我国知识产权贸易方式和结构进一步优化，引导营造更加尊重知识产权的营商环境，以更高水平的知识产权贸易推动开放创新、知识流通、互补共赢的经济全球化。

国家外汇管理局公开数据显示，2020 年我国知识产权使用费进出口总额为 3194.4 亿元，是 2015 年的 2.2 倍，年均增速达到 17.3%。预计到 2025 年，我国知识产权使用费年进出口总额达到 3500 亿元。

（四）每万人口高价值发明专利拥有量

该指标也是《中华人民共和国国民经济和社会发展第十四个五年规划和 2035 年远景目标纲要》主要指标之一，是指每万人口本国居民拥有的经国家知识产权局授权并维持有效的高价值发明专利数量。其中，高价值发明专利包括：战略性新兴产业的发明专利、在海外有同族专利权的发明专利、维持年限超过 10 年的发明专利、实现较高质押融资金额的发明专利、获得国家科学技术奖或中国专利奖的发明专利。

该项指标是“十三五”时期“每万人口发明专利拥有量”指

标的延续和发展，重点突出“高价值”，具体从5个分项指标来看：战略性新兴产业领域的有效发明专利，是面向国家重大发展需求、推动产业创新发展的重要资源，有利于引导市场主体聚焦核心关键技术领域，加强自主知识产权创造。其他4个方面的有效发明专利，具有专利稳定性强、价值较高的特点，有利于促进专利转化运用，支持创新型企业融资发展，有利于进一步加强海外专利布局，提升经济竞争力，有利于引导更加注重专利质量和效益，培育尊重知识、崇尚创新的知识产权文化。

据统计，2020年我国每万人口高价值发明专利拥有量为6.3件，较2015年末提高3.9件，“十三五”期间年均增速超过20%，处于较快增长阶段。预计经过“十四五”时期的发展，到2025年我国每万人口高价值发明专利拥有量达到12件，年均增长13.8%，这意味着我国创新实力得到较大幅度提升，与美日等发达国家差距将进一步缩小，形成初具规模的高价值专利资源，为经济社会高质量发展提供更为有力的支撑。

三、加强指标统计监测评估，充分发挥指标客观引导和评价作用

瞄准2035年远期目标，锚定“十四五”中期目标，国家知识产权局将依据《纲要》《规划》的相关部署出台更多的政策措施，努力创造更加良好的知识产权政策环境、体制环境和法治环境，建立激励与监管相协调的指标统计监测工作机制，客观真实评价知识产权强国建设进展，引导和激发市场主体创新活力。

一是加强指标运行形势分析和信息反馈。优化完善“十四

五”时期知识产权发展指标统计发布机制，按年度对社会主动公开指标数据，合理引导预期。加强指标统计监测和质量评价，结合国家及地方知识产权激励政策情况，重点关注指标目标增速过高的地方，综合研判分析，做好信息反馈。强化与高质量发展综合绩效评价工作衔接，切实推动知识产权质量效益提升。

二是加强重点指标统计数据源头质量控制。严把指标统计范围，在高价值发明专利拥有量等指标统计中，强调原始创新，按照首次申请及其申请人地址进行统计；结合知识产权领域出台的提质增效、加强监管的政策举措，强化质量导向，严格排除不以保护创新为目的的专利；对于非正常申请、失信主体的相关专利，明显违背专利申请和代理规律的专利，创造质量显著偏低的专利，不纳入统计范围，确保指标评价真实客观有效，科学可持续发展。

三是坚持目标牵引做好规划指标动态调整。《纲要》发展目标体现了“远期目标牵引、中期规划落实”的理念，展望2035年基本建成知识产权强国的宏伟蓝图，需要在3个五年规划中一步一步落地。在《纲要》实施落实过程中，将以每个五年规划为阶段，依据新的发展形势和任务要求，按照发展需要动态调整中期目标的指标构成和目标设置，牢牢锚定和紧密嵌合2035年远期目标，坚持一张蓝图绘到底，保障知识产权强国建设目标如期实现。

全面加强知识产权保护工作
建设知识产权强国

张志成*

习近平总书记指出，创新是引领发展的第一动力，保护知识产权就是保护创新。中国特色社会主义进入新时代，深入实施创新驱动发展战略成为时代主题。知识产权制度作为创新发展的基本保障和重要支撑的使命更加重要，作用更加突出。知识产权作为国家发展战略性资源和国际竞争力核心要素的作用更加凸显。全面建设社会主义现代化国家，必须从国家战略高度和进入新发展阶段要求出发，全面加强知识产权保护工作，促进建设现代化经济体系，激发全社会创新活力，推动构建新发展格局。《知识产权强国建设纲要（2021—2035 年）》（以下简称《纲要》）以习近平新时代中国特色社会主义思想为指导，立足新发展阶段，以严格保护为主线，以推动高质量发展为主题，明确了建设知识产权强国的主要目标和关键举措，从战略层面部署了我国未来 15 年知识产权强国建设的重大举措，是不断增强我国经济创新力和竞争力，推动经济发展质量变革、效率变革、动力变革的一份纲

* 张志成：国家知识产权局知识产权保护司司长。

领性文件，具有重大历史意义和现实意义。

一、严格知识产权保护是建设知识产权强国的战略举措

《纲要》要求，未来知识产权保护更加严格，知识产权保护的社会满意度达到并保持较高水平。《纲要》明确，要坚持“法治保障、严格保护”。新发展阶段，严格知识产权保护是贯彻落实《纲要》的战略举措，全面加强知识产权保护工作是加快知识产权强国建设的关键支撑，对激发全社会创新活力、构建新发展格局具有特殊重要的意义。

一是强化知识产权保护是完善国家治理体系和治理能力现代化的重要方面。习近平总书记指出，加强知识产权保护是完善产权保护制度最重要的内容，也是提高中国经济竞争力最大的激励。产权制度是社会主义市场经济的基石。保护产权是坚持和完善社会主义基本经济制度的必然要求。只有严格保护知识产权，才能构建完整的现代产权制度、推动深化要素市场化改革，保障市场在创新资源的配置中起决定性作用，更好发挥政府作用。

二是强化知识产权保护是促进高质量发展的重要保障。进入新发展阶段，推动高质量发展是保持经济持续健康发展的必然要求，而创新是高质量发展的关键一招。呵护创新热情、保护创新成果，增强创新这个发展的第一动力，知识产权保护制度不可替代。只有严格保护知识产权，为市场主体提供良好营商环境，才能为创新引领和高质量发展提供创新的动力保障和制度保障，推动中国制造向中国创造转变、中国速度向中国质量提升。

三是强化知识产权保护是护佑人民生活幸福的重要工作。解

决人民日益增长的美好生活需要和不平衡不充分的发展之间的矛盾，推动经济向以创新驱动转型发展、创造高质量供给引领发展，推动消费升级是关键。严格保护知识产权，可以有效促进技术持续迭代创新，以品牌建设带动产品质量稳定提升；严格保护知识产权，持之以恒保持高压态势，打击假冒伪劣，才能有效净化消费市场，丰富文化供给，实现让人民群众买得放心、吃得安心、用得舒心，增强获得感、幸福感和安全感。

四是强化知识产权保护是护航对外开放的必然要求。建设更高水平开放型经济新体制，要求扩大市场准入，增加优质产品和服务进口，促进智力资源聚集和先进技术落地。严格保护知识产权，可以为国内外企业提供更加公平友好的竞争环境，增加我国市场的吸引力，更好地服务国家对外开放大局。同时，知识产权又是国际贸易的“标配”和境外市场准入的门槛，开展与贸易伙伴的经贸科技文化合作交流，护航我国企业“走出去”也都必不可少。

五是强化知识产权保护是贯彻整体国家安全观的重要内容。当今世界处于百年未有之大变局，知识产权与国家安全的关系比历史上任何时候都更加紧密。关键核心技术的自主可控、重要信息的保密无虞，对从根本上保障国家经济安全、国防安全和其他安全至关重要。严格保护知识产权，可以有效保护我国自主研发的关键核心技术，形成可与对手博弈的知识产权布局，严格审查和管理涉及国家安全的知识产权转让行为，是实现创新链、供应链自主可控的重要手段，可以有效避免受制于人，防范化解重大风险。

二、党的十八大以来知识产权保护工作取得了历史性成就

党的十八大以来，在以习近平同志为核心的党中央坚强领导下，全社会共同努力，推动我国知识产权事业发展迈上新台阶。2008 年国务院印发的《国家知识产权战略纲要》提出的“到 2020 年，把我国建设成为知识产权创造、运用、保护和管理水平较高的国家”目标以及 2015 年《国务院关于新形势下加快知识产权强国建设的若干意见》确定的各项目标任务已经实现，建设知识产权强国具备了坚实基础。特别是，知识产权保护工作体系进一步完善，保护能力和水平有了显著提高，全社会对知识产权保护的满意度大幅提升。在十九届中央政治局第二十五次集体学习时，习近平总书记明确指出，知识产权保护工作取得了历史性成就。

一是深化机构改革，大保护工作体系实现了历史性重构。在中央部署的 2018 年党和国家机构改革中，知识产权保护行政管理体制实现了重塑。组建国家市场监督管理总局，将原国家知识产权局的职责、原国家工商行政管理总局的商标管理职责、原国家质量监督检验检疫总局的原产地地理标志管理职责整合，重新组建国家知识产权局，形成了专利、商标、地理标志等统一行政执法、统一行政管理的知识产权新管理体制，行政管理效能显著提升。中央宣传部加挂国家版权局牌子。在北京、上海等地先后设立四家知识产权法院以及多个知识产权法庭，最高人民法院设立知识产权法庭，最高人民检察院组建知识产权检察办公室，司法保护体系显著加强。

二是加强制度建设，严保护的法规政策体系更加健全。十九大以来，中共中央办公厅、国务院办公厅先后印发了《关于强化知识产权保护的意见》（以下简称《意见》）及其两年推进计划，对新时代知识产权保护工作作出战略部署，明确了保护工作重点任务。2020 年 5 月，《中华人民共和国民法典》明确规定了知识产权的类型以及侵权惩罚性赔偿的总原则。2020 年 12 月，《中华人民共和国刑法修正案（十一）》提高涉商标、著作权、商业秘密等知识产权犯罪的刑罚，进一步加大惩治力度。商标、专利、著作权等主要单行法完成了新一轮修改。严格规制商标恶意注册，增加对假冒注册商标的行政处罚方式，新增重大专利侵权纠纷行政裁决中央事权，建立药品专利纠纷早期解决机制，延长了外观设计专利权保护期限等。28 个省（区、市）人大常委会制定出台了专利保护相关地方性法规，知识产权保护法治保障显著增强。

三是加强行政保护，知识产权快保护的主渠道更加顺畅。制定、修订《专利侵权纠纷行政裁决办案指南》《商标侵权判断标准》等规范性文件，统一执法办案标准，提升执法水平。持续加强专利执法业务指导，建立知识产权行政执法案例指导工作机制。深入推进专利侵权纠纷行政裁决示范建设和知识产权侵权纠纷检验鉴定技术支撑体系建设试点工作，加强专利侵权案件行政裁决。加强源头保护，出台《关于进一步严格规范专利申请行为的通知》等政策文件，严厉打击非正常专利申请和商标恶意抢注等行为。制定《关于进一步加强地理标志保护的指导意见》，严厉打击地理标志侵权假冒行为。深化地理标志管理改革，严格地理标志管理，推进国家地理标志产品保护示范区建设。聚焦电子商务、展会等重点领域和关键环节，加强知识产权执法保护。“十三五”期间，全国知识产权系统处理专利侵权纠纷案件逐年增长，充分发挥了行政保护的专业快捷的优势。

四是加强全链条保护，协同保护体系建设步伐显著加快。加快推进集快速审查、快速确权、快速维权于一体的知识产权快速协同保护机构建设布局。目前，已建设知识产权保护中心57家、快速维权中心30家，2021年1—9月，投入运行的知识产权保护中心和快速维权中心共协助办理执法案件1.4万件，受理知识产权纠纷调解案件8800余件，维权援助申请3900余件。制定《关于进一步加强知识产权维权援助工作的指导意见》，国家知识产权局会同司法部印发《关于加强知识产权纠纷调解工作的意见》，与最高人民法院联合印发《关于建立知识产权纠纷在线诉调对接机制的通知》，累计受理调解案件1.3万余件。2020年全国1000余家各类知识产权维权援助机构办理维权援助申请3.3万余件，提供咨询指导服务4.3万余次。2021年1—9月，353家知识产权纠纷调解组织受理案件4.3万余件。推进跨部门、跨领域、跨区域执法联动，市场监管、版权、海关、知识产权等部门经常性开展知识产权执法保护专项行动，持续深入打击知识产权侵权等违法犯罪行为。检察机关打击侵犯知识产权犯罪力度持续加强，审判机关知识产权审判质量效率进一步提升，行政执法、刑事执法、司法办案合力进一步增强，切实维护了公平竞争的市场秩序。

五是坚持同等保护，涉外知识产权保护实效不断显现。地理标志保护国际合作持续深化，2020年9月14日，中欧双方领导人宣布正式签署《中华人民共和国政府与欧洲联盟地理标志保护与合作协定》，这是中国对外签署的第一个全面、高水平的地理标志协定。协定提供的高水平待遇将有利于中国相关产品获得欧盟消费者的认可，进一步推动相关产品的对欧出口，为有效阻止对地理标志产品的假冒和伪造提供了法律保障。涉外知识产权纠纷应对方面迈出新步伐，成立国家海外知识产权纠纷应对指导中心，为中国企业提供海外风险防控与纠纷应对指导和服务。我国已布局建设了两批共 22 家地方分中心，推动海外知识产权纠纷应对指导服务进一步下沉。截至 2021 年 10 月底，国家海外知识产权纠纷应对指导中心及各地方分中心累计处理智能制造、机械、医疗、半导体等重点产业领域指导和咨询案件 350 余件，有效助力我国企业“走出去”。

2020 年 11 月，按照中央统一部署，在全国首次开展了对地方党委政府的知识产权保护工作检查考核，推动知识产权保护各项政策制度落实落地。各地强化知识产权保护方面意识更强烈，工作力度显著加大。各地均结合实际制定印发了落实《意见》的配套政策。内蒙古、江苏、湖北、广西、贵州等将知识产权保护列入本地区党委全面深化改革年度重点任务。多地党委政府加强了知识产权保护工作协调力度。北京、上海、天津、浙江等召开了知识产权保护大会，党委政府主要负责人对知识产权保护工作进行专门部署，各地知识产权保护工作不断深化细化。人民群众对知识产权保护的满意度显著提升。2020 年，知识产权保护社会满意度提高到 80 分以上，2021 年，中国在全球创新指数中的排名提升到第 12 位。中国保护知识产权的努力和成效得到了各方面的高度认可，为建设知识产权强国奠定了坚实基础。

但同时，从国际国内形势发展看，知识产权保护工作还面临着诸多复杂严峻的挑战。国际知识产权领域的竞争更加激烈，国内知识产权保护仍然存在不少短板，大数据、人工智能等新技术新业态的蓬勃发展更为知识产权工作带来新的课题。为适应新时代发展需要，必须进一步加强保护，补齐短板。

三、以《纲要》为统领全面加强知识产权保护工作

《纲要》立足于知识产权事业“两个转变”的新发展阶段，明确了未来15年知识产权工作的目标任务和思路举措，为新时代知识产权强国建设描绘了新蓝图，对新时代全面强化知识产权保护工作提出了新的要求。下一步，要深入学习贯彻习近平总书记在主持中央政治局第二十五次集体学习时的重要讲话精神，从战略高度和新发展阶段要求出发，以《纲要》为统领，以落实《“十四五”国家知识产权保护和运用规划》《意见》及其推进计划等具体部署为支撑，以严格保护为主线，以推动高质量发展为目标，不断深化知识产权领域改革，推动知识产权保护更加严格有效，切实推动知识产权强国建设。

一要深化改革，强化知识产权保护体制机制保障。加强中央在知识产权保护的宏观管理、区域协调和涉外事宜统筹等方面事权，履行好重大专利侵权纠纷行政裁决等事权。高水平推动知识产权保护试点示范区、专利侵权纠纷行政裁决试点示范、国家地理标志产品保护示范区等试点示范建设工作，加强示范引领，不断深化知识产权管理体制、工作机制领域改革，夯实知识产权强国建设基础。严厉打击不以保护创新为目的的非正常专利申请和不以使用为目的的非正常商标申请，确保知识产权制度在高质量

发展的轨道上运行。完善知识产权保护协调指导和检查考核机制，发挥好考核“指挥棒”作用，促进各地各部门优化管理体制机制，提高管理效能。

二要与时俱进，完善知识产权保护法律法规政策。加快完善相关知识产权法律法规，重点加强地理标志、外观设计等领域专门立法，统筹推进新修改的《商标法》《专利法》《著作权法》有效实施，健全专门保护与商标保护相互协调的统一地理标志保护制度。既严格保护知识产权，又确保公共利益和激励创新兼得。建立健全新技术、新产业、新业态、新模式知识产权保护规则，加快大数据、人工智能、基因技术等新领域新业态知识产权保护规则研究和法律制定。研究完善算法、商业方法、人工智能产出物知识产权保护规则。探索完善互联网领域知识产权保护制度。根据经济社会发展需要，扩大知识产权保护客体、保护范围，提高保护标准，完善以强化保护为导向的专利商标审查政策。持续提升知识产权法治化水平，构筑发展新优势。

三要发挥优势，健全便捷高效、严格公正、公开透明的行政保护体系。建立统一协调的执法标准、证据规则和案例指导制度。大力提升行政执法人员专业化、职业化水平，探索建立行政保护技术调查官制度。建立完善知识产权侵权纠纷检验鉴定工作体系，加强知识产权鉴定机构专业化、规范化建设，推动建立知识产权鉴定技术标准。发挥专利侵权纠纷行政裁决制度作用，加大行政裁决执行力度。探索依当事人申请的知识产权纠纷行政调解协议司法确认制度。完善跨区域、跨部门执法保护协作机制。完善知识产权行政保护与司法衔接机制，促进行政执法标准和司法裁判标准的协调统一，形成保护合力。加强知识产权保护的宣传推广，不断提高全社会知识产权保护意识，培养公民自觉尊重和保护知识产权的行为习惯和文化自觉，自觉抵制侵权假冒行为。

四要协调推进，健全统一领导、衔接顺畅、快速高效的协同保护格局。实施知识产权保护体系建设工程。建立完善知识产权仲裁、调解、公证、鉴定和维权援助体系，加强相关制度建设，培育和发展知识产权调解组织、仲裁机构、公证机构。健全知识产权信用监管体系，加强知识产权信用监管机制和平台建设，依法依规对知识产权领域严重失信行为实施惩戒。实施地理标志保护工程，完善地理标志统一认定制度。实施知识产权保护机构建设工程，建设知识产权保护中心网络和海外知识产权纠纷应对指导中心网络。坚持党中央集中统一领导，实现政府履职尽责、执法部门严格监管、司法机关公正司法、市场主体规范管理、行业组织自律自治、社会公众诚信守法的知识产权协同保护。

五要坚守底线，全方位维护好知识产权领域安全利益。坚持总体国家安全观，加强事关国家安全的关键核心技术的自主研发和保护，依法管理涉及国家安全的知识产权对外转让行为。全面落实《区域全面经济伙伴关系协定》（RCEP）知识产权章节和《中华人民共和国政府与欧洲联盟地理标志保护与合作协定》等多双边国际协定，稳步推进地理标志互认互保。形成高效的国际知识产权风险预警和应急机制，建设知识产权涉外风险防控体系。加大对我国企业海外知识产权的维权援助力度。加强海外知识产权纠纷应对机制建设，持续优化海外知识产权纠纷应对指导中心网络，建立健全海外知识产权预警和维权援助信息平台，支持企业“走出去”布局知识产权，助力企业积极在海外保护自身权益。拓宽知识产权对外宣传渠道，讲好中国知识产权故事，进一步树立我国依法严格保护知识产权的良好形象。

知识产权强国建设的蓝图已经绘就，全面加强知识产权保护的要求也已经明确。相信随着《纲要》的贯彻实施，我国知识产权保护的效果会更加彰显，全社会的创新动力和创造热情会得到进一步激发，中国特色、世界水平的知识产权强国一定能够如期建成。

立足知识产权强国建设新起点
奋力开拓知识产权运用促进工作新局面

雷筱云*

中共中央、国务院印发《知识产权强国建设纲要（2021—2035年）》（以下简称《纲要》），这是以习近平同志为核心的党中央面向知识产权事业未来15年发展作出的重大战略部署。《纲要》描绘了建设知识产权强国的宏伟蓝图，并具体明确了知识产权运用作为战略重点的目标任务和工作要求，科学擘画了新时代知识产权运用促进工作前景，为推动知识产权运用促进工作高质量发展提供了根本遵循和行动指南。

一、总结过去，回顾知识产权运用促进工作取得的成效

近年来，全国知识产权系统坚持以习近平新时代中国特色社会主义思想为指导，认真贯彻落实党中央、国务院决策部署，在国家知识产权局党组带领下，开拓创新、攻坚克难、砥砺前行，织密织牢知识产权运用促进网，圆满完成各项主要目标任务。

---

* 雷筱云：国家知识产权局知识产权运用促进司司长。

一是提升创新主体能力，夯实创新发展基础。加强政策支持引导，联合相关部委分别面向高校、科研组织、中央企业出台推动知识产权高质量发展的政策文件，与工业和信息化部连续五年实施中小企业知识产权战略推进工程，为2万余家中小企业提供知识产权托管服务。强化示范标杆引领，培育国家知识产权示范企业963家，优势企业4765家，优势示范企业专利产品销售收入占企业总销售收入79%。与教育部共同遴选110家高校作为建设国家知识产权试点示范高校，试点示范高校有效发明专利拥有量占全国高校的60.5%。推进管理体系建设，会同十部委分别面向企业、高等学校、科研组织等创新主体制定知识产权管理规范国家标准，3项标准获得“中国标准创新贡献奖”。《创新过程知识产权管理指南》作为知识产权领域首个国际标准，由中国主导制定并获国际标准化组织批准发布。

二是建立转化运用机制，推动知识产权价值实现。树立转化运用导向，联合财政部开展专利转化专项计划，30个省份启动实施，首批8个省份获得奖补资金，推动专利技术转移转化。完善市场化运营体系，制定印发促进和规范知识产权运营工作政策文件。对运营相关财政项目进行绩效评价全覆盖。支持建设国家知识产权运营公共服务平台和20家区域、产业平台（中心），分4批支持全国37个重点城市建设知识产权运营服务体系。创新金融赋能模式，会同银保监会出台加强知识产权质押融资专项政策，与发改委、银保监会启动实施入园惠企三年行动。与中国银行、人保财险签署战略合作协议。2020年，知识产权质押融资金额达2180亿元，知识产权运营基金数量达23支，投资金额超13亿元。全国累计发行30余只知识产权证券化产品。

三是规范行业发展秩序，优化创新服务供给。深化行业制度改革，推动修订《专利代理条例》《专利代理管理办法》等法规规章，将执业证发放改为备案，开展外国人参加专利代理师资格考试和外国专利代理机构在华设立常驻代表机构试点改革。优化代理审批服务，全面推行告知承诺执业许可审批制度，专利代理机构行政许可平均审批时间压缩至 5 个工作日。推进专利代理师资格考试“管办分离”，全面实现计算机化考试。积极推行专利代理行政审批“好差评”制度。加强代理行业治理，持续开展“蓝天”专项行动，2019—2020 年，约谈或责令整改代理机构逾 4000 家，作出行政处罚 300 余件，依法将 10 家机构列入严重违法失信名单。促进行业发展，加强知识产权服务业集聚发展区建设，连续 3 年组织开展“知识产权服务万里行”活动，惠及企业 5 万余家。

四是全面促进产业发展，服务支撑实体经济。大力推动专利导航创新发展，《专利导航指南》7 项国家标准颁布实施，在战略性新兴产业布局建设知识产权运营中心，建设专利导航服务基地，支持中央企业开展专利导航专项行动。积极推进商标服务品牌经济，深入实施商标品牌战略，积极推进商标品牌指导站建设，首次发布《中国商标品牌发展指数报告》。发展地理标志助推特色产业，连续 3 年实施地理标志运用促进工程，面向 17 个中西部省份，助力 43 个国家贫困县脱贫摘帽，有关做法得到国务院扶贫领导小组的充分肯定。接续开展地理标志助力乡村振兴行动。

五是强化区域工作指导，筑牢强国建设根基。在国家重大区域战略中加快推动知识产权改革创新任务落地见效。连续 3 年印发《推动知识产权高质量发展年度工作指引》。持续深化局省合作会商，加强资源协调和工作指导。统筹推进强省强市建设。持续指导13个强省建设试点省、15个强市创建市探索实践强省强市建设路径。2021年，与浙江、内蒙古、湖北、江苏、上海、北京等地建立合作会商机制，谋划强省建设路径。有序推进试点示范工作。继续加强知识产权城市、县域和园区试点示范工作指导，全国已有知识产权示范城市77个，试点城市113个，强县试点示范县509个，知识产权示范园区67个，试点园区74个。经全国评比达标表彰工作协调小组批复同意，全面启动知识产权强国建设试点示范工作。

二、学习《纲要》，准确把握知识产权运用促进工作的新目标新任务新要求

（一）工作背景

进入新发展阶段，推动高质量发展是保持经济持续健康发展的必然要求，创新是引领发展的第一动力，知识产权作为国家发展战略性资源和国际竞争力核心要素的作用更加凸显。作为打通知识产权全链条中的重要一环，全面提升知识产权运用效益，充分实现知识产权价值和创新效益，有利于进一步促进科技成果的转移转化，对全面提升我国知识产权综合实力、大力激发社会创新活力、建设中国特色世界水平的知识产权强国具有重要意义。

习近平总书记深刻指出，当前我国正在从知识产权引进大国向知识产权创造大国转变，知识产权工作正在从追求数量向提高

质量转变。《纲要》提出“全面提升知识产权创造、运用、保护、管理和服务水平，充分发挥知识产权制度在社会主义现代化建设中的重要作用”。我们要以全面落实好《纲要》为契机，紧抓历史机遇、紧扣时代脉搏，对标《纲要》明确的目标任务和内在要求，筑牢织密全国知识产权运用网，提升知识产权转移转化效益，不断推动知识产权运用促进工作在助力知识产权强国建设、促进经济社会高质量发展中发挥更加积极的作用。

（二）目标任务

《纲要》明确了知识产权运用作为战略重点的目标、路径和任务。在指导思想和工作原则中，围绕打通知识产权全链条，以运行高效为重要建设目标，强调要构建更加完善的要素市场化配置体制机制。在发展目标上，知识产权市场价值进一步凸显，品牌竞争力大幅提升，提出专利密集型产业增加值、知识产权使用费年进出口总额，每万人口高价值发明专利拥有量等三大指标要求。在任务举措方面，以建设激励创新发展的知识产权市场运行机制为工作主线，确立了完善以企业为主体、市场为导向的高质量创造机制，健全运行高效顺畅、价值充分实现的运用机制，建立规范有序、充满活力的市场化运营机制等三大支撑机制，并明确了构建知识产权服务业监管体系、深化知识产权强省强市建设等战略举措。

（三）内在要求

在完善以企业为主体、市场为导向的高质量创造机制方面：一是立标准树导向。以质量和价值为标准，将知识产权价值实现作为考核评价重点，健全以增加知识价值为导向的分配制度，促进知识产权价值实现，推动构建知识产权高质量发展的指标体系、政策体系和统计体系。二是抓重点强能力。强化企业创新主体作用，引导企业发挥好专利、商标、版权等多种类型知识产权组合效应，加强分类指导和分级培育，发挥优势示范企业引领带动作用，将一批行业领军企业率先打造成知识产权竞争力强的世界一流企业。

在健全运行高效顺畅、价值充分实现的运用机制方面：一是聚焦要素市场化配置。改革国有知识产权归属和权益分配机制，扩大科研机构和高校知识产权处置自主权。建立完善财政资助科研项目形成知识产权的声明制度。建立知识产权交易价格统计发布机制。深入开展知识产权试点示范工作，推动企业、高校、科研机构健全知识产权管理体系，鼓励高校、科研机构建立专业化知识产权转移转化机构。二是聚焦产业发展核心目标。大力推动专利导航在传统优势产业、战略性新兴产业、未来产业发展中的应用，加强专利密集型产业培育，促进创新经济发展。推进商标品牌建设，打造特色鲜明、竞争力强、市场信誉好的产业集群品牌和区域品牌，促进品牌经济发展。强化地理标志运用，推动地理标志与特色产业发展、生态文明建设、历史文化传承以及乡村振兴有机融合，促进区域特色经济发展。

在建立规范有序、充满活力的市场化运营机制方面：一是积极健全运营体系，打造运营核心载体。实施知识产权运营体系建设工程，建设综合性知识产权运营服务枢纽平台，布局若干聚焦产业、带动区域的运营中心。二是优化专业服务供给，促进与规范协同发力。提高知识产权代理、法律、信息、咨询等服务水平，支持开展知识产权资产评估、交易、转化、托管、投融资等增值服务，培育国际化、市场化、专业化知识产权服务机构。三是稳妥推进金融赋能，规范探索模式创新。完善无形资产评估制度，积极稳妥发展知识产权金融，健全知识产权质押信息平台，鼓励开展各类知识产权混合质押和保险，规范探索知识产权融资模式创新。

在建设激励创新的知识产权市场运行机制中，要将构建制度完善、运行高效、服务优良的管理体制和政策体系作为首要任务。要围绕国家区域协调发展战略，深化知识产权强省强市建设，加强局省市联动，研究实行差异化的区域知识产权政策，不断完善知识产权强国建设支撑体系。要深入贯彻落实中央“放管服”要求，构建政府监管、社会监督、行业自律、机构自治的知识产权服务业监管体系，坚持事前、事中、事后全链条监管，完善以管理和激励相结合的行业自律机制，落实知识产权代理机构依法执业主体责任。

三、对标《纲要》，明确新时期知识产权运用促进工作的总体思路

站在“两个一百年”奋斗目标的历史交汇点上，落实好《纲要》提出的新任务新要求，抓好新时期知识产权运用促进工作，要努力做到更加突出质量第一、效益优先，更加突出夯实基础、营造生态，更加突出融合发展、支撑产业，更加突出深化改革、优化服务，更加突出分类指导、上下联动。

（一）提高政治站位，耕好知识产权高质量发展的“责任田”

《纲要》提出“以推动高质量发展为主题”，知识产权运用促进工作与国家创新体系、现代产业体系、高标准市场体系建设都密不可分，在促进构建新发展格局、推动高质量发展中具有不可忽视的重要作用。运用促进工作是彰显知识产权部门在经济工作主战场中作为和价值的关键，是各级知识产权部门要放在心上、扛在肩上、抓在手中的责任。一是统一思想、提高认识。充分认识到运用促进工作贯穿知识产权全链条保护的始终，将思想和认识统一到习近平总书记关于知识产权工作的一系列重要指示精神上，切实提高政治站位，准确把握“两个转变”的新阶段要求，准确认识知识产权的制度规律和市场规律，牢牢把握做好运用促进工作的重大意义、历史方位、指导原则和路径选择。二是加强学习、增强本领。强化政治引领，全面加强各类法律、政策和业务的学习，有效提升知识产权领域治理能力和治理水平。特别是提高依法行政能力，在知识产权综合立法中主动作为，做到促进与保护并重，规范与激励兼顾，为各项知识产权运用促进工作提供更多法规依据和制度保障。三是狠抓落实、担当作为。把《纲要》部署转化为推动知识产权运用工作的硬招实招，转化为推动知识产权运用工作的生动实践。强化责任意识和底线思维，做到守土有责、守土尽责，加快优化专利商标资助政策，坚决从严处置违法代理机构，不断改善行业秩序，助力高质量发展。

（二）加强协调联动，弹好知识产权运用促进工作“协奏曲”

知识产权运用促进工作点多、线长、面广，涉及知识产权各门类和全链条，与科技、产业、财政、金融、贸易等各方面政策密切相关，需要树立系统观念，综合施策、协同治理。一是加强横向协调和纵向联动。加强与相关部门政策融合和工作联动，推动将知识产权政策融入国家重大部署，主动服务地方中心工作和产业发展。支持建立局省市联动的制度性安排，加强基层队伍建设和条件保障，确保知识产权强国和强省建设的各项任务在市县层面分解落实、落地生根。二是加强综合运用和综合治理。充分发挥专利、商标、地理标志等各类知识产权的组合效应，提升知识产权工作的贡献度和显示度。加强专利、商标、地理标志的政策互通和项目集成，鼓励企业知识产权综合运用，提升产业知识产权综合实力和竞争力。强化知识产权服务业共治共管，完善本地监管办案工作衔接机制和跨区域协作机制。三是加强分类指导和改革探索。研究制定差异化的区域知识产权政策，探索构建与区域发展水平相匹配相适应的知识产权管理体制和工作体系。围绕国家重大区域战略，坚持“一省一策建强省”，深化合作会商工作机制，深入推进知识产权强市强县试点示范，建设知识产权强国隆起带和强市群。发扬基层首创精神，对于探索性、开创性的工作，支持有条件的地区先行先试，在改进完善中升级发展，并挖掘总结典型经验，加以复制推广。

（三）坚持价值导向，建好知识产权运营体系“生态圈”

围绕“以用为要、以用促治、以用增效”，建设好知识产权运营体系，通过有效运用制度、经营权利，努力提升和实现知识产权价值，在畅通流转、金融赋能的基础上实现转化见效。实施知识产权运营体系建设工程，健全运行高效顺畅、价值充分实现的运用机制，筑牢织密知识产权运用促进网。一是在创造源头上抓质量。淡化数量情结，正确看待指标，坚定不移走高质量发展之路。落实好中央企业、高等学校、科研组织知识产权高质量发展的一系列政策要求，引导建立以企业为主体、市场为导向的高质量创造机制。加快建立财政资助科研项目形成知识产权的声明制度，推进知识产权试点示范高校建设，深化国有知识产权权益分配改革。二是在产业促进上求实效。以成果运用为导向，培育专利密集型产业，探索科学核算专利对产品价值的贡献度，建立健全与经济、产业等部门的专利导航工作对接落实机制。深入实施商标品牌战略，打造特色鲜明、竞争力强、市场信誉好的产业集群品牌和区域品牌。实施地理标志运用促进工程，发展地理标志特色产业，开展助力乡村振兴行动。三是在服务生态上促融合。培育发展知识产权服务业，完善知识产权服务链条，构建多元融合的服务生态。在运营重点城市基础上打造升级版的运营服务体系，发挥好专利转移转化增长的“领头羊”和服务的策源地作用，实现知识产权市场化运营的循环和畅通。充分利用现有资金渠道和政策资源，扎实推进专利转化专项计划方案的实施。

四、落实《纲要》，扎实推进新时期知识产权运用促进各项重点任务

一是提升创造质量运用效益，更实举措完善知识产权高质量创造机制。强化高质量发展政策导向，坚决落实全面取消各级专利、商标申请阶段资助的要求，重点加大对后续转化运用的支持。优化高质量产出评价机制，支持建立健全国家科技项目全过

程知识产权管理机制，分类合理设置知识产权产出目标和评价指标。建立财政资助项目形成专利声明制度，引导项目承担单位在专利申请时做好资助信息声明，强化财政投入知识产权产出的有效监测和绩效分析。提升高质量创造主体能力，扎实落实中央企业、高校、科研组织知识产权高质量发展政策文件，深入推进知识产权优势示范企业培育建设，推广国际创新与知识产权管理标准体系，加强试点示范高校建设。

二是服务区域产业发展，更深层次健全知识产权运用机制。加强与产业部门协调联动，推动知识产权与产业政策深度融合，构建知识产权服务支撑关键核心技术攻关的工作体系和长效机制，与国防科工局开展新一轮战略合作，深化知识产权试点示范园区建设。深化专利导航产业创新发展，组织实施重点产业专利导航项目，推广实施《专利导航指南》系列国家标准，布局建设国家专利导航服务基地，组织专利导航项目成果入库备案。强化商标品牌有效运用，深入实施商标品牌战略，在全国布局建设一批商标品牌指导站，加强产业集群品牌和区域品牌商标化，指导发布年度商标品牌发展指数报告。开展地理标志助力乡村振兴行动，加强对地理标志运用促进工程重点项目的指导联系和支持投入，探索地理标志品牌运营，促进地理标志与旅游、文创等关联产业相融互促。

三是畅通渠道实现价值，更高标准建立知识产权市场化运营机制。实施运营体系建设工程，指导建设期满的重点城市延续和深化行之有效的政策和项目，打造升级版运营服务体系，在重点产业和区域支持建设一批运营中心，出台运营中心建设指引。深入实施专利转化专项，完善专项计划评价绩效目标设置，引导聚焦高校院所和中小企业精准施策，全面推动专利产品备案。规范探索融资模式创新，深入开展知识产权质押融资入园惠企行动，建立健全质押融资的风险分担和补偿机制，丰富知识产权保险产品体系，有序开展知识产权证券化试点。深化转化运用改革创新，深化落实知识产权权益分配改革。制定知识产权评估指引国家标准。

四是优化服务供给质量，更严要求构建知识产权服务业监管体系。推动完善代理监管制度，推动出台《商标代理管理办法》和《外国专利代理机构常驻代表机构管理办法》。重拳出击开展专项行动，加快形成打击违法违规代理行为的高压势态。加快建立长效监管机制，实施知识产权代理信用评价管理，上线全国知识产权代理信息公示平台，加强经营异常名录和严重违法失信名单管理。制定促进知识产权服务业发展的政策文件和知识产权服务业相关标准。

五是强化局省市联动支撑，更高起点开展知识产权强国建设示范工作。强化局省市联动，按照“一省一策建强省”的原则，深化合作会商工作机制，高位推动建设知识产权强省。加强省局与城市人民政府共建知识产权强市的制度性安排，突出高质量发展导向，抓实队伍建设和条件保障，坚持“一市一方案”，逐步形成知识产权强市建设梯队，高标准建设知识产权强市群。根据东中西部县域发展特点，以加强县域知识产权工作条件保障和人员能力提升为重点，差异化建设以专利、商标或地理标志为特色的知识产权强县。

新时代擘画新蓝图，新使命呼唤新作为！我们要紧密团结在以习近平同志为核心的党中央周围，坚持以习近平新时代中国特色社会主义思想为指导，增强“四个意识”、坚定“四个自信”、做到“两个维护”，以《纲要》为纲领，锚定强国远景目标，扎实做好知识产权运用促进各项工作，筑牢知识产权强国建设根基，促进构建新发展格局，乘势而上开启新时代知识产权强国建设新征程，向着实现第二个百年奋斗目标奋勇前行！

加快建设便民利民的知识产权公共服务体系

王培章*

知识产权公共服务是知识产权事业发展的基础支撑和基本保障。《知识产权强国建设纲要（2021—2035 年）》（以下简称《纲要》）将知识产权公共服务单独设章，提出“建设便民利民的知识产权公共服务体系”的任务，明确了未来 15 年工作重点和目标方向。我们要全面加强知识产权公共服务工作，把《纲要》相关任务部署落到实处，为知识产权强国建设提供坚实的支撑和保障。

一、近年来知识产权公共服务体系建设取得显著成效

自 2008 年《国家知识产权战略纲要》颁布以来，各级党委政府和知识产权管理部门深入贯彻落实党中央、国务院关于知识产权工作的决策部署，知识产权公共服务意识日益增强，服务基础日益巩固，服务体系日益健全，服务能力持续提升，有力推动

* 王培章：国家知识产权局公共服务司司长。

了知识产权事业快速健康发展。

知识产权公共服务组织机构建设得到全面加强。2018 年政府机构改革中，中央批准在重新组建的国家知识产权局设立公共服务司，各省（区、市）也明确了知识产权管理部门在公共服务方面的职责，有力推动了全国知识产权公共服务工作走上规范化、系统化、协同化的快速发展轨道。

知识产权公共服务政策措施日益丰富。近年来，《中国制造2025》《关于新形势下加快知识产权强国建设的若干意见》《“十三五”国家知识产权保护和运用规划》《关于强化知识产权保护的意见》以及《国家知识产权局关于深化知识产权领域“放管服”改革优化创新环境和营商环境的通知》等政策文件，对知识产权公共服务体系和平台建设作出部署；国家知识产权局印发《关于新形势下加快建设知识产权信息公共服务体系的若干意见》《技术与创新支持中心（TISC）建设实施办法》《高校知识产权信息服务中心建设实施办法》《国家知识产权信息公共服务网点备案实施办法》《知识产权信息公共服务工作指引》等政策文件；北京、江苏、广东等地制定出台地方知识产权公共服务体系建设的政策措施，一系列政策文件的出台为推动知识产权公共服务工作、提升公共服务水平提供了政策引领和依据。

立体化、多层级的知识产权公共服务机构布局初步形成。经过多年建设和培育，全国各省（区、市）、副省级城市及计划单列市的知识产权公共服务机构已实现全覆盖，33% 的地级市设立了综合性知识产权公共服务机构，公共服务主渠道作用日益凸显。广泛动员社会力量参与知识产权公共服务工作，与世界知识产权组织共同建设 101 家技术与创新支持中心（TISC），实现 31

个省级行政区全覆盖；与教育部联合建设 80 家高校国家知识产权信息服务中心，覆盖全国 27 个省级行政区；首批备案的 88 家国家知识产权信息公共服务网点，覆盖全国 30 个省级行政区，推动知识产权公共服务辐射更多行业和企业。全国共有国家级重要公共服务网点 269 家，已初步形成门类多样、覆盖广泛的知识产权公共服务体系，织密织牢知识产权公共服务网的工作目标取得明显成效。

知识产权领域“互联网 +”政务服务成效显著。商标、专利便利化改革深入推进，审查质量效率持续提升。各地积极推动专利代办处、商标受理窗口职能整合和知识产权业务集中受理，部分省（区、市）探索打造智能化、便利化、“一站式”知识产权综合服务大厅。上线“一号对外”电话咨询系统，为社会公众提供专利、商标、集成电路布图设计等知识产权业务“一号式”咨询服务。

知识产权信息传播利用效能快速提升。加强基础数据统筹管理，制定《知识产权基础信息数据规范（试行 2020 版）》《知识产权基础数据优化配置方案》《知识产权基础数据利用指引》等政策文件，为促进知识产权信息资源标准化、规范化，有效提高信息利用效率，提供了基础保证。国家知识产权局不断加大数据开放共享力度，目前 45 种中外专利、商标、集成电路布图设计数据可以免费批量下载，专利、商标开放数据累计下载量分别达 1058. 8TB 和 415TB；同欧盟知识产权局开展商标数据交换，上线欧盟商标查询系统，填补海外商标查询工具空白。持续开展专利检索分析技能培训，信息利用意识和利用能力持续提升。

知识产权公共服务信息化基础设施不断健全。94% 的省

（区、市）、副省级城市、计划单列市以及 26% 的地级市建设有本区域的知识产权公共服务平台。国家知识产权公共服务网上线运行，初步实现知识产权业务、政务服务、信息服务“一网通办”。国家知识产权保护信息平台立项工作稳步推进。

二、充分认识加快建设知识产权公共服务体系的重要意义

习近平总书记高度重视知识产权公共服务体系建设工作。2016 年 12 月，习近平总书记在中央全面深化改革领导小组第三十次会议讲话时首次提出“打通知识产权创造、运用、保护、管理、服务全链条”“构建便民利民的知识产权公共服务体系”。2020 年 11 月，习近平总书记在中央政治局第二十五次集体学习时的重要讲话中又突出强调，“要形成便民利民的知识产权公共服务体系，构建国家知识产权大数据中心和公共服务平台，及时传播知识产权信息，让创新成果更好惠及人民”，对知识产权公共服务工作提出了新的更高的要求。各级知识产权管理部门要结合国内外知识产权发展新形势，按照党中央、国务院的新部署新要求，充分认识加快建设知识产权公共服务体系的重要意义。

（一）建设便民利民的知识产权公共服务体系是打通知识产权全链条的必然要求

我国已经进入全面建设社会主义现代化国家的新阶段，建设便民利民的知识产权公共服务体系，是推进我国从知识产权引进大国向知识产权创造大国转变，从追求数量向提高质量转变的必然要求。当前，我国知识产权公共服务体系尚不完备，服务产品

趋同、服务资源分散、基础设施信息化智能化水平不高等问题仍然存在。要找准知识产权公共服务在知识产权全链条中的定位，准确把握其内在要求、发展规律和时代特征，实现全链条服务和服务全链条，促进知识产权与经济社会发展深度融合。

（二）建设便民利民的知识产权公共服务体系是顺应知识产权国际发展趋势的现实需要

当今世界正经历百年未有之大变局，新一轮科技革命和产业变革深入发展，新冠肺炎疫情的暴发加速了国际格局重塑，全球科技创新和知识产权治理面临新的机遇和挑战，国际知识产权发展呈现出新趋势。世界知识产权组织在《2022—2026 年中期战略计划》中提出塑造兼顾各方利益的包容性全球知识产权生态系统的愿景。世界主要发达国家高度重视知识产权公共服务并将其作为知识产权制度的基础支撑。美国专利商标局在《2018—2022 年战略规划》中提出要优化专利、商标质量和审查时效性，促进信息技术现代化，增强用户体验。欧洲专利局在《2023 年战略计划》中提出要完善数字化工作流程，强化用户中心意识，提高产品和服务质量。英国知识产权局《2021—2022 规划》中提出进行知识产权服务转型，提供以客户为中心的现代、高效服务。日本《知识产权推进计划 2021》中提出要建立适应数字化的知识产权生态，促进大数据运用，探索数据开放共享，加强对初创企业和中小企业的服务。由此可以看出，顺应数字化时代要求、实现服务转型已成为主要发达国家知识产权发展的趋势。我们要在把握全球知识产权公共服务发展方向的同时，构建符合我国国情、适应社会公众和创新主体需要的知识产权公共服务体系，不断提升知识产权传播利用效能，为中国企业高质量创新和参与全球科技创新竞争提供智力支持和服务支撑。

（三）建设便民利民的知识产权公共服务体系是推动创新驱动发展和高质量发展的基础支撑

随着我国综合经济实力的不断提高，知识产权综合创新实力快速跃升。我国在2021年全球创新指数排名中跃升至第12位，成为前30位中唯一的中等收入经济体；在2020年全球营商环境排名中跃升至第31位，连续两年进入全球营商环境改善幅度最大的十大经济体。当前，知识产权已经成为评价国家创新发展环境和综合竞争力的重要因素，在引领我国经济结构转型升级和支撑经济高质量发展方面的作用日益凸显。知识产权信息的广泛传播和有效利用，能够有效降低创新成本，缩短创新周期，提高全社会的创新起点和创新质量。我们要立足新发展阶段，顺应新发展需求，以优质高效的知识产权公共服务，为激发全社会创新活力增添新动能，为加强知识产权保护提升新效能，在促进创新转移转化上提供新支撑，在推动创新成果普惠化上有新作为，推动创新资源高效率配置，为实现我国2035年进入创新型国家前列的目标提供有力的支撑。

三、全面落实建设便民利民的知识产权公共服务体系重点任务

《纲要》立足15年周期，坚持需求导向和问题导向，聚焦知识产权公共服务供给、质量和模式，对建设便民利民的知识产权

公共服务体系的重点任务，作出了全面部署和要求。

（一）加强知识产权公共服务供给

要从供给侧求突破，按照《纲要》提出的加强覆盖全面、服务规范、智能高效的公共服务供给，构建政府引导、多元参与、互联共享的知识产权公共服务体系，着力满足社会公众和创新主体日益多样化的需求。

一是完善知识产权公共服务机构布局。织好织密知识产权公共服务网，形成覆盖全面、层级合理的知识产权公共服务机构布局，是建设便民利民的知识产权公共服务体系的基础和前提。“十四五”期间，重点是持续完善主干服务网络，扩大 TISC 等服务网点，在有效发挥现有各类公共服务机构作用的基础上，基本完成重要服务网点布局，解决好知识产权公共服务“最后一公里”问题。进一步扩大公共服务骨干节点规模，充分发挥主渠道作用，在实现省级知识产权公共服务机构全覆盖的基础上，地级市综合性知识产权公共服务机构覆盖率超过 50%，支持更多有条件的县（市、区）建立综合性知识产权公共服务机构。加强公共服务网点布局整体设计，充分整合利用更广泛的社会资源，形成以国家知识产权局直属单位、专利审查协作中心、商标审查协作中心、知识产权保护中心、快速维权中心、维权援助中心、海外纠纷应对指导中心、专利代办处、TISC、高校国家知识产权信息服务中心、国家知识产权信息公共服务网点等为重要网点，以商标业务受理窗口、省级知识产权信息公共服务网点、商标品牌指导站等为一般网点的多门类、多层级、立体化、广覆盖的布局。未来 15 年，将结合区域经济发展和社会创新需求，持续调整优化网点布局，引导各级各类公共服务机构深入挖掘并利用好资源优势，突出差异化、特色化服务，持续提升服务能力和水平。

二是实施知识产权公共服务智能化建设工程。知识产权公共服务智能化建设工程，是提供智能高效公共服务供给的重要手段，重点解决知识产权数据资源和信息服务碎片化、分散化问题。在做好智能化建设工程顶层设计的同时，按照急用先行的建设原则和系统化、模块化的设计原则，推动国家知识产权保护信息平台立项建设工作有序开展，同时，积极争取国家知识产权大数据中心和国家知识产权公共服务平台早日立项、早日建设、早日见效。国家知识产权大数据中心将依托全国一体化大数据中心体系，汇聚全球商标、专利、地理标志、集成电路布图设计等知识产权基础数据，实现知识产权数据与相关经济、科技、法律等信息关联，满足社会公众和创新主体对基础性、权威性、安全性知识产权数据的需要。国家知识产权公共服务平台将对接国家统一政务服务平台，提供一站式智能查询检索、数据开放、专题数据库建设、行业应用、预警分析等基础信息服务和专业工具服务，实现知识产权业务服务、政务服务和信息服务平台建设一体化。各地将建设特色化、差异化、专业化、区域化知识产权专题数据库和公共服务平台，充分发挥国家知识产权大数据中心的汇集中枢和传输枢纽作用，实现各级知识产权数据中心和公共服务平台功能协同、数据互联、成果共享，形成“全国一盘棋”的良好局面。

三是深入推进“互联网+”政务服务。充分利用新技术实现知识产权政务服务“一网通办”和“一站式”服务，满足社会公众和创新主体对知识产权业务易办快办的需求。进一步加大知识产权政务服务集成通办力度，推广知识产权“全类别、全链条、一体化”综合服务模式，做到“只进一扇门”“最多跑一次”，全面提高公共服务便利化水平。提高专利、商标审查相关系统智能化水平，优化审查流程，持续提升知识产权审查质量和审查效率。加强专业便捷的知识产权公共咨询服务，进一步提升专利、商标、集成电路布图设计咨询电话“一号对外”服务能力和水平。会同科技部、工业和信息化部等部门协同发力，健全中小企业和初创企业知识产权公共服务协作协调工作机制。完善国际展会知识产权服务机制，为参展企业提供有效的知识产权保护和咨询宣传服务。

（二）提高知识产权公共服务质量

《纲要》提出加强公共服务标准化、规范化、网络化建设，这是建设便民利民的知识产权公共服务体系的先决条件。

一是加强公共服务标准化建设。标准化建设是促进知识产权公共服务均等化、普惠化、便捷化，提高公共服务质量与效能的基础与保障。当前，知识产权公共服务的内涵与边界虽已逐步明确，但具体承担主体既有政府部门，也有骨干节点、重要网点及一般网点，亟需对服务标准按照不同层级和类别进行统一，使社会公众更好知晓知识产权公共服务事项内容，也为评估各级知识产权管理部门管理服务效能提供标尺。“十四五”期间，将建立健全多层级、多门类的知识产权公共服务清单管理制度，公布工作流程和办事指南，细化服务事项，规范服务标准，明确办理时限。指导各省（区、市）、副省级城市与计划单列市知识产权管理部门编制地方知识产权公共服务事项清单。制定发布 TISC、高校国家知识产权信息服务中心、国家知识产权信息公共服务网点等重要网点共性公共服务事项清单，鼓励TISC等重要网点在此基础上编制发布个性化公共服务事项清单。未来15年，各级知识产权管理部门将紧贴社会需求，适应社会发展与科技进步，建立健全知识产权公共服务事项清单动态管理机制，优化公共服务程序，提升公共服务品质。

二是统筹推进知识产权公共服务机构分级分类建设。分级分类建设和培育知识产权公共服务机构，是适应多元化公共服务需求和推动解决区域发展不平衡问题的必然选择。当前，国家级、省级、地市级公共服务机构纵向联动，TISC、高校国家知识产权信息服务中心、国家知识产权信息公共服务网点横向协同的工作局面已初步成形。未来15年，要按照知识产权公共服务体系顶层设计，结合服务机构特点和区域发展需求，大力发展水平高、能力强的特色化、差异化公共服务机构，健全各级各类公共服务机构经验交流、服务协作和成果共享机制，各展其长、紧密合作，统筹推动不同部门、不同层级、不同区域知识产权公共服务内容有效衔接，形成知识产权公共服务“共振”效应，凝聚公共服务合力。充分考虑区域发展差异，搭建跨地区知识产权公共服务协同协作机制，加强区域间知识产权公共服务资源整合和互联互通，加大向中西部地区的资源倾斜力度，在全国范围内形成知识产权公共服务强大合力。

三是推进知识产权公共服务线上线下融合发展。知识产权公共服务既要有速度又要有温度，既要有广度更要有深度。综合运用线上线下手段开展公共服务，提高知识产权公共服务效率，畅通沟通渠道，是破解知识产权公共服务供需矛盾、提高社会满意度的有效方式。要处理好线下知识产权服务机构建设与线上信息化支撑保障的关系，在不同地区、面对不同服务主体采取不同的服务方式，充分发挥线下公共服务机构传统人工服务的“面对面”优势和线上公共服务平台智能快捷的优势，实现功能互补、协同服务。充分发挥大数据、云计算、人工智能等现代信息技术在公共服务中的“赋能增效”作用，推动形成知识产权公共服务线上线下融合发展新格局，促进全社会共享公共服务发展成果。

（三）创新丰富知识产权信息公共服务模式

提供优质高效的知识产权信息公共服务，是建设便民利民的知识产权公共服务体系的重要内容。要按照《纲要》要求，建立数据标准、资源整合、利用高效的信息服务模式，实现创新资源优化配置，有效服务创新创业。

一是加强知识产权数据标准制定和分级分类管理。数据标准规范是提高信息利用效率的基础保证。“十四五”期间，要进一步加大《知识产权基础信息数据规范》的推广应用力度，加强数据资源分级分类管理和安全管理，建立内容完整、标准规范、动态更新、互联共享、安全可靠的知识产权基础数据资源管理体系，促进知识产权数据与经济、科技等数据深度融合应用。未来15 年，要建立健全知识产权基础数据采集、标引、存储、传输、管理、应用等行业及国家标准。建立动态调整机制，不断健全完善知识产权基础数据资源目录，建立数据分级分类管理责任清单制度。建立完善数据资源质量评估机制，提升数据质量和标准化程度。处理好数据开放与数据隐私保护的关系，加强对数据规范性的审核把关，健全完善知识产权源数据脱敏加工规则。

二是持续推动基础数据的主动供给。加强基础数据资源供给，推动知识产权信息开放共享，是推动创新成果更好惠及人民的重要举措。“十四五”期间，要进一步推进知识产权数据资源的提质扩容，在法律法规许可范围内和确保数据安全的基础上，实现知识产权基础数据应开放尽开放。建立市场化、社会化的信息加工和服务机制，支持专业化服务机构开展基础数据信息深度加工利用和挖掘分析，不断提高知识产权资源的战略价值和社会贡献度。未来 15 年，将着力推动人工智能、区块链等新技术在知识产权数据开发领域的应用。加强知识产权数据国际交换，提升运用全球知识产权信息的能力和水平。规范知识产权数据交易市场，实现知识产权数据要素有序流动和高效配置。

三是充分实现知识产权数据资源市场价值。广泛传播和深度挖掘利用知识产权信息，是实现知识产权数据战略性资源价值和支撑知识产权制度有效运转的重要手段。“十四五”期间，要进一步加强知识产权信息传播利用的统筹管理，指导各级各类公共服务机构结合地方、行业特色和发展需求，开展内容丰富、形式多样的知识产权信息利用和服务工作。推广应用知识产权信息公共服务相关规范指引，分层分类指导各类骨干节点和网点积极开展信息利用相关培训、咨询等服务，提升社会公众和创新主体知识产权信息分析利用能力。各级知识产权管理部门应当坚持以应用为导向，开发一批分层分类信息应用的专题数据库、检索分析工具、公共服务平台等知识产权公共服务产品。鼓励支持各级知识产权管理部门开展知识产权信息检索分析、风险预警等信息传播利用专题研究和成果发布。未来 15 年，要持续提高传播利用效能，积极拓展知识产权信息传播利用渠道，创新知识产权信息传播利用方式，运用数字技术推动传播利用手段、模式和理念创新，进一步推动知识产权数据信息在创新发展中发挥更大的战略价值作用，推动创新成果转化为现实生产力，实现创新发展和高质量发展。

四是推动知识产权信息公共服务和市场化服务协调发展。既要充分发挥市场在资源配置中的决定性作用，更要发挥好政府在知识产权公共服务中的职能作用和主导作用，加快形成公共服务与市场化服务的叠加效应，在更大范围、更深程度上惠及社会公众和创新主体。突出公共服务的便利性、可及性、均等化特点，在政府直接提供或者以政府购买形式提供知识产权公共服务的同时，将知识产权管理部门难以服务精细、服务到位的公共服务事项交由社会化服务机构承担，同时也鼓励市场化服务机构提供公益性服务，推动实现公共服务内容多样化、渠道多元化、效能最大化。而对于高端化、专业化、个性化的知识产权服务，则由市场化专业服务机构承担，推动政府、市场、社会等多元主体在知识产权公共服务和市场化服务之间的合理定位和良性互动，形成叠加效应。

四、强化知识产权公共服务体系建设的支撑保障

建设便民利民的知识产权公共服务体系，提高知识产权公共服务效能，离不开全方位、多层次的公共服务政策、机制、人才和安全保障。

（一）完善公共服务政策保障

健全完善多层级、全方位的知识产权公共服务政策保障体

系。要认真贯彻落实《国民经济和社会发展第十四个五年规划和2035年远景目标纲要》中关于知识产权工作，以及《纲要》和《“十四五”国家知识产权保护和运用规划》中关于知识产权公共服务工作的战略部署，形成知识产权公共服务领域的顶层设计，全面细化落实到《知识产权公共服务“十四五”规划》中，各省（区、市）也要加强知识产权公共服务规划设计和政策协同，形成健全的、从中央到地方的知识产权公共服务政策体系。

（二）健全公共服务工作机制

全面推动《纲要》中知识产权公共服务相关工作在国家和地方层面深入实施，形成上下联动、横向协同、灵敏高效的工作机制。在工作路径上，坚持全国一盘棋，充分发挥各级知识产权管理部门的积极性，加强与科技、教育等部门的统筹协调力度，点、线、面结合，凝聚各方力量。在工作方式上，加强监测评估，开展知识产权公共服务需求监测和满意度测评，加强对《纲要》公共服务工作成效的科学评估。

（三）强化公共服务人才保障

贯彻落实党中央关于深入实施人才强国战略的重大战略部署，以及《纲要》“完善知识产权人才培养、评价激励、流动配置机制”的要求，进一步激发各级知识产权管理干部队伍开展知识产权公共服务的使命感、责任感和紧迫感，打造一支熟练掌握信息化技术、具备一定信息分析处理能力、熟悉知识产权法律法规及业务办理流程的知识产权公共服务人才队伍。加强知识产权公共服务人才分级分类培养，形成多层次、多渠道、宽覆盖的培训网络。结合机构特点和区域需求，进一步充实各类知识产权公共服务机构人才力量，深化人才交流和协作共享，促进人才合理流动和高效聚集。

（四）坚持发展与安全并重

在推动知识产权公共服务不断发展的过程中，必须坚持统筹发展和安全，增强风险意识，树立底线思维，有效防范化解网络安全风险挑战，确保知识产权全链条中各项工作顺利推进。要深刻认识网络安全的极端重要性，全面落实网络安全相关法律法规和网络安全等级保护制度，健全网络安全综合防控体系，完善网络安全工作机制，持续增强网络安全综合保障能力，为开创知识产权公共服务工作新局面提供坚实保障。

深度参与全球知识产权治理
服务构建中国特色、世界水平的
知识产权强国

白光清*

《知识产权强国建设纲要（2021—2035年）》（以下简称《纲要》）是以习近平同志为核心的党中央科学判断国内外发展环境变化，系统分析形势任务，对中长期知识产权事业发展作出的战略部署。国际交流合作是知识产权工作大局的重要组成部分，肩负着维护国家发展和安全利益，营造良好国际环境、争取有利外部条件的重任。《纲要》提出深度参与全球知识产权治理的重点任务，并对积极参与知识产权全球治理体系改革和建设，构建多边和双边协调联动的国际合作网络作出明确安排。我们要深入学习领会，认真贯彻落实，统筹推进知识产权领域国际合作和竞争，更大力度加强知识产权保护国际合作，为实现中国特色、世界水平的知识产权强国建设战略目标，服务和推动高质量发展作出应有贡献。

* 白光清：国家知识产权局国际合作司司长。

一、加强知识产权保护国际合作工作的重要意义

（一）统筹推进知识产权领域国际合作和竞争是党中央交给我们的重要任务

党的十八大以来，习近平总书记对知识产权国际合作工作作出一系列重要指示论述。习近平总书记指出“各级领导干部要增强知识产权意识……既学会运用知识产权制度推动经济社会高质量发展，又学会利用知识产权制度开展国际合作和竞争”，要求保护在华外资企业合法知识产权，同时希望外国政府加强对中国知识产权的保护，强调“要敢于斗争、善于斗争，决不放弃正当权益，决不牺牲国家核心利益”，明确“秉持人类命运共同体理念，坚持开放包容、平衡普惠的原则，深度参与世界知识产权组织框架下的全球知识产权治理，推动完善知识产权及相关国际贸易、国际投资等国际规则和标准，推动全球知识产权治理体制向着更加公正合理方向发展”，为新时期知识产权国际合作工作提供了根本遵循和行动指南。

（二）更大力度加强知识产权保护国际合作是推动高质量发展的现实需要

当前，我国已转向高质量发展阶段，立足新发展阶段，知识产权是国际竞争力的核心要素，也是国际争端的焦点，需要加强知识产权保护国际合作，维护正当权利，保护核心利益，有效保护我国自主研发的关键核心技术、防范化解重大风险。贯彻新发

展理念，需要加强知识产权保护国际合作，努力打破制约知识、技术、人才等创新要素流动的壁垒，推动各国创新合作，促进创新成果共享；发挥知识产权在践行绿色发展理念中的独特作用，因地制宜地运用知识产权支撑品牌经济、文化产业和特色经济发展，促进区域协调发展。推动形成以国内大循环为主体，国内国际双循环相互促进的新发展格局，需要加强知识产权保护国际合作，更好联通国内国际两个市场、两种资源，服务国际优势资源“引进来”和我国企业“走出去”，助推高水平自立自强。

（三）深化知识产权领域对外交流合作是推动中国特色知识产权事业发展的内在要求

回顾我国知识产权发展历程，我们用了几十年时间，实现了从无到有、从小到大的历史性跨越，成为名副其实的知识产权大国。在我国知识产权制度建立伊始，便通过交流合作，充分吸收借鉴国外的先进成功经验，与世界知识产权组织和国外知识产权机构建立了良好关系，相继加入了专利、商标、版权等领域的多个知识产权国际公约，为构建符合中国国情、适应国际规则的知识产权制度作出了应有贡献。目前，我国已加入几乎所有主要的知识产权国际公约，与全球80多个国家、地区及国际组织建立了知识产权合作关系，积极履行知识产权保护国际义务，支持和援助发展中国家能力建设，国际话语权和影响力持续提升，知识产权战略实施成效获得国际社会普遍认可，在全球创新指数报告中的排名升至第12位，日益成为知识产权国际规则的坚定维护者、重要参与者和积极建设者，并将为知识产权强国建设作出新的更大贡献。

二、正确认识现阶段知识产权国际形势

（一）知识产权国际合作取得新的显著成绩

党的十八大以来，习近平总书记等党和国家领导人见证一系列知识产权国际合作协议签署，多次在重大国际场合阐明中国依法严格保护知识产权的鲜明立场和坚定决心。国家知识产权战略实施取得的成就，得到世界知识产权组织和国际社会普遍认可，成为发展中国家实施知识产权战略的典范。

成功举办两届“一带一路”知识产权高级别会议，习近平总书记向 2018 年会议致贺信。建立常态化的“一带一路”知识产权合作机制，8 个务实合作项目取得重要成果，涵盖保护合作、审查业务合作、基础能力建设等多个方面。积极参与世界知识产权组织框架下的多边事务，推动首个在中国签署并以中国城市命名的知识产权国际条约《视听表演北京条约》正式生效，签署了《关于为盲人、视力障碍者或其他印刷品阅读障碍者获得已出版作品提供便利的马拉喀什条约》。与世界知识产权组织双边合作全方位深化，世界知识产权组织中国办事处落户北京，与世界知识产权组织成功签署加强“一带一路”知识产权合作协议。完成中美第一阶段经贸协议和《区域全面经济伙伴关系协定》（RCEP）知识产权章节磋商，推动中欧达成世界上规模最大的地理标志保护与合作协定。中美欧日韩、金砖国家、中日韩、中蒙俄、中非、中国—东盟等小多边知识产权合作机制得到巩固和深化，与欧洲专利局和欧盟知识产权局的战略合作实现新突破，与

传统合作伙伴、周边及发展中国家的交流合作取得一批重要成果，多边、周边、小多边、双边“四边联动、协调推进”的国际合作格局基本形成。

完成建设 100 家世界知识产权组织技术与创新支持中心（TISC）首期目标。我国制定的《企业知识产权管理规范》由世界知识产权组织向全球推荐。中国有效发明专利可在柬埔寨登记生效，实现老挝对中国发明专利审查结果的认可，专利审查高速路（PPH）合作伙伴达到30 个。企业运用多双边知识产权国际合作成果进行海外知识产权布局的渠道和方式不断丰富，保护海外知识产权的能力持续增强。

在全面建成小康社会的决胜阶段，知识产权国际合作工作为我国知识产权事业发展营造了良好外部环境，为促进国家高水平对外开放提供了有力支撑。

（二）知识产权国际合作面临许多新的机遇和挑战

当今世界正经历百年未有之大变局，全球新冠肺炎疫情的影响广泛而深远，新一轮科技革命和产业变革深入发展，国际创新版图和知识产权综合实力对比深刻调整，知识产权已成为大国竞争的重要筹码、全球治理的重要工具和维护国家安全的重要手段。知识产权对国际政治、经济、科技、贸易、文化、安全等方面的影响日益增强，越来越受到世界各国各地区的广泛重视。在复杂多变的发展环境中，我国经济长期向好，科技创新活跃，大数据、人工智能、基因技术等新领域新业态蓬勃发展，知识产权制度优势明显，综合实力显著提升，保护体系不断健全，保护意识明显提升，保护力度不断加强，这些都构成知识产权国际合作的有利条件。

同时，高质量知识产权远远不足，关键技术领域核心知识产权缺乏，海外申请和获得知识产权授权的比例较低，知识产权进出口逆差较大，后疫情时代知识产权国际合作机制面临调整创新，推动全球知识产权治理体制变革和完善的能力有待进一步提升，知识产权国际风险防范和应对还比较被动，影响知识产权国际舆论的渠道和方式亟需拓展，市场主体应对海外知识产权纠纷能力明显不足，企业海外知识产权保护不充分，中高端国际化人才培养需要提速。必须从国家战略高度和进入新发展阶段要求出发，创新合作方式方法，加强内外平衡保护，讲好中国知识产权故事，推动我国知识产权工作再上新台阶。

三、全力做好新时期知识产权国际交流合作

针对知识产权国际合作，《纲要》提出的发展目标是：到 2035 年，全方位、多层次参与知识产权全球治理的国际合作格局基本形成，中国特色、世界水平的知识产权强国基本建成。《纲要》要求秉持科学治理、合作共赢的工作原则，坚持人类命运共同体理念，以国际视野谋划和推动知识产权改革和发展，推动构建开放包容、平衡普惠的知识产权国际规则，让创新更多惠及各国人民。围绕上述发展目标和工作原则，《纲要》对重点任务作出安排，明确了具体举措，归纳起来有以下几个方面的内容。

（一）秉持人类命运共同体理念，积极参与全球知识产权治理

习近平总书记指出，“要秉持人类命运共同体理念，坚持开

放包容、平衡普惠的原则，深度参与世界知识产权组织框架下的全球知识产权治理，推动全球知识产权治理体制向着更加公正合理方向发展”。作为知识产权领域国际合作的推动者和多边主义的倡导者，我国致力于运用知识产权促进共同发展的愿望从未改变。党的十八大以来，随着知识产权综合实力的快速提升，我国更加积极、更加深入地参与全球知识产权治理体系改革和建设，在国际秩序和体系中发挥着越来越重要的作用。

当前，新兴市场国家和一大批发展中国家经济科技实力快速发展，在全球创新版图中的影响力不断提升，同时，以大数据、人工智能等为代表的新领域新业态不断涌现，国际社会对数据、遗传资源、民间文艺、传统知识等方面加强知识产权保护的呼声渐起，加强全球知识产权治理、推动知识产权治理体系改革成为大势所趋。作为知识产权大国，我国有能力也有责任在全球知识产权事务中发挥更大作用，同各国一道为解决知识产权全球挑战作出更大贡献。《纲要》指出：积极参与知识产权全球治理体系改革和建设，积极维护和发展知识产权多边合作体系，加强在联合国、世界贸易组织等国际框架和多边机制中的合作。

世界知识产权组织和世界贸易组织是全球知识产权多边治理体系中的重要平台。世界知识产权组织是联合国框架下负责知识产权事务的专门机构，在通过国家间合作，促进世界范围内创新和知识产权保护等方面发挥了重要作用。世界贸易组织负责管理与经贸相关的知识产权国际条约，对国际贸易、国际投资相关知识产权规则和标准有较大影响。

参与全球知识产权治理，要深度参与世界知识产权组织、世界贸易组织等平台有关知识产权的议题磋商，积极践行人类命运共同体理念，以开放包容、平衡普惠的原则，推动对知识产权多边条约，以及知识产权相关国际贸易、国际投资等规则和标准进行合理、必要的改革，以更加平衡地反映大多数成员国的利益和意愿。要深度参与世界知识产权组织管理的专利、商标、外观设计和地理标志等服务体系的调整和完善；积极推进与经贸相关的多双边知识产权对外谈判磋商，助力我国企业“走出去”，实现国际化发展。

参与全球知识产权治理，要坚持从我国国情出发，坚持发展中国家定位，把维护我国利益同维护发展中国家整体利益结合起来，坚定支持增强发展中国家在知识产权国际事务中的代表性和话语权，与国际社会一道共同推动全球知识产权治理体制向更加公正合理的方向发展。要促进联合国 2030 年可持续发展目标在知识产权领域的落实，加大对最不发达国家和地区的技术援助，支持最不发达国家和地区提高其自主发展能力，推动解决全球发展失衡、技术鸿沟等问题。

参与全球知识产权治理，要继续发挥我国独特优势，既注重与发达国家和地区沟通协作，也加强与新兴市场国家和发展中国家的团结合作，支持中美欧日韩五局、金砖国家等知识产权合作机制在国际规则形成中发挥重要作用，推动更多合作成果转化为国际规则和标准。要通过交流合作，完善知识产权审查制度，促进审查理念更新、技术革新、工作创新，不断提升运用全球知识产权信息的能力和水平，提高专利审查国际业务承接能力，推动我国专利审查标准“走出去”。

（二）以共商共建共享原则，推动“一带一路”知识产权国际合作

共建“一带一路”是习近平总书记深刻思考中国和世界发展大势，推动中国和世界合作共赢、共同发展作出的重大决策。习近平总书记非常重视知识产权在共建“一带一路”中的重要作用，在向2018年“一带一路”知识产权高级别会议致贺信中指出，中国将坚定不移实行严格的知识产权保护，希望与会各方加强对话，扩大合作，实现互利共赢；在第二届“一带一路”国际合作高峰论坛开幕式上强调，更大力度加强知识产权保护国际合作，创造良好创新生态环境，推动同各国在市场化法治化原则基础上开展技术交流合作。

当前，通过成功举办两届“一带一路”知识产权高级别会议和持续开展8个务实合作项目，“一带一路”知识产权合作已完成夯基垒台、立柱架梁，正向砌砖搭瓦、雕梁画栋阶段发展。《纲要》明确要深化与共建“一带一路”国家和地区知识产权务实合作，打造高层次合作平台，推进信息、数据资源项目合作，向共建“一带一路”国家和地区提供专利检索、审查和培训等多样化服务。

我们要聚焦重点，深耕细作，务实推动“一带一路”知识产权合作向纵深发展。要在合作机制上下功夫，探索后疫情时期“一带一路”合作新机制新模式，完善“一带一路”高级别对话合作机制，倡导知识共享、合作共赢，为推进更深层次合作凝聚更多共识。要在务实合作项目上下功夫，在深入推进已有合作项目基础上，开展项目库建设；充分利用线上线下多种形式、官产

学研多种资源，加强条件保障，完善配套支持，推动合作项目取得更多积极进展。

要注重授人以渔，围绕能力建设、意识提升和经验分享开展卓有成效的交流合作，继续开展面向共建国家的学位教育和短期培训，分享我国知识产权经验，提高其自主发展能力。要推进知识产权信息和数据资源项目合作，推进知识产权数据信息资源开放共享，探索为共建国家提升审查自动化水平提供支持。要拓展商标和地理标志领域合作，让更多优质商品在共建“一带一路”的国家间流动，促进共建国家经济社会发展和人民生活水平提高。

（三）以优化国际合作布局为依托，扩大知识产权领域“朋友圈”

近年来，我们立足知识产权事业发展需求，统筹推进多边、周边、小多边、双边知识产权国际合作，知识产权国际合作网络不断扩大，构建起多层次、立体化的知识产权国际合作格局。

大局合作走向深入。2017 年，与欧洲专利局确立全面战略伙伴关系，全面推进数据交换、联合专利分类、《专利合作条约》国际检索单位等全方位多层次合作。2012 年，与欧盟知识产权局建立战略合作伙伴关系，在法律政策、外观设计、信息化等合作基础上，于 2020 年实现两局商标数据互换。中美合作总体稳定，合作内容纳入中美第一阶段经贸协议，与美民间机构保持良好沟通。2015 年，在苏州举办的中美欧日韩发明五局局长会上，首倡“为用户和公众提供更好服务”的理念；2016 年主办中美欧日韩外观设计五局年度会议；深度参与中美欧日韩商标五局合作。

2018 年，在武汉举办中日韩局长会，推动中日、中韩和中日韩合作机制进一步优化。

周边合作持续深化。向南，与东盟及其成员国保持十多年卓有成效的互动交流，定期举办局长会、研讨会和培训班等活动；2016 年，启动中新知识城知识产权运用和保护综合改革试点；延长与马来西亚的 PPH 试点，与泰国开展地理标志领域合作；与越南、印尼签署升级版合作谅解备忘录。向西，与海湾阿拉伯国家合作委员会专利局在专利审查、人员培训等领域合作进一步深化；2016 年与乌兹别克斯坦签署政府间合作协议，2018 年与塔吉克斯坦签署政府间合作协议；开展与以色列和沙特 PPH 合作。向北，与蒙俄保持良好合作势头，自 2013 年起，连续举办三局局长会及业务研讨会；与俄罗斯在 PPH 和数据交换领域成果丰富。

与传统合作伙伴和发展中国家友谊不断巩固。举办中德合作 40 周年、中英合作 25 周年等纪念活动；召开 32 次中法专利混委会，2019 年签署中法地理标志合作议定书；2017 年，与瑞士签署两局合作谅解备忘录；2020 年，与波兰开展联络员试点项目；多次举办中国—维斯格拉德集团知识产权研讨会；与挪威、丹麦、匈牙利等国开展 PPH 合作。持续引领金砖国家知识产权合作，知识产权内容写入 2017 年《金砖国家领导人厦门宣言》；成功举办两届中非知识产权制度与政策高级研讨会，与非洲两大地区知识产权组织及其成员国保持密切交流；连续举办多期面向拉美地区的知识产权培训班，开通与巴西、阿根廷、智利等国 PPH 试点。

《纲要》提出，构建多边和双边协调联动的国际合作网络。加强与各国知识产权审查机构合作，推动审查信息共享。积极发挥非政府组织在知识产权对外交流合作中的作用。今后，要研究制定差异化的国际合作政策，深化拓展与不同发展阶段的国家关系，扩大同各方利益交汇点，开展多层次、有特色的交流合作。探索以共建“一带一路”为主线，欧美日韩合作为支点，传统合作伙伴和发展中国家为基础，世界知识产权组织为重要平台，优化合作布局，构建多边和双边协调联动的国际合作网络。

一是推进更高水平的战略互信。加强知识产权发展战略和规划协调，推动《纲要》同世界知识产权组织及欧洲专利局等国际和地区性组织发展规划相互促进、协同增效。创新合作方式，在已签署的合作文件持续落实见效的基础上，推动商签更多升级版合作协议，有针对性地拓展和深化商标、地理标志领域合作。

二是推进与各国审查机构的交流互鉴。进一步强化知识产权基础设施建设，加强数据信息资源开放共享，强化审查业务合作，深化审查流程和标准的交流，减少不必要的重复工作，推动知识产权人才培养合作，加强人员交流，实施能力建设相关援助，促进共同发展。

三是推进更加严格的知识产权保护。呼吁各国更大力度加强知识产权保护国际合作，加强知识产权执法经验交流和信息交换，强化跨境执法协作，共同打击知识产权侵权行为，共同提升公众知识产权意识，树立尊重知识产权的良好风尚。

四是推进知识产权领域公共外交。积极发挥非政府组织在知识产权国际交流合作中的作用，拓宽企业参与国际和区域性知识产权规则制修订途径。推动国内服务机构、产业联盟等加强与国外相关组织的交流合作。建设具有国际水平的知识产权智库，开展具有国际影响力的研讨交流活动。

（四）坚持以国家核心利益为底线，维护知识产权领域发展利益

当前，随着我国企业进入国际市场的步伐日益加快，越来越多的中国企业开始进行海外知识产权布局，企业发展中遭遇的海外知识产权纠纷和诉讼也明显增多。《纲要》聚焦海外知识产权纠纷应对存在的难点和痛点，提出加强中央在知识产权保护涉外事宜统筹方面事权。加强知识产权对外工作力量。拓展海外专利布局渠道，推动地理标志互认互保。建设知识产权涉外风险防控体系。强化知识产权海关保护，推进国际知识产权执法合作。鼓励高水平外国机构来华开展知识产权服务。提升知识产权仲裁国际化水平。打造国际知识产权诉讼优选地。

要理顺体制机制，强化对外工作力量。适当加强在知识产权保护涉外事宜统筹方面的中央事权，健全涉外知识产权工作统筹协调机制，充分发挥中央和地方两方面积极性，形成更大工作合力，不断增强在国际知识产权领域说话办事的能力。加强知识产权涉外工作人才队伍建设，建设一支政治坚定、业务精湛、作风过硬、纪律严明的工作队伍。继续加强我国驻外使领馆知识产权对外工作，稳步推进知识产权联络员试点项目，为我国企业在海外提供及时有效的知识产权保护支持。

要拓展海外知识产权布局渠道。继续加强专利审查高速路合作网络建设，加快完成我国加入《工业品外观设计国际注册海牙协定》工作，推动企业、科研机构、高等院校等灵活运用各种多双边合作渠道，开展海外知识产权布局。加强与国外地理标志审查认定机构的交流合作，推动地理标志互认互保。

要提升海外知识产权风险防控能力。加强事关国家安全的关键核心技术的海外知识产权保护，依法管理涉及国家安全的知识产权对外转让行为。形成高效的国际知识产权风险预警和应急机制，建设知识产权涉外风险防控体系，加大对我国企业海外知识产权维权援助。加强与国外知识产权执法机构在打击侵权假冒、开展执法协作等方面的协调合作，强化海关跨境合作机制，提升执法协作水平。鼓励高水平外国机构来华开展知识产权服务，提升知识产权仲裁国际化水平，打造国际知识产权诉讼优选地，推动更多外国企业选择在中国解决知识产权纠纷。

（五）加强国际传播能力建设，营造客观友好的外部舆论环境

习近平总书记指出，“要拓展影响知识产权国际舆论的渠道和方式，讲好中国知识产权故事，展示文明大国、负责任大国形象”。舆论是影响知识产权事业发展的重要因素，要真实、全面、立体地介绍中国特色知识产权发展道路，为知识产权强国建设营造有利的外部舆论环境。《纲要》提出，要构建内容新颖、形式多样、融合发展的知识产权文化传播矩阵。塑造中国商标品牌良好形象，加强中国商标品牌和地理标志产品全球推介。

要加强外宣平台建设。建立以内容建设为根本、人才队伍为支撑、舆情引导为保障的外宣工作平台。加大外宣信息供给，通过最佳实践和典型案例，讲好中国知识产权故事。紧扣世界知识产权日等重大活动和关键时间节点，开展专题策划宣传。统筹使用知识产权审查人才、专家和学者等方面力量，提高讲好中国知识产权故事的能力。

要系统宣介中国知识产权主张。高举人类命运共同体大旗，

全面阐释中国知识产权事业发展对世界知识产权生态系统建设的积极贡献。在多双边平台主动介绍中国知识产权制度、理念和文化，讲好中国特色知识产权发展之路的故事，分享中国知识产权发展有益经验，推送中国优秀知识产权案例。

要持续扩大交流融通。加大在海外举办中国知识产权制度巡回研讨会力度。密切与国外驻华知识产权专员交流，定期召开驻华使馆信息沟通会，适时组织要情通报会。办好涉外培训班、局涉外教师海外授课、学位教育等援外项目。积极塑造中国商标品牌良好形象，加强中国商标品牌和地理标志产品全球推介，提升“中国制造”美誉度，让更多优质中国产品和服务惠及海内外。

蓝图已经绘就，使命催人奋进。要进一步学懂弄通做实习近平新时代中国特色社会主义思想，深入学习贯彻习近平外交思想，坚持党对知识产权国际合作工作的集中统一领导，坚持优良的对外工作作风，树立正确历史观、大局观、角色观，统筹国内国际两个大局，加强顶层设计和战略谋划，坚持底线思维，注重工作实效，不断开创知识产权国际合作新局面，既为知识产权强国建设营造良好的外部环境，也为优化全球知识产权生态系统、构建人类命运共同体贡献中国智慧与中国方案。

全面加强知识产权人才队伍建设
汇集凝聚知识产权强国建设磅礴力量

王岚涛*

实施知识产权战略，人才是根本；建设知识产权强国，人才是核心。中共中央、国务院印发《知识产权强国建设纲要（2021—2035 年）》（以下简称《纲要》），擘画全面建设知识产权强国新征程的宏伟蓝图，面向未来 15 年对知识产权工作作出重大战略部署，与进入新发展阶段、贯彻新发展理念、构建新发展格局同步谋划、整体推进，体现了对新时代中国特色社会主义现代化建设支持体系的战略考量，意义重大深远。《纲要》明确提出"建设促进知识产权高质量发展的人文社会环境"，这是我们党从国家战略高度，对知识产权人才工作作出权威部署。深入贯彻落实《纲要》精神，加强知识产权人才队伍建设，营造更加开放、更加积极、更有活力的知识产权人才发展环境，对于知识产权强国建设具有重要意义。

* 王岚涛：国家知识产权局人事司司长。

一、在新的起点上深刻认识加强知识产权人才队伍建设的重大意义

人才兴则民族兴，人才强则国家强。历史和现实表明，人才是社会文明进步、人民富裕幸福、国家繁荣昌盛的重要推动力量。习近平总书记在中央人才工作会议发表重要讲话时强调，要深入实施新时代人才强国战略，加快建设世界重要人才中心和创新高地，更进一步凸显了人才对于社会主义现代化建设的重要意义。

知识产权人才是发现人才的人才，保护人才的人才，激励人才的人才，是知识产权事业的第一资源，是知识产权高质量发展的先决条件，是建设知识产权强国的战略支撑。习近平总书记在中央政治局第二十五次集体学习时强调指出，要“重视知识产权人才队伍建设”，站在党和国家战略及全局的高度，强调了人才对知识产权强国建设的重要性，对知识产权人才工作提出了明确要求和根本遵循，也为知识产权人才事业发展指明了方向。

党和国家历来高度重视知识产权人才工作，实施知识产权战略以来特别是党的十八大以来，提出了一系列加强知识产权人才工作的政策措施，印发了《关于强化知识产权保护的意见》《国务院关于新形势下加快知识产权强国建设的若干意见》《“十三五”国家知识产权保护和运用规划》《深入实施国家知识产权战略行动计划（2014—2020 年）》等一系列重要文件，要求加强知识产权相关学科专业建设，优化知识产权人才成长体系，加强知识产权专业人才队伍建设。2019 年，国家职称体系经济序列中增

设知识产权专业，知识产权人才发展体制机制和政策环境进一步优化。知识产权从业人员超过100万人，知识产权人才队伍结构进一步优化，人才能力素质全面提升，知识产权人才工程项目实施效果明显，知识产权人才工作取得了显著进步，为知识产权事业发展提供了坚实的人才保障。但我们也应当看到，知识产权人才工作还存在一些短板和问题，知识产权人才工作体系有待进一步健全，知识产权人才培养和评价等机制尚需进一步完善，知识产权人才结构还不能完全满足强国建设的需要。

致天下之治者在人才。未来15年，是我国全面建成小康社会、实现第一个百年奋斗目标之后，乘势而上开启全面建设社会主义现代化国家新征程、实现第二个百年奋斗目标的重要时期。时代呼唤人才，人才造就伟业。站在实施《国家知识产权战略纲要》收官和加快建设知识产权强国的历史交汇点，我们要深入学习贯彻落实习近平总书记关于知识产权工作和人才工作的重要指示论述精神，围绕知识产权强国建设的总体目标，牢固树立人才是实现民族振兴、赢得国际竞争主动的战略资源的理念，切实加强知识产权人才工作，以更加积极的政策、更加明确的任务、更加有力的举措，营造更加开放、更加积极、更有活力的知识产权人才发展环境，培养造就大批德才兼备的知识产权高素质人才，聚天下英才而用之，让各类知识产权人才的创新活力竞相迸发，更好地发挥知识产权人才在促进建设现代化经济体系、激发全社会创新活力、推动构建新发展格局等方面的重要作用，为建设中国特色、世界水平的知识产权强国提供坚实的人才支撑。

二、准确把握新时代知识产权人才队伍建设的重要原则

思想是行动的先导，理论是实践的指南。营造更加开放、更加积极、更有活力的知识产权人才发展环境，需要坚持以下几项原则。

一要坚持党对人才工作的全面领导。坚持党管人才原则，深入学习贯彻习近平新时代中国特色社会主义思想，充分发挥党的思想政治优势、组织优势和密切联系群众优势，将思想政治工作与知识产权人才工作相结合，进一步加强和改进党对知识产权人才工作的领导，让思想政治工作为知识产权人才工作保驾护航。

二要坚持需求导向质量优先。紧紧围绕知识产权强国建设总体目标和各项任务，坚持高质量发展方向，以提高人才能力素质和使用效益为中心，突出“优增量”与“强存量”相结合，着力解决知识产权人才培养和发展过程中的关键问题，通过推动高校优化知识产权人才供给，完善人才培养、培训与人才评价深度衔接融合，稳定、持续、创新地推进各级各类知识产权人才队伍的规模扩大、结构优化和层次提升。

三要坚持系统谋划重点推进。为了适应知识产权强国建设对知识产权人才工作提出的新要求，必须紧扣发展，不断创新人才工作理论和人才政策，坚持系统培养、科学评价、高效使用、促进流动、激励成长的知识产权人才发展方针，深入开展人才理论研究，积极探索人才资源开发规律，适应创新主体需求，突出“整体谋划”与“重点推进”相结合，用最新理论成果武装头脑、指导实践、推动工作。

三、在新发展阶段切实做好知识产权人才队伍建设各项重点任务的贯彻落实

《纲要》坚持系统谋划、目标导向、问题导向，聚焦制度完善、机制创新，对营造更加开放、更加积极、更有活力的知识产权人才发展环境作出了具体部署。我们要以习近平新时代中国特色社会主义思想为指导，按照《纲要》的要求和部署，加强前瞻性思考、全局性谋划、战略性布局、整体推进，全面落实好强化国家战略力量的各项任务举措。

根据知识产权的特性和规律，知识产权人才最突出的特点是复合性和应用型。一是复合性。根据对知识产权学科的统计研究，知识产权主要涉及法学、经济、管理、理学和工程学等多个学科门类，呈现出自然科学和社会科学交叉复合的重要特性。这就要求知识产权专业人才要具备与工作实践相适应的法律、经济、经营、管理、理工等知识背景和实践技能，成为懂经营、懂管理、懂技术的知识产权复合性人才。二是应用型。知识产权是一门实用性很强的学科，经济社会发展对知识产权人才的需求主要在于实务操作和市场应用。据有关机构调查显示，社会对理工科背景的知识产权法律、运营、管理等应用型人才需求巨大。所以人才培养应多关注实务相关内容，锻炼实务工作能力。

（一）坚持顶层设计和系统布局，完善知识产权人才培养体系

知识产权人才工作，基础在培养。建设知识产权强国，没有百年树人的战略眼光，没有科学有效的人才培养机制，就难以形

成人才辈出的生动局面。这些年来，知识产权人才培养工作坚持高端引领、整体推进，加快构建科学的人才培养体系，着力培养更多适应高质量发展，强化知识产权创造、保护、运用的各类人才，全国知识产权人才资源总量大幅增加，达到 69 万人，成果丰硕。

知识产权人才培养体系是知识产权人才的最大动力，从根本上决定知识产权人才规模、结构和质量。要充分发挥高校知识产权人才培养主力军作用，全方位加强知识产权人才培养。

1. 推动论证设置知识产权专业学位

专业学位是培养社会特定职业和岗位实际工作需要的应用型高层次专门人才的学位类型。2018 年以来，为进一步加强高层次应用型知识产权人才培养，满足我国经济社会发展对知识产权人才的需要，在教育部的大力支持下，国家知识产权局开展了知识产权专业学位申请设置的有关工作。成立了专业学位申请设置工作领导小组和专家工作组，组织 20 余项重点课题研究，形成数十万字的论证支撑材料，面向全国 100 多所高校开展全国重点高校知识产权人才培养情况调查，赴 15 省市实地调研座谈，举办 8 次专家论证，累计征求全国 100 多所国内外高校和行业协会、企业等用人单位的意见建议，最终形成了知识产权专业学位设置建议。

国家知识产权局将按照《纲要》的要求，一方面积极配合做好知识产权专业学位设置的论证等相关工作；另一方面，根据《专业学位研究生教育发展方案（2020—2025）》要求，开展知识产权人才需求和就业状况动态监测机制建立研究，定期发布人才需求和就业状况报告，积极完善专业学位与职业资格准入及水平认证的有效衔接机制。

2. 支持高校二级知识产权学院建设

国家知识产权局高度重视高校知识产权人才培养，支持高校二级知识产权学院建设，加快建设有利于知识产权人才成长和发展的重要知识产权人才中心和创新高地。通过共建知识产权学院、派驻挂职人员交流和直接委托项目支持等多种方式，多层次多角度支持高校工作。支持中国科学技术大学知识产权研究院建设工作，推动江苏大学成立知识产权学院和新结构经济学知识产权研究院，支持同济大学等开展知识产权交叉学科建设。鼓励和引导了 20 余所高校依托法律硕士、工商管理硕士等专业学位开展知识产权人才培养，全国共有超过 90 所高校开设了知识产权本科专业，超过 40 所高校建立了知识产权二级学科或交叉学科，140 余所高校进行了知识产权方向的硕士学位教育，50 余所高校开展博士教育，中国人民大学、北京大学等 50 余所高校成立知识产权学院，初步建立了复合型知识产权人才教育模式。

（二）抓住知识产权人才高质量发展关键，改革完善知识产权人才评价体系

职称制度改革是党中央、国务院对人才评价和管理工作作出的重大改革，有助于不断提升我国知识产权人才从业水平、优化人才队伍结构。为了推进知识产权领域职称制度改革，在人力资源和社会保障部大力支持下，国家知识产权局积极推动开展了知识产权职业分类相关工作，在 2015 年《中华人民共和国职业分类大典》的“经济和金融专业人员”类别当中，增加了“知识产权专业人员”小类，标志着知识产权相关职业身份在国家层面正

式得到了确立。2017 年 8 月，制定《国家知识产权局贯彻落实〈关于深化职称制度改革的意见〉实施方案》，2019 年 1 月，国家知识产权局正式向人力资源和社会保障部提出增设知识产权职称系列专业的申请。2019 年 6 月，人力资源和社会保障部正式印发《关于深化经济专业人员职称制度改革的指导意见》。一是增设正高级职称。知识产权专业的职称名称以专业命名，分别为助理知识产权师、知识产权师、高级知识产权师、正高级知识产权师，进一步体现知识产权专业属性。二是完善评价标准。坚持以品德、能力、业绩为导向，分级分类完善知识产权专业职称评价标准。初级职称、中级职称注重考查专业基础知识和实务能力，高级职称注重考查理论素养和业绩水平，满足不同层级、不同行业知识产权专业人才的评价需求。三是创新评价机制。对在推动知识产权行业发展等方面作出重大贡献的知识产权专业人才，职称评审中适当放宽学历、资历等条件限制，建立职称评审绿色通道。这些举措极大地完善了知识产权人才评价制度，对于团结凝聚各类知识产权人才，促进企事业单位知识产权人才职业发展和队伍建设，激励和保护全社会创新具有深远而重要的意义。

国家知识产权局积极落实国家职称制度改革举措，努力推进全国知识产权职称工作。组建专家组并组织专家完成考试大纲和教材的编写及修订工作，配合做好 2020 年和 2021 年全国知识产权职称考试工作，组织专家完成了初级、中级、高级试卷的命题、初审、终审和阅卷等多项工作。牵头修订国家知识产权局专业技术资格评审办法。为推动知识产权职称制度改革顺利实施，结合地方有关需求，及时了解并梳理各地职称改革工作情况，进一步推动知识产权职称考评工作更好地服务市场主体、创新主体。积极推进职称信息化建设，进一步加强职称申报系统和评审系统建设，推动专业技术人才职称信息跨地区核验。

下一步，国家知识产权局将从以下几个方面进一步推动知识产权职称工作。一是要继续做好政策的宣传和解读，及时关注经济系列职称改革推进情况，结合知识产权工作实际做好衔接配合，做好培训规划，加强宣传报道，营造良好氛围。二是要进一步加强调研，确保工作稳步推进，摸清地方需求，进一步推动知识产权职称考评工作更好地服务市场主体、创新主体。三是继续组织专家组制修订全国知识产权职称考试大纲和教材。四是继续推进职称信息化建设工作。五是支持和帮助各地开展知识产权师职称评审工作。

（三）集中优势资源突出重点方向，大力优化知识产权人才成长体系

1. 加强知识产权人才工作的组织领导

国家知识产权局坚持党管人才原则，深入贯彻落实中央《关于进一步加强党管人才工作的意见》，成立了由党组书记、局长申长雨任组长的国家知识产权人才工作领导小组，研究落实中央人才工作精神和要求，督促落实推动知识产权学科专业建设等重点工作，统筹推进知识产权人才工作的开展。

在未来的工作中，国家知识产权局要进一步发挥人才工作领导小组“管宏观、管政策、管协调、管服务”的重要作用，定期召开会议，审议知识产权人才重要工作，把握人才工作的正确方向。继续加强全国知识产权系统人才工作组和国家知识产权局人才工作组职责履行，做好知识产权人才政策制定、环境营造、人

才服务等工作。统筹协调知识产权人才工作，形成开展人才工作的强大合力。

2. 制定实施知识产权专项人才培养计划

实施知识产权专项人才培养计划，一是能够加快知识产权人才资源开发。我国知识产权人才规模巨大，但知识产权人才培养资源和资金有限，必须集中利用有限资源和资金，实行重点专项投入，以带动知识产权人才资源整体开发。实施知识产权专项人才培养计划，既能突出知识产权人才发展的战略重点，又能统筹知识产权人才发展的各个领域和不同层面，以点带面、整体推进。二是能够促进构建我国知识产权人才竞争比较优势。实施人才专项培养计划是许多国家打造知识产权人才优势、参与国际竞争的成功经验。我国要在激烈的知识产权国际竞争中赢得主动，必须抓紧组织实施专项人才培养计划，大规模开展知识产权专业人才专项培养培训，在我国拥有知识产权人才资源规模优势的基础上，尽快形成专项人才竞争优势。三是能够有力引领知识产权人才队伍建设。近年来，国家知识产权局在中央人才工作协调小组指导下，制定印发了知识产权人才“十二五”“十三五”等人才专项规划，落实党和国家关于知识产权人才工作的各项要求，知识产权人才工作顶层设计不断加强。“十三五”时期，深入实施高端引领人才项目等重点人才工程计划实施，完成共 110 项分解任务。规划实施以来，每年举办各级各类培训班近 200 期，培训超过 1.6 万人次，培养和造就了一支规模、结构和层次符合知识产权事业发展需要，分布适应国家区域经济发展布局，能够基本满足国家经济社会发展需要的知识产权人才队伍。

在未来的工作中，国家知识产权局将制定实施知识产权人才

“十四五”规划，根据习近平总书记“打通知识产权创造、运用、保护、管理、服务全链条”的重要指示要求，着重围绕知识产权创造、运用、保护、管理、服务各个环节，横向上覆盖专利、商标等知识产权各领域，纵向上统筹领军、高层次、骨干人才等各层次，设计一批具有引领性、创新性、示范性的知识产权专项人才培养计划，在科学系统谋划各级各类知识产权人才队伍建设的同时，实现知识产权人才的点上突破。

3. 大力建设知识产权国际化人才队伍

知识产权国际化人才应该是具有广阔的国际视野，熟悉知识产权国际制度及其发展趋势，具有一定的处理知识产权国际事务相关经验和实践技能，能够参与知识产权国际事务和国际竞争的高层次复合型知识产权专业人才。习近平总书记指出，“知识产权是国际竞争力的核心要素，也是国际争端的焦点”，并将加强知识产权保护作为扩大开放的重大举措之一加以阐述和部署。随着我国综合国力的增强和对外开放的扩大，知识产权制度的内在需求及面临的国际压力将持续走强，需要大力加强知识产权国际化人才培养，形成具有国际视野和国际事务应对能力的知识产权领军型人才和参与实践的知识产权高层次人才队伍，加强事关国家安全的关键核心技术的自主研发和保护，依法管理涉及国家安全的知识产权对外转让行为，推进我国知识产权有关法律规定域外适用，建设知识产权涉外风险防控体系，争取国际话语权，树立大国形象，讲好中国知识产权故事，营造公平、透明、法治化、可预期的优良营商环境。

下一步，国家知识产权局将实施国际化人才专项培养计划，制定定位清晰、目标明确、层次分明、相互衔接、运作高效的国际化人才培养体系。加强知识产权涉外教师、国际人才库人才、国际型审查员、知识产权专员或联络员等国际化人才选拔和培养。积极开拓具有知识产权专项优势国家的人才培养途径。继续通过世界知识产权组织、五局合作、金砖五局合作和各双边平台的国际合作项目为国际化人才提供锻炼平台，积累国际合作经验，提高国际合作能力，深度参与世界知识产权组织框架下的全球治理。

4. 大力做好知识产权行政管理人员轮训

机构改革后，国家知识产权局组织开展了大规模行政管理人员轮训。制定印发《关于组织开展“新时代聚焦新职责 新培训促进新融合”地方知识产权行政管理人员轮训工作的通知》《关于在知识产权人才培训中进一步学习贯彻习近平总书记在中央政治局第二十五次集体学习时重要讲话精神的通知》等，累计举办100 多期各类培训。印发年度全国知识产权人才专业能力提升培训计划，2021 年重点围绕知识产权保护、运用等方面，举办知识产权行政管理人员轮训班 43 期。

下一步，国家知识产权局将继续强化各级知识产权行政管理人员轮训工作。一是加强培训计划统筹，紧紧围绕中心工作，制订年度轮训计划，制修订一批知识产权培训指导性文件，推动培训规范化、标准化。二是创新培训方式，加强采用线上线下相结合、理论实践相结合的方式开展培训，切实提升知识产权行政管理人员能力水平，不断加强知识产权远程课程建设，计划 2025 年在知识产权远程教育平台上线课程超过 200 门，方便知识产权从业人员及时学、随时学，进一步提升知识产权行政管理人员能力水平。三是推动地方举办各级各类轮训班，加强组织领导，强化工作保障，进一步做好轮训工作。

5. 大力发展国家知识产权高端智库

近年来，随着知识产权在促进我国经济社会发展中的地位和作用越发凸显，各类知识产权智库相继涌现。“十三五”期间，国家知识产权局在全国范围内逐步构建形成了以国家知识产权专家咨询委员会为引领的知识产权智库体系，遴选出 501 名知识产权专家库专家，为知识产权事业发展提供了有力的智力支持。2020 年，国家知识产权局成立第四届国家知识产权专家咨询委员会，规模由第三届 30 人扩大至 55 人。通过举办专家咨询委员会高级研讨班，围绕知识产权事业发展中战略性、全局性和关键性议题开展研讨，努力破解改革和发展中的矛盾和问题，为提升知识产权治理能力和治理水平提供智力支持，为促进知识产权决策科学化、民主化打下坚实基础。

下一步，国家知识产权局将进一步加强知识产权智库建设，一是充分发挥国家知识产权专家咨询委员会作用，围绕知识产权决策重大课题、知识产权强国建设重大任务等开展战略性、全局性、前瞻性研究，提供咨询建议，组织开展知识产权专家全国巡讲活动。二是细化知识产权专家库分类，健全地理标志、商业秘密、传统知识、传统文化等领域专家类别，为提升知识产权治理能力和治理水平提供智力支持。三是鼓励引导高校、社会机构开展知识产权智库建设，支持地方知识产权智库建设工作，推动构建多层次、高水平的知识产权智库体系。

6. 搭建知识产权人才培养新平台

一直以来，国家知识产权局不断强化知识产权人才培养培训平台建设。根据《知识产权人才“十二五”规划》提出“分期建立一批国家知识产权人才培训基地”“加强知识产权人才培训基地建设”,《知识产权人才“十三五”规划》提出“进一步加强知识产权培训基地建设，新设立一批国家知识产权培训基地”的要求，截至2020年，全国已经批复设立26家国家知识产权培训基地，基本形成了区域布局合理、品牌特色鲜明、影响辐射全国的培训基地体系。“十三五”时期，国家知识产权局平均每年委托国家知识产权培训基地举办各级各类培训班近50期，培训基地平均每年举办200余期，培训人次超过52万人次。经过多年实践，国家知识产权培训基地逐步完善管理制度，加大资金投入，创新人才培养模式，加强师资教材课程等建设，累计培训数十万人次。

随着知识产权强国建设的加快实施，现有的国家知识产权培训基地已经不能满足知识产权强国建设对人才的需求。高等院校作为培养人才的摇篮，有着丰富的知识产权教学与人才资源，在师资队伍、教学设施、图书资料等方面具有优势，并且积累了丰富的人才培养经验。下一步，国家知识产权局将会同有关部委，依托有条件的高校，分区域设立一批国家知识产权人才培养基地，协调有关部门单位加强统筹管理，加大资金和政策方面投入力度，组建国家知识产权人才培养基地师资库和精品课程库，探索特色运行模式和发展方向，打造知识产权研究和人才培养的高端平台，带动区域知识产权人才培养工作进一步强化，提升服务高质量发展的能力，更好地支撑知识产权强国建设。

蓝图已经绘就，使命催人奋进。我们要更加紧密地团结在以习近平同志为核心的党中央周围，以习近平新时代中国特色社会主义思想为指导，增强“四个意识”、坚定“四个自信”、做到

“两个维护”，迎难而上，开拓进取，充分调动一切积极因素，以《纲要》为纲领，锚定知识产权人才工作远景目标，系统谋划推动各级各类人才队伍建设，强化知识产权人才相关政策制度协调，形成有利于知识产权人才成长和发展的良好环境，汇集和凝聚起知识产权强国建设的磅礴力量，为建成知识产权强国而努力奋斗。

建设一流专利审查机构 向知识产权强国奋进

魏保志*

中共中央、国务院印发的《知识产权强国建设纲要（2021—2035年）》（以下简称《纲要》），是以习近平同志为核心的党中央面向知识产权事业未来15年发展作出的重大决策部署，为到2035年基本建成知识产权强国擘画了宏伟蓝图。《纲要》对专利审查工作提出了明确要求，是当前和今后一个时期审查工作的根本遵循和行动指南。为实现目标任务，必须坚持以习近平新时代中国特色社会主义思想为指导，认真贯彻落实习近平总书记关于"提高知识产权审查质量和审查效率""完善知识产权审查制度"等重要指示精神，坚定不移地推动专利审查提质增效，切实强化专利源头保护。

《纲要》中对专利审查工作的部署要求可以概括为四个方面，即完善审查标准和政策，提高审查质量和效率，强化审查管理机制创新，以及加强审查业务国际交流。以下结合发展基础和当前形势，作具体的分析解读。

---

* 魏保志：国家知识产权局专利局审查业务管理部部长。

一、发展基础

自2008年《国家知识产权战略纲要》实施以来，我国专利审查工作不断取得新进展，特别是“十三五”以来，审查标准更加完善，审查能力不断增强，审查质量和审查效率不断提升，为接续推进、压茬实施未来15年的战略任务奠定了坚实基础。

审查标准日趋完善。自2016年以来，先后完成四次修订《专利审查指南》，明确了商业模式相关技术的专利保护，实现了图形用户界面外观设计的跨类保护，持续开展针对新领域新业态专利保护规则、审查标准等热点难点问题的课题研究，完善了大数据、人工智能、基因技术、计算机程序等领域专利保护规则和补交试验数据的审查规则等，适应了技术和市场发展的现实需要。

审批能力显著增强。“十三五”期间，专利审查队伍规模从1.1万人增至1.6万人。审结发明专利申请437.3万件、实用新型专利申请884.7万件、外观设计专利申请327.5万件，分别是“十二五”的2.2倍、2.4倍和1.2倍。完成PCT国际检索26万件，是“十二五”的2.4倍。

审查质量稳步提高。大力实施专利质量提升工程，持续完善审查质量保障体系和审查业务指导体系，建立覆盖全审查流程、各业务类型的质量评价机制，不断提升审查质量。2020年，发明专利审查结案准确率达到92.2%，审查质量用户满意度指数提升至85.4，连续11年保持在80以上的满意区间，实现稳中有升。

审查效率大幅提升。2020年底，高价值发明专利审查周期压减至14个月，发明专利审查周期压减至20个月。在申请数量持续增长的情况下，实现了审查周期的逆势压减。

审查模式持续创新。扩大优先审查范围及规模，建立和完善集中审查、延迟审查、保护中心预审等多种审查模式。为受疫情影响的申请人提供便利化救济措施，为涉及疫情的专利申请开辟“绿色通道”。

严格规范专利申请行为。推动优化专利考核等相关政策，先后发布《关于规范专利申请行为的办法》（国家知识产权局公告第411号）、《关于进一步严格规范专利申请行为的通知》（国知发保字〔2021〕1号）等，严厉打击不以保护创新为目的的非正常专利申请和代理行为。

专利申请更加便利。持续推动减费降费、精简材料等工作，电子申请率由“十二五”末的92%提升至2020年的98.8%，减免专利相关费用332.1亿元。

国际交流不断深化。积极参与多双边平台合作交流，推进专利审查质量管理、检索业务等领域合作，加强与“一带一路”沿线国家和地区以及金砖国家的审查业务交流。我国授权的发明专利在柬埔寨直接登记生效，专利审查结果在老挝获得认可，专利审查高速路（PPH）伙伴局增至30个。

二、工作形势

党中央对专利审查工作高度重视。习近平总书记多次就提高知识产权审查质量和审查效率作出重要指示。在中央政治局第二十五次集体学习时，总书记又进一步强调，要完善知识产权审查制度。我国正在从知识产权引进大国向知识产权创造大国转变，知识产权工作正在从追求数量向提高质量转变，专利审查作为专利获权的基础和专利保护的源头，发挥着向前激励高水平创造、向后促进高效益运用的“双向传导”作用，重要性进一步凸显。

新领域新业态的快速发展对审查标准和审查政策提出新要求。作为专利审查制度运行调控的关键工具，审查标准和审查政策是推动人工智能、大数据、基因技术等新领域新业态自主知识产权创造、保护和运用的重要保障。产业需求是否得到真正满足、创新活力是否得到真正激发，将是当前和未来一段时间审查标准调整和审查政策优化的根本出发点。

为更好地与经济社会创新发展有机融合，由被动适应向主动引导转变，更充分地发挥前瞻性引导作用，需要加强与国家经济科技政策的紧密衔接，持续为新领域新业态的健康发展提供高质量的审查标准和政策供给，为产出的知识产权成果提供及时有效的保护。

创新主体和社会公众对专利审查质量和审查效率有更多期待。在构建新发展格局的大背景下，创新主体和社会公众对授权专利有效性、稳定性和及时性有更多期待。随着国家的创新能力和水平不断提升，申请数量仍将在一段时间内保持增长，涉及交叉领域的创新成果也将日益增多，进一步提高审查质量和效率面临较大挑战，同时也对审查流程再造、审查模式创新和审查系统实现智能化提出更迫切的需求。

专利审查提质增效需要审查管理机制持续创新。技术的快速迭代和创新主体对专利审查的深层次需求，要求专利审查管理机制和组织运行体系创新求变。在申请数量不断增加的情况下，要提高审查质量和效率，除了增加审查人力投入、发展信息化技术外，管理机制的创新势在必行。事实上，依靠审查人力和工作量的增加已无法满足专利审查提质增效的需要，应在完善审查管理机制、创新审查模式、优化审查全流程等方面持续发力，促进专利审查管理能力和效能提升。

国际专利竞争态势对专利审查国际话语权和影响力提出更新的挑战。当今世界正经历百年未有之大变局，知识产权作为国家发展战略性资源和国际竞争力核心要素成为国际竞争焦点。世界各知识产权机构都致力于提升审查质量和效率，新领域新业态的相关审查标准和审查模式的国际合作与竞争日趋活跃。审查业务国际交流机制面临调整和创新，需要进一步夯实审查业务基础、提升交流策略制定和实施的能力，提高我国专利审查的国际影响力。

三、下一步工作举措

《纲要》是未来一段时期知识产权事业发展的纲领性文件，其中提出“完善以强化保护为导向的专利商标审查政策”“实施一流专利商标审查机构建设工程”“优化专利商标审查协作机制，提高审查质量和效率”“建立审查动态管理机制”“加强与各国知识产权审查机构合作，推动审查信息共享”等，明确了专利审查未来 15 年发展的任务要求。我们要坚持以更高的政治站位贯彻落实好各项部署，坚持国家需求导向和用户体验导向，准确把握好专利审查面临的新形势、新任务、新要求，持续推进审查领域理念更新、技术革新、工作创新，把一流专利审查机构的建设路径谋划好、设计好。

（一）不断完善专利审查标准，健全审查政策协同机制

1. 健全新领域新业态专利审查标准

在新发展阶段，审查标准调整需要继续改革创新、与时俱进，强化与产业发展系统协同和业务联动，着力构建从满足技术迭代需求、到适应技术发展形势、再到主动引导技术保护方向的审查标准调整机制。一是要深入融入国家创新体系，适应产业发展需要。持续关注大数据、人工智能、基因技术、算法、商业方法等新领域新业态的发展需求，及时完善相关审查标准，正向激励高水平创造和高价值专利布局，充分发挥好“制度供给”和“导向供给”作用。二是要不断健全《专利审查指南》常态化修改工作机制，建立案例指导和发布机制，对于具有特定领域特点的审查标准要及时、灵活地作出调整，从而为审查实践提供符合客观需求的标尺，提升公众对审查标准的认可度和可预期性。

2. 完善以强化保护为导向的专利审查政策

强化知识产权保护，完善产权保护制度，能够促进市场在资源配置中起决定性作用、更好发挥政府作用。专利审查政策是实现专利制度价值的必要手段和激励创新的重要保障，必须强化保护导向。一是要强化专利审查政策与产业、科技、金融等宏观政策的衔接协同，以及对产业结构优化的引导，激励更多高价值专利的创造与运用。二是要进一步完善审查政策调整机制，不断优化专利申请结构，运用差别化政策的引导作用，提升专利审查政策的精准度和有效性。

3. 建立中医药专利特别审查机制

中医药学是中华民族的伟大创造，凝聚着中国人民和中华民

族的博大智慧，其传承创新发展是新时代中国特色社会主义事业的重要内容。按照习近平总书记“切实把中医药这一祖先留给我们的宝贵财富继承好、发展好、利用好”的部署要求，一是要强化与中医药主管部门的信息沟通，促进相关法律制度的相互衔接，为中药新药的延长保护和中药同名同方药的良性发展提供良好制度环境。二是要在遵循中医药发展规律、把握中医药发明创新特点的基础上，谋划建立符合中医药领域创新成果价值导向的特别审查机制，认真做好中医药领域专利审查工作和源头保护，紧紧围绕中医药的产业链、服务链支持创新链布局，推动中医药产业在传承创新中高质量发展。

（二）持续提升专利审查综合能力，实施一流审查机构建设工程

1. 提高专利审查质量和效率

审查质量和审查效率是一流审查机构的核心指标，建设一流审查机构需要具有国际标杆效应的审查质量和效率。一是要建设高水平审查队伍。着力提升专利审查员的技术方案理解能力、检索能力和法律适用能力，不断提升审查能力和水平。同时通过构建合理完备的培训体系，综合培养外语运用、专业知识、沟通交流和信息化技术能力，全面提升审查员的专业素质。二是加强专利全覆盖全流程质量管控。及时授予权利稳定、范围恰当的专利权，发挥好专利审查的双向传导作用。把好授权关，提高专利授权确权质量。完善审查质量保障体系和审查质量评价体系，强化审查业务指导体系协同作用，特别是把握好个性与共性、局部与全局、局内和局外、国内和国外的关系，聚焦问题，发挥好质量

评价工作的支撑和服务作用。三是强化审查效率运行体系。加大非正常申请前端排查工作力度，加强申请源头控制，提高申请质量。提升审查资源配置能力，充分发挥多种审查模式效能，探索新的审查方式，满足社会多元化需求。完善多轨制审查模式，进一步满足申请人对审查周期的个性化需求，提供“当快则快，当慢则慢”的审查服务。四是持续提高审查智能化便利化水平。以大数据、云计算、人工智能等技术为支撑，以智能审查和智能检索为核心，快速推进审查系统智能化建设，实现“智慧审查”。建设适应专利审查管理模式变化需求的管理系统，为案源配送、数据分析、质量管理等提供智能化支撑。五是加强外部交流。在审查全过程中要继续加强与外部的沟通，畅通专利审查员与专利申请人、社会力量技术支持团队的沟通渠道。

2. 实施一流专利审查机构建设工程

建设审查体系完善、审查质量优异、审查效率高效、审查能力突出、创新主体满意的一流专利审查机构，塑造好追求卓越的专利审查文化理念，需要系统地实施建设工程。一是要做好顶层设计，坚持中国特色、世界水平，聚焦国际对标，准确把握审查业务国际发展趋势，结合我国发展阶段和要求，制定合理的分阶段分层次的目标。二是要突出创新，围绕国家战略、产业创新、国际影响进行理念更新、技术革新和工作创新。三是要坚持系统观念、协同发展，协调推进审查体系、审查质量、审查效率、审查能力的提升，为创新主体做好服务。四是要抓住队伍建设和信息化建设两个要素，为审查质量和效率的提升做好人才和技术的支撑保障。

（三）强化审查管理机制创新，提高专利审查管理效能

1. 建立审查动态管理机制

审查管理是知识产权治理体系和治理能力现代化的重要组成部分，需要完善适应创新发展需求的知识产权审查管理体系，创新审查业务管理机制，建立以国家需求和用户体验为导向的审查动态管理机制。一是要在国家需求的牵引下，加强部门统筹、信息共享与协同合作，通过建立动态管理机制，集中、及时、灵活调配政策资源、审查资源、信息资源，增强内部工作的协调性，统筹谋划工作着力点，提高专利审查工作的系统性，提供优质高效的专利审查服务。二是要在用户体验的牵引下，创新内部管理模式，优化管理程序，通过动态地管理审查任务、审查周期、审查模式、案源匹配、流转程序等，合理配置联动机构职能，保障管理体系运行高效顺畅，满足创新主体的多元化需求。

2. 优化专利审查协作机制

加强专利审查协作机制的顶层设计，优化专利审查协作机制，创新审查业务管理机制，使审查协作体系运行高效顺畅。完善“一局多中心”的审查体系，强化国家知识产权局专利局各审查部门对同领域审查业务的引领和指导作用，发挥好各专利审查协作中心审查“主力军”的作用。特别是根据各专利审查协作中心所在地域经济发展和行业特点，有针对性开展相关工作，助力地方经济发展。

3. 优化全审查流程

审查全流程是创新主体体验感和需求度最集中的、感受最深

的环节。要改变传统的思维模式和固有的工作方式，对原有审查全流程进行全面优化，实现流程再造，提高公众的认可度和满意度。同时，通过整合现有审查业务的数据系统，构建专利审查业务全流程运行管理体系，为各层级全审查流程管理提供数据支持，为创新主体提供全流程各节点可获知和可预期的服务，缩短全流程专利审批周期，实现审查业务流程管理的科学调度。

（四）加强审查业务国际交流，提升国际影响力

1. 加强审查机构合作，推动审查信息共享

加强审查业务国际交流是促进审查业务发展、统筹知识产权国际合作与竞争、树立中国专利国际声誉和助力我国专利申请人“走出去”的需要。一是全面推进审查业务国际交流，推进世界知识产权组织、中美欧日韩、金砖国家等多边框架下合作，以及与欧洲专利局和欧盟知识产权局，美国、日本和韩国等国家和地区知识产权机构的双边审查业务深入交流与合作。二是不断拓展国际交流的深度和广度，积极参与世界知识产权组织 PCT 国际规则和标准的讨论，及时深入追踪世界主要知识产权机构发展动态，加强我国专利审查业务发展成果的宣传，讲好中国故事，加大审查员交流互派力度，提升外部对我国审查制度和文化的认同。三是建立有效的审查业务内外联动机制，发挥合作主动性，推广我国在新兴技术领域的审查标准和模式，加强审查业务信息的国际交流，促进审查信息的共享和借鉴。

2. 向共建“一带一路”国家和地区提供专利检索、审查、培训等多样化服务

“一带一路”沿线国家中发展中国家较多，对于检索和审查

服务、审查标准的完善、审查能力培训有着广泛的需求。在我国授权的发明专利在柬埔寨直接登记生效、专利审查结果在老挝获得认可等合作的基础上，重点在专利审查高速路（PPH）、检索和审查服务、PCT 国际检索业务、审查业务培训等方面与“一带一路”国家加强业务交流和合作。

3. 通过审查业务国际交流拓展海外专利布局渠道

一是提升在 PCT 体系中规则和标准的影响力，顺应 PCT 业务发展趋势，引导规则和标准朝着符合我国企业海外专利布局需求的方向发展，提出更多的中国方案。二是继续维护和拓展 PPH 合作网络，做好 PPH 的国际磋商和国内宣传，引导企业利用 PPH 在海外快速获权。此外，完善用户反馈渠道和机制，及时了解我国企业的海外专利申请需求，有针对性地创建符合用户需求的新的审查服务和合作项目。

新蓝图振奋人心，新征程前景壮阔。作为新时代的专利审查工作者，要以奋斗之姿、赶考之态贯彻落实好《纲要》的战略部署，认真写好专利审查发展的每一笔“横竖撇捺”，信心百倍地开启知识产权强国建设新征程，为实现第二个百年奋斗目标作出新成就、新贡献！

加强商标审查能力建设
服务和推动高质量发展

崔守东*

《知识产权强国建设纲要（2021—2035 年）》（以下简称《纲要》）是以习近平同志为核心的党中央面向知识产权事业未来 15 年发展作出的重大战略部署，是指导我国知识产权事业发展的纲领性文件，对知识产权强国建设进行了系统谋划和全面部署，是新时代做好知识产权工作的总抓手。认真落实《纲要》确定的发展目标、工作原则、重点任务，扎实做好商标审查工作，推动商标事业高质量发展，是知识产权领域一项基础性、长期性工作，是从国家战略高度和进入新发展阶段要求出发，推进全面加强知识产权保护，激发全社会创新活力，服务构建新发展格局的重要举措。

一、商标审查工作发展现状

2008 年，国务院颁布《国家知识产权战略纲要》，国家知识

* 崔守东：国家知识产权局商标局局长。

产权战略正式实施。在知识产权战略的大框架下，商标战略、商标品牌战略接续推进，商标事业蓬勃发展。特别是党的十八大以来，在以习近平同志为核心的党中央坚强领导下，我国知识产权事业发展取得历史性成就，商标工作也取得了长足进步和显著成效。

（一）商标审查能力显著增强，基本实现了审查力量与申请量由不匹配到整体平衡的转变

知识产权战略实施促使全社会商标意识不断提高，商标申请量随之增长。党的十八大以来，“大众创业、万众创新”热潮席卷，商事制度改革持续深化，带动商标申请量高速攀升。“十三五”期间，我国商标注册申请量约 3400 万件，接近 1980 年至 2015 年申请量之和的两倍，大大超出商标局原有审查能力。面对这样的形势，商标局 2016 年全面启动商标注册便利化改革，建成广州、上海、重庆、济南、郑州 5 个地方商标审查协作中心，聘任审查员近 2000 名；上线商标图形智能检索系统，实现对图形商标审查的智能辅助。2020 年，商标注册审查 878.4 万件，异议审查 14.9 万件，评审案件审结 35.9 万件，变更转让续展合计审查 689 万件，分别是 2008 年的 11.7 倍、13.5 倍、11.8 倍和 29.2 倍，总体审查能力极大提升，基本解决了持续攀升的商标申请量与有限审查力量不匹配的问题。

（二）商标审查审理周期大幅缩短，基本实现了由追赶“第一梯队”向国际领先水平的转变

2008 年初，我国商标平均审查周期近 36 个月，商标评审待

审案件积压周期长达 13 年，严重影响商标申请人利益，甚至影响我国知识产权保护的国际形象。商标局开展了“三年解决积压、五年达到世界水平”的“三五计划”，逐步压缩审查审理周期。2016 年后，进一步向改革要红利，向创新要动力，先后制定实施了《工商总局关于大力推进商标注册便利化改革的意见》《工商总局关于深化商标注册便利化改革切实提高商标注册效率的实施意见》《商标注册便利化改革三年攻坚计划（2018—2020 年）》。2020 年底，商标注册平均审查周期已压缩至 4 个月，对比同样实行在先权利审查的美日韩等国，处于绝对领先水平。商标转让、变更、续展审查周期分别缩短至 2 个月、1 个月和 15 个工作日，驳回复审案件审理周期缩短至 6 个月。商标审查审理效率无法满足申请人需求的状况得到了根本改观。

（三）商标审查质量持续提高，初步实现了审查质量分散化管理向制度化规范化管理的转变

2008 年，商标局创造性开展审查质量管理工作，以防范具有不良影响商标审查质量问题为重点，开展质量抽检。到 2020 年底，已经建立起与高效率审查相适应的一整套质量管理、评价制度；建立起与“一局多中心”审查格局相适应的统一任务分配、统一审查标准、统一工作制度、统一质量考评“四个统一”的审查管理机制；建立了少数民族语言文字商标审查协作机制；公开异议、评审决定文书，建立了较为完善的社会监督机制；建立了重大不良影响商标快速处置机制，近两年，依法快速驳回恶意抢注“火神山”“李文亮”等与新冠肺炎疫情相关的商标、“清澈的爱”等亵渎英烈精神背离社会主义核心价值观的商标、“杨倩”

“陈梦”“全红婵”等为国争光奥运健儿姓名商标，赢得社会普遍赞誉。2020年底，商标注册审查抽检合格率达到96.7%，除情势变更情形外，商标评审案件一审败诉率下降至9.8%，商标审查审理工作迈进了质效并举的新阶段。

（四）商标注册便利化水平不断提升，基本实现了公共服务体系由初步建设向全面便民利企惠众的转变

2008年，全国各地商标注册申请由商标局商标注册大厅统一受理。2009年，商标注册网上申请系统向代理机构开放，仅受理注册申请。到2020年底，全国范围内建立了255个地方商标受理窗口，商标网上服务系统具备了查询、申请、发文、公告、缴费、注册证明公示6大功能，36项业务实现网上申请，注册申请网申比例达到98.05%，变更等后续业务网申比例达到99.44%；商标同日申请实现线上抽签；商标评审案件实现远程审理、远程应诉；商标申请手续、材料大幅优化简化；6次下调商标业务规费，极大减轻申请人经济负担；免费开放5200余万条商标数据，推动发挥商标数据经济价值。基本解决了商标注册途径少、程序繁、费用高、数据获取困难等服务不便利的问题。

（五）商标注册秩序开始得到净化，初步实现了由“事后处理”向“主动打击”的转变

十多年来，随着经济社会的发展和观念的变化，商标恶意抢注的主要表现形式从少量多发的“傍名牌”、“搭便车”、注册“山寨商标”，到大量恶意抢占公共资源、大量恶意抢注他人在先权利，注而不用，囤积牟利。商标局严格执行商标法及其配套规

章，修订《商标审查审理指南》，制定《关于不以使用为目的的恶意商标注册申请审查审理规程》，注册、异议、评审、转让全流程协同发力，严厉打击商标恶意抢注、囤积等行为。对商标注册申请与转让行为趋势进行监控分析，在商标审查系统中增加自动提示功能，准确甄别恶意行为，有针对性地实施定向处置。自 2018 年开展打击商标恶意注册工作至 2020 年底，累计驳回恶意抢注和囤积商标超 15 万件。通过主题论坛、座谈会、宣讲会等活动，倡导社会共治，促进形成社会共识，商标注册秩序源头治理取得明显成效。

（六）商标品牌战略持续深入实施，正在实现着由商标大国向商标品牌强国的转变

2008 年以来，商标局积极运用地理标志商标、集体商标、证明商标助力精准脱贫和乡村振兴，服务打造特色品牌、推动区域发展。截至 2020 年底，我国已注册地理标志商标 6085 件，是 2008 年的 11.5 倍；注册集体商标、证明商标 7560 件；注册区域品牌集体商标证明商标 192 件。积极运用马德里商标国际注册体系服务“一带一路”倡议实施，服务中国品牌“走出去”，截至 2020 年底，我国马德里商标国际注册有效量达到 4.4 万件，是 2008 年的 5.2 倍。积极引导企业开展商标品牌资本化运作，解决企业特别是小微企业“融资难、融资贵”问题，2020 年，商标质押金额达到 621.4 亿元，是 2008 年的 8.6 倍。积极利用“4·26”世界知识产权日、“5·10”中国品牌日、中国国际品牌节、知识产权年会等活动开展商标品牌工作宣传。近年来，广泛开展“商标便利化改革成果宣讲”“商标注册提质增效记者体验行”等宣

传活动，服务基层、行业和企业商标品牌工作开展。全社会商标品牌意识持续增强，商标品牌经济效益快速提升，品牌引领经济发展作用日益凸显。

二、新时代开展商标审查工作面临的新形势

（一）党中央、国务院对知识产权审查工作高度重视

党的十八大以来，以习近平同志为核心的党中央把知识产权工作摆在更加突出的位置。习近平总书记多次作出“提高知识产权审查质量和审查效率”等重要指示，在2020年中央政治局第二十五次集体学习时的重要讲话中，深刻阐述了加强知识产权保护工作的“五大关系”，精准概括了我国知识产权事业正在实现的“两个转变”，并进一步强调要完善知识产权审查制度。审查授权作为知识产权保护的基础，在打通知识产权保护全链条、增强知识产权系统保护能力、构建大保护格局等方面发挥着重要作用。同时，“提高商标审查效率”两次写入政府工作报告，在国务院深化“放管服”改革有关会议上多次被提及，是《优化营商环境条例》中“市场主体保护”部分的重要内容，已经成为衡量“放管服”改革成效、营商环境优化的重要指标。

（二）商标工作服务经济社会发展大局作用进一步凸显

商标是与经济活动联系最为紧密的知识产权类型。当前，我国经济社会转向高质量发展阶段。高质量的发展离不开创新驱

动、资源高效率配置和高标准市场体系建设，要求在制度设计上更好地发挥商标保护创新成果的作用，引导市场竞争规律充分发挥的作用，凝聚生产要素以提高核心竞争力的作用。在“知识产权由追求数量向提高质量转变”的背景下，一方面要不断满足我国经济稳中有进、“放管服”改革红利持续释放、商事主体数量不断攀升、公众知识产权意识普及等因素带动的商标申请量理性增长对提高商标审查效能提出的要求；一方面要积极应对商标恶意抢注、大量囤积、过度防御等非理性增长给审查工作带来的挑战，不断提升审查质量和效率，满足市场主体发展需要，激发市场主体发展活力，服务构建以国内大循环为主体、国内国际双循环相互促进的新发展格局。

（三）知识产权领域国际竞争对加快构建高水平商标审查体系提出要求

当今世界正经历百年未有之大变局，国际环境日趋复杂，知识产权领域国际竞争也更加激烈。近年来，美国、欧盟等通过区域性多边或双边协定、区域一体化立法等方式，不断扩大自身商标制度的对外影响力，不断提升商标审查工作的精细化和专业化程度。数据公开、信息化建设日益成为商标领域国际竞争的重点领域，以《全面与进步跨太平洋伙伴关系协定》（CPTPP）为代表的相关协定已将商标业务全程电子化作为制度要求。美国、欧盟、日本、韩国的知识产权部门围绕审查工作提出提升效率质量、加强先进信息技术运用、提高申请人友好程度和透明度、提升机构活力和可持续发展能力、加强人才培养等工作目标。这都需要我们进一步强化国际视野和世界眼光，提升自身审查能力，加快建设一流商标审查机构。

（四）新业态新模式快速涌现给商标审查工作带来挑战和机遇

一是数字经济、共享经济、电子商务蓬勃发展，颠覆性创新带来的如人工智能、生物技术等新兴技术、产业、行业的出现，对现有知识产权制度形成重大挑战，深刻影响商标审查和保护，需要不断扩大商标保护客体，推动知识产权制度的战略性调整。二是平台经济的发展对现行商标审查工作带来冲击。国内大型互联网平台进入商标代理行业，依托其积累的客户资源、平台优势和资本力量，将改变传统商标申请的环境和模式，也对审查机制的优化完善提出新要求。三是大数据、人工智能、云计算、机器深度学习等新技术对商标审查本身将产生革命性的推动作用，加快技术创新、最大限度利用先进的信息化技术，将成为新时代应对商标申请量变动和提升审查效能的关键手段。

（五）公众意愿和行为成为参与构建商标审查机制和管理模式的重要力量

一是申请人、权利人更注重知识产权获得体验，不同主体对商标审查模式和周期提出个性化需求。未来，“效率”的定义将更倾向于个体需求的满足而非“一碗水端平”式的绝对审查时间压缩。二是商标申请动机更加多样。商标资源本身所具有的稀缺性导致部分申请人将其作为资本运营的投资型“产品”进行注册。同时，传统较少通过商标进行保护的其他民事权利、政府行为、公共工程等也越来越多地寻求商标保护，需要加快完善相关制度设计。三是全媒体时代大众对商标工作的关注空前提高。互联网和手机等移动媒体终端技术的应用使得信息传播速度加快、范围扩大、影响广泛，加速了商标工作进入大众视野。公众对商标工作的关注度、参与度持续提升，对审查审理工作的效能和水平提出更高要求。

三、新时代商标审查工作的目标任务

（一）近期目标

一是商标法律、制度体系与国家产业、经济发展体系协同作用加强，商标审查政策与国家宏观政策更好衔接，有力促进知识产权保护和公平有序市场秩序的维护。

二是商标审查质量效率稳步提升。商标审查质量保障及业务指导体系更加完善，审查模式更加满足市场主体新要求，审查业务管理能力更加适应多点办公的现实需要。商标审查效率不断提高，流程更为顺畅、资源更加匹配、周期进一步缩短。

三是商标申请质量持续向好。商标注册秩序源头治理更加有力，推动全社会形成“诚信注册、强化使用、严格保护”的商标观念。商标申请数量及其增长趋势逐渐与经济发展水平相匹配，与市场主体增幅增速相匹配，与商业活动实际需要相匹配。

四是商标恶意注册行为得到有效遏制。综合运用授权确权程序内的规制手段和流程外的行政处罚措施，阻断商标恶意注册、囤积行为的牟利路径，使违法行为失去生存空间。建立打击商标恶意注册行政机关、司法机关、代理机构、行业协会、社会公众齐力共治格局，为创新环境、营商环境优化和高标准市场体系建设提供有力有效的支撑和保障。

五是集体商标、证明商标在产业集群品牌和区域品牌打造中的作用有力发挥。进一步完善集体、证明商标制度，加强地理标志制度顶层设计。通过支持申请集体、证明商标的方式，服务产业集群品牌、区域品牌保护，促进品牌价值提升，品牌认知度提高，助力产业、区域经济发展，助力乡村振兴。

六是信息技术对商标审查和服务的支撑能力显著增强。商标信息化系统建设进一步加强，系统运行安全稳定高效，网络安全进一步得到保障，为提高商标审查质量和效率提供有力支撑，商标公共服务的信息化、智能化水平明显提升。

七是商标审查队伍建设进一步加强。地方商标审查协作中心规范建设、加快发展。商标审查人才培养、评价激励、流动配置机制不断完善，审查人员政治素养、法律素养、技术素养全面提升，建成一支素质出色、专业高效、结构合理、总体稳定的高水平审查员队伍。

（二）远期目标

由商标大国迈入商标品牌强国行列，推动我国建成中国特色、世界水平的知识产权强国：一是全面增强公民的知识产权意识，形成正确的商标保护观念和品牌工作理念；二是商标的申请、保护、运用和服务环境公开、透明、平等、高效；三是商标法律制度完善，与国家现代化进程相协调，与经济社会发展阶段和知识产权工作需求相适应；四是信息技术在商标授权确权中全面应用，建立起数字化时代的商标审查和管理模式；五是商标在激励创新、促进中小企业发展、服务品牌经济建设与经济高质量发展中发挥更大作用；六是商标品牌成为对外经济的重要支撑，商标权在全球范围内得到有效保护，与世界各国商标审查机构开展广泛、紧密、务实的合作。

四、重点举措

（一）着眼新时代知识产权保护工作的战略方向，以理念更新为先导，不断增强商标政策制度供给的系统性、前瞻性和针对性

一是始终坚持和加强党对商标注册审查工作的全面领导。党的领导是做好新时代知识产权工作的根本保证。商标工作具有鲜明的政治属性和意识形态属性，必须始终坚持党的全面领导。要牢固树立政治机关意识，把学习贯彻习近平新时代中国特色社会主义思想特别是习近平总书记关于知识产权工作的重要指示论述，作为增强“四个意识”、坚定“四个自信”、做到“两个维护”的直接检验。要善于从政治上把握党和国家事业发展对商标工作提出的新要求新期待，从政治高度认识和处理业务问题，让业务工作更深更实体现政治要求，确保各项工作符合党中央、国务院决策，符合法律规定，符合发展需要，坚定不移为党和人民审好商标。

二是持续完善我国商标法律法规。适应科技进步和经济社会发展需要，适应新技术、新业态蓬勃发展的形势，依法及时推动商标法律法规的修改，不断扩大商标保护客体范围，提高保护标准。完善新技术、新业态、新模式商标保护规则，探索在制度设

计上规制商标滥用行为，强化商标使用义务。积极研究《区域全面经济伙伴关系协定》（RCEP）、CPTPP 及世界知识产权组织（WIPO）多边框架和自由贸易协定（FTA）双边框架下的商标工作国际规则新趋势，推进商标法律制度与国际规则更好接轨。

三是不断完善以强化保护为导向的商标审查政策。统筹效率与公平、活力与秩序、发展与规范之间的关系，既严格保护知识产权，又防范个人和企业权利无序扩张。综合运用法律惩戒、行政指导和信用约束等措施，规制、教育和引导并重，严厉打击扰乱商标注册秩序、侵害公共利益、不正当占用公共资源和“搭便车”、攀附他人商业信誉、侵犯他人知识产权的行为，压减商标囤积行为和恶意抢注滋生空间，斩断商标囤积获利通道。研究完善商标撤销制度，有效平衡双方利益，在充分发挥撤销制度督促商标使用作用的前提下，减轻注册人举证负担。

四是不断完善商标审查政策调整机制。建立适应技术进步和社会发展需求的《商标审查审理指南》动态调整机制，构建广泛参与、灵活响应的审查审理指南调整模式。充分发挥代表性案例作用，增强审查审理指南的适用性与指导性。建立健全与商标行政审判部门的数据交换机制，实现商标行政授权确权与司法裁判标准的相互协调。充分回应“互联网 +”时代商业模式、市场形态的变化对商品服务划分标准提出的新需求，加强商品服务分类研究，及时更新可接受商品和服务项目。

五是建立国家需求导向和用户体验导向的审查工作机制。主动响应国家需要，推动建立健全更好服务国家发展的审查工作机制，对涉及国家重大利益和社会公共利益的商标快速审查、及时保护。以用户体验为导向，不断拓展与申请人线上交流的范围和方式，逐步建立申请人能够及时反馈相关信息材料的服务平台，提升申请人、权利人体验。

（二）聚焦商标审查审理提质增效和公共服务便利化程度持续提升，以技术创新为支撑，扎实推进信息化智能化建设与业务工作深度融合

一是加强商标信息化、智能化基础设施建设。以智能审查和智能检索为核心，全面提升商标审查审理全流程智能化水平，实现智能商标审查审理、智能质量管理、智能统计分析、智能检索等功能，最大限度利用技术力量提高商标审查审理效率和质量。运用大数据、云计算等数字技术，加强商标申请审查审理全过程监控、溯源、分析和引导。全面加强信息基础设施安全防护和商标数据信息安全管理工作，确保商标信息化系统高效、安全、可控。

二是提升商标数据开放利用水平。完善与国家知识产权大数据中心和公共服务平台的对接，拓展商标各类基础数据信息开放深度、广度，实现与经济、科技、金融、法律等数据信息的共享融合。提升商标公共数据资源传播利用能力，建设一批商标公共数据传播利用应用项目，提升传播利用数据质量。打造高层次国际商标数据合作平台，积极维护和发展商标数据多边合作体系。

三是发挥网络信息技术在建设商标公共服务体系中的作用。深入推进“互联网+”政务服务，充分利用新技术扩展“一站式”网上服务内容，拓宽网上办理业务范围，优化网上申请系统，提高服务效率和品质。加强对商标审查业务咨询服务的精细化管理，加大保障力度，逐步建立起实用、先进、可靠、可扩充

的商标咨询中心。加快推进商标电子认证系统建设，实现用户身份多因子验证。实施商标公共服务智能化建设工程，提高商标网上检索智能化水平，优化商标信息查询系统，及时向申请人提供审查流程、审查意见、审查结论等信息。

（三）对标世界一流商标审查机构建设水准，以工作创新为关键，加快形成适应高质量发展要求的商标审查体制机制

一是进一步提升商标审查审理质量。加强商标审查审理质量管理顶层设计，明确管理目标，优化商标审查质量管理机制，强化商标全流程全覆盖的审查质量管控。优化内部审查审理质量检查机制，完善工作模式，提高及时发现问题和有效解决问题的能力，提升质量管理效能。拓宽商标审查审理质量问题反馈渠道，加快举报信息处理速度，发挥外部质量监管对商标审查审理质量提升的作用。

二是持续提升商标审查审理效率。提高商标审查业务精细化管理水平，优化商标审查流程和审查资源配置。建立沟通顺畅、支撑有力的审查业务指导体系，强化审查业务指导体系协同作用。完善商标审查协作机制，加强地方商标审查协作中心建设，形成高质量可持续发展的商标注册审查协作格局。探索异议、评审等案件繁简分流、轻重分离、快慢分道，提高审查审理工作效率。

三是强化对恶意注册商标申请行为的打击力度。积极研究商标恶意注册申请表现形式变化情况，不断完善恶意注册申请商标审查标准。探索建立指导性较强的案例库，建立商标授权确权程序中认定从事不以使用为目的的恶意商标注册行为人重点监控名

录。提高各环节商标业务信息收集分析的智能化水平，加强审查审理系统自动排查的能力，提升对恶意商标注册申请行为的打击精准度。充分发挥依职权无效宣告职能在打击不以使用为目的的恶意商标注册行为中的作用。

四是进一步发挥商标服务经济社会发展的作用。在商标审查审理环节充分运用驰名商标保护手段加大对知名品牌合法权益的保护。加强地理标志制度顶层设计，畅通区域品牌集体商标、证明商标注册"绿色通道"，优化审查标准，压缩审查周期，助力打造特色鲜明、竞争力强、市场信誉好的产业集群品牌和区域品牌。加强马德里商标国际注册体系的宣传推广，密切与世界知识产权组织的联系和交流，加强与各国知识产权审查机构合作，推动审查信息共享。依托地方商标审查协作中心，积极服务各地商标品牌工作开展。

五是加强高水平人才队伍建设。完善人才培养体系，以高水平管理人才、国际化人才和商标审查审理专家人才为重点，强化人才储备，优化队伍结构。健全保障和激励机制，建立商标审查官制度，提升审查人员职业荣誉感和自豪感。完善商标审查员培训体系，建立与商标审查员专业技能相匹配的评价体系，构建有助于审查队伍可持续发展的管理体系。

新时代知识产权强国建设的纲领和行动指南

吴汉东*

中共中央、国务院印发的《知识产权强国建设纲要（2021—2035年）》（以下简称《纲要》），提出了“建设中国特色、世界水平的知识产权强国”的总体目标，对未来一段时期知识产权制度建设和事业发展作出了整体安排，是一个具有战略目标指引、实施路径规划和主要任务部署的纲领性文件，对建设创新型国家和社会主义现代化强国具有重要的意义。

我国已完成2008年颁布实施的《国家知识产权战略纲要》的预期目标，成为有世界影响的知识产权大国。党的十九大作出了中国特色社会主义进入新时代的重大判断，为我国发展明确了新的历史方位。站在新的历史起点，我们要准确把握党和国家事业发展的新目标，认真谋划好知识产权事业的未来发展。从知识产权大国走向知识产权强国，新时代中国知识产权制度建设，要从自身发展需要出发，加强知识产权的规范建构、环境治理和文化养成，要围绕完善产权制度、支撑创新发展、促进对外开放、

---

* 吴汉东：中南财经政法大学文澜资深教授。

保障国家安全等工作重点，制定和实施知识产权强国战略。

从现在起到2035年，是在全面建成小康社会的基础上，基本实现社会主义现代化的重要阶段。按照国家“两步走”的战略部署，为加强知识产权与国家总体目标的战略协同，我国出台了面向2035年的《纲要》。《纲要》统筹社会主义现代化国家法治建设与创新发展，构建知识产权法治运行机制和社会发展机制，在知识产权制度文明的国际版图中表现了中国的思想智识、价值取向和实践经验。

一、以习近平法治思想和新发展理念为理论基础——两大思想范畴

在经济全球化时代，世界贸易组织塑造了多边贸易体制的法律秩序，为各国提供了知识产权保护的统一规则。但是，不同发展程度的国家都有着自己对知识产权制度安排的思想认识和目标指引。在改革开放以来的40余年间，中国对知识产权的接受并未停步于制度引进，而是注重制度的学习和吸收。进入新时代以来，中国从现代化国家治理和社会发展的战略高度出发，确立了知识产权强国的建设目标及其实现路径。《纲要》强调以习近平新时代中国特色社会主义思想为指导。可以认为，习近平法治思想和新发展理念为知识产权强国建设提供了重要的理论基石和思想引领。

法治思想是知识产权强国建设理论的核心范畴。知识产权制度在本质上是一项法律制度，是现代国家制度文明的法律表现，也是现代国家治理体系的重要构成。因此，知识产权事务具有现

代法治的基本要求，建设知识产权强国必须坚持习近平法治思想的指导地位。习近平法治思想是一整套包括法治指导方针、法治本质特征、法治价值构成、法治基本原则以及法治推进方式在内的法治理论体系。党的十八大以来，习近平总书记对知识产权作出了一系列重要论述，诸如“加强知识产权保护”“产权保护特别是知识产权保护是塑造良好营商环境的重要方面”“加快新兴领域和业态知识产权保护制度建设”“健全知识产权综合管理体制”“提高知识产权保护法治化水平”等，为知识产权领域“科学立法、严格执法、公正司法、全民守法”奠定了重要的法治思想基石。

新发展理念是知识产权强国建设的目标范畴。知识产权制度是为“创新之法”和“产业之法”，在现代法治国家的法律体系中，独具保护智力创造成果、促进科技创新产业和文化创意产业发展、规制知识经济市场秩序的制度功能。在人类社会的创新活动中，知识产权表现了其制度创新本质和知识创新使命。新发展理念是对我国改革开放以来发展思想和实践以及国际先进发展经验和理论的重大突破，其要义是“以人民为中心的发展思想”和“以创新为首要的全面发展理念”。习近平总书记准确把握创新发展与知识产权的关系，提出“保护知识产权就是保护创新”的重要论断，阐述知识产权保护工作与“完善现代产权制度”“推动高质量发展”的重要关系，强调全面加强知识产权保护对“促进建设现代化经济体系，激发全社会创新活力，推动构建新发展格局”的重要意义。这些论述指明了知识产权制度建设的价值目标和知识产权事业发展的正确方向。

总的说来，在知识产权强国建设中，习近平法治思想和新发展理念体现了思想引领和实践导向的双重意义，是知识产权制度现代化的“中国思想”表达和“中国道路”遵循。

二、以法治化国家和创新型国家为目标指引——两大建设构成

在现代化语境中，知识产权制度具有特殊的角色定位：一方面它是制度文明和法律现代化的构成，或者说现代法治国家的表征；另一方面又是现代化目标实现的工具和手段，与科学、文化、经济等社会发展因素相联系，从而构成现代化发展的基础。这就是知识产权制度的历史地位和时代使命。

现代中国对知识产权保护已有着重大制度需求，对知识产权运行具备了一定的政策调控能力。可以看到，知识产权制度得以置于国家法治体系和国家创新体系之中，表现了法律制度现代化的基本面向。在新时代，建设知识产权强国必须以全面建设社会主义现代化国家为目标指引。“社会主义现代化国家”是“中国式现代化”的发展目标，其中国特色具有超大型崛起、人民共同富裕、人与自然和谐共生、和平与发展的现代化意蕴，此外还包含法治文明和创新发展的现代化要素。《纲要》强调，建设知识产权强国是“为建设社会主义现代化强国提供坚实保障”。可以认为，现代化国家建设的总体目标，在知识产权语境下具象为“中国特色、世界水平”的知识产权强国。知识产权强国是以知识产权制度为支撑并保障创新发展，具有强大的知识产权治理能力和知识产权发展实力的先进国家。从现代化意义上说，知识产权强国应该具有两个方面的品质，既是法治化国家，也是创新型

国家。

全面依法治国是新时代坚持和发展中国特色社会主义的基本方略。法治建设在社会主义事业总体布局中具有重要地位，即作为政治建设的组成部分，渗透和贯穿于经济建设、文化建设、社会建设、生态文明建设之中。建设“制度完善、保护严格、运行高效、服务便捷、文化自觉、开放共赢”的知识产权强国，是全面依法治国的基本要求，更是全面建设社会主义现代化国家的重要表征。

提高自主创新能力，建设创新型国家，是新时代建设中国特色社会主义现代化的目标构成。创新驱动发展的道路选择，意味着中国既不能走资源耗费型的发展老路，也不能走技术依赖型的发展死路。基于当今国际科技、经贸的发展态势和创新型国家的发展经验，中国将通过制定和实施知识产权强国战略，有效运用知识产权制度促进和保护创新发展，以此缩小与发达国家的差距。可以认为，在全面建成小康社会的基础上建设知识产权强国，实现创新型国家的目标转型，是中国现代化发展的必由之路。

知识产权强国建设，以法治化国家和创新型国家为目标构成，具有物质文明建设、精神文明建设、生态文明建设和制度文明建设的现代化属性。建设知识产权强国，寻求现代化发展之路，曾是欧美国家推行现代法治和发展的“通行版”，更是当下中国实施知识产权强国战略、建设社会主义现代化国家的“升级版”。对于中国而言，知识产权强国建设本身就是一场以制度创新推动知识创新、以法治建设保障创新发展的伟大社会实践。

以“中国特色、世界水平的知识产权强国”为建设目标，

《纲要》提出“制度完善、保护严格、运行高效、服务便捷、文化自觉、开放共赢”的知识产权强国建设要求。根据“两步走”的战略构想，到 2025 年，“知识产权强国建设取得明显成效”。《纲要》为此提出了一系列可实施、可评价的发展目标，涉及核心专利、知名品牌、精品版权的“高质量创造”，产业化、商品化、资本化的“高效益运用”，严格性、有效性的“高水平保护”；到 2035 年，我国“知识产权综合竞争力跻身世界前列”。《纲要》以基本建成知识产权强国为指向，在“制度系统完备”“创新创业发展”“文化自觉形成”“参与全球治理”等方面都提出了具体要求。

总体而言，中国的知识产权强国建设，应以全面建设社会主义现代化强国为战略指引，以建成法治化国家和创新型国家为目标构成，围绕国家发展大局，根据战略布局的自身方位，以发挥知识产权的支撑性、保障性和基础性的制度功用。

三、以现代化治理和现代化发展为重点任务——两大运行机制

知识产权运行机制，涉及知识产权制度的各个领域、各个方面、各个环节，从知识产权的界定、利用、保护到知识经济发展、进步的整个过程和结果，是知识产权制度现代化的实现路径，也是知识产权强国建设的主要任务。中国知识产权运行机制，既强调知识产权的法律运行机制，又注重知识产权的社会发展机制。其中，法律运行机制是指知识产权法律从创制到实施再到实现的运动过程。具言之，知识产权法律运行机制，以法律制

定为起点，以法律实施为主要环节，以法律目标实现为终点，表现了一个立法、执法、司法、守法的法治动态过程；社会发展机制是以发展为目标，以创新为主旨，以知识产权为要义的社会运行状态，包括知识产权活动中的创造、运用、管理、保护和服务等各个方面。法律运行机制注重知识产权法律建构的合理性、正当性，以及实施的有效性和妥当性，其治理理念和举措主要是“良法善治”“和谐法治”“多元善治”；社会发展机制，强调政策运行和战略实施过程中的引导性、协调性和绩效性，其知识产权事业发展目标可以概括为“高质量创造”“高效益运用”和“高水平保护”。上述两大知识产权运行机制，分别生成于国家法治体系和国家创新体系之中，但又相互联系、相互作用，共同服务于知识产权强国和社会主义现代化强国的建设目标。

《纲要》提出了知识产权强国建设的六项重点任务，一方面从现代化治理出发，通过知识产权法治运行机制，推进知识产权领域改革和改进，实现知识产权治理体系和治理能力现代化；另一方面以现代化发展为目标，通过知识产权社会发展机制，以推动高质量发展为主题，为建设创新型国家和现代化强国提供坚实保障。具体而言：（1）知识产权制度规范建设。包括法律体系建设、政策体系建设、管理体制建设等，这是知识产权强国建设的制度基础。（2）知识产权保护体系建设。主要是司法保护体制、行政保护体系，以及包含仲裁、调解、公证、鉴定和维护援助的协同保护格局，这是知识产权强国建设的法治运行方式。（3）知识产权市场运行机制建设。包括高质量的创造机制、高效益的运用机制、市场化的运营机制等，这是知识产权强国建设的社会发展机制。（4）知识产权公共服务体系建设。包括知识产权的公共服务供给、公共服务标准、公共服务模式等，这是政府职能转化和治理能力提升的现代化表现。（5）知识产权人文社会环境建设。包括知识产权文化养成、文化传播和人才发展等，这是知识产权强国建设目标实现的基础工程和要素构成。（6）深度参与全球知识产权治理。包括参与知识产权治理体系改革和建设、构建多边和双边协调联动的国际合作网络等，这是中国作为知识产权强国的国际担当。

建设知识产权强国的总体部署与安排

易继明*

2008 年《国家知识产权战略纲要》颁布实施以来，我国知识产权事业发展取得显著成效，成为世界上名副其实的知识产权大国。面对新一轮科技革命和产业变革，以及国内外复杂严峻的形势，我国知识产权必须完成“由大到强”的转变，这也是新时代对我国知识产权事业发展提出的更高要求。

中共中央、国务院印发《知识产权强国建设纲要（2021—2035 年）》（以下简称《纲要》），旨在充分发挥知识产权制度在社会主义现代化建设中的重要作用，为建设创新型国家和社会主义现代化强国提供坚实保障，完成时代赋予我们的历史使命。

一、知识产权强国建设的基本思路

《纲要》的基本思路包括以下几个方面：一是配合新时代国家发展目标，推动知识产权融入经济社会发展的各方面，进而促进国家强大和国际竞争力大幅度提升。二是以法治化和国际化为

* 易继明：北京大学国际知识产权研究中心主任、法学院教授。

基本取向，发挥市场和政府两方面的作用，即“使市场在资源配置中起决定性作用和更好发挥政府作用”，提升知识产权质量，加强知识产权保护。三是以知识产权治理现代化为出发点，通过制度现代化建设，在知识产权领域构建完备的保护体系、畅通的运行机制、便捷的公共服务体系和良好的人文社会环境，并深度参与全球知识产权治理。四是主要任务与重点建设工程相结合，阶段性目标与远景规划相承继，通过监测、评价、督查、考核和奖励等手段的综合运用，以点带面，步步为营，促进我国知识产权事业全面发展。

《纲要》的指导思想层次分明，立意深远。第一，明确知识产权强国建设以习近平新时代中国特色社会主义思想为理论指导，在党中央总揽全局之下全面推进。第二，与国家现阶段发展状况相适应，我国经济发展已由高速增长阶段转向高质量发展阶段，发展基调和发展模式也会随之转变，这既是发展阶段提出的新要求，也是知识产权强国建设的着力点。同时，国家发展的根本目的也是知识产权强国建设的基本方向。第三，知识产权强国建设的基本站位，必须是立足于新发展阶段，体现新发展理念，构建新发展格局。第四，知识产权强国建设的具体政策、方式和目标，在政策导向上，坚持加强知识产权保护；在建设方式上，打通创造、运用、保护、管理、服务全链条和加强国际合作；在建设目标上，构建制度完善、保护严格、运行高效、服务便捷、文化自觉、开放共赢的知识产权强国。

《纲要》提出了“法治保障，严格保护；改革驱动，质量引领；聚焦重点，统筹协调；科学治理，合作共赢”的32字工作原则，既包含了法治化、市场化和国际化三个方面的基础性原则，也包含了强化保护、提高质量、融合发展的内在性要求。基础性原则和内在性要求表现在“面”上，就是通过体制和机制改革，实现知识产权治理体系和治理能力的现代化；集中在“点”上，就是聚焦重点，实现重点突破。而“点”与“面”的结合，就是知识产权强国建设工作原则的出发点。

《纲要》以2025年为分界点，提出了两个阶段的目标。第一阶段，2021至2025年，也是《“十四五”国家知识产权保护和运用规划》推进的五年，总体目标是知识产权强国建设取得明显成效，并提出了一些预期性的发展指标。第二阶段从2026年至2035年共计十年，因为预期长远，发展指标现在尚难具体化或者量化。总的说来，到2035年，我国知识产权综合竞争力跻身世界前列，基本建成中国特色、世界水平的知识产权强国，表现为：知识产权制度系统完备，知识产权促进创新创业蓬勃发展，全社会知识产权文化自觉基本形成，全方位、多层次参与知识产权全球治理的国际合作格局基本建成。

二、知识产权强国建设的主要任务

《纲要》提出了六个方面的建设任务：面向社会主义现代化的知识产权制度、支撑国际一流营商环境的知识产权保护体系、激励创新发展的知识产权市场运行机制、便民利民的知识产权公共服务体系、促进知识产权高质量发展的人文社会环境，以及深度参与全球知识产权治理。这六个方面任务由内及外，前五方面以国内为主，最后一方面以国际为主。国内建设的核心关键是建设现代化的知识产权制度体系，纲举目张，其余四者皆可由之导出。国际建设，虽意在改革全球知识产权治理体系，但国际秩序建构不可能完全由我国主导，也无法由我国自主建设而成。因此，仅提出深度参与全球知识产权治理。

（一）面向社会主义现代化的知识产权制度

《纲要》从法律体系、管理体制、政策体系和回应性规则体系四个方面，提出了知识产权制度建设要求，主要任务是构建现代化知识产权制度，实现知识产权法治现代化。其具体规定，体现了知识社会对回应性法律的诉求。知识产权法域中，单行法林立，《民法典》未能统合基础，缺乏基本理念、价值构造及基础架构，需要研究制定知识产权基础性法律，以确立知识产权领域基本方针、基本原则、治理结构及其基本架构，并解决单行法缺乏系统性、协调性和延展性的问题。对此，《纲要》提出“开展知识产权基础性法律研究”，既承接了 2008 年《国家知识产权战略纲要》的立法任务，也进一步强调了这一基础性法律对知识产权立法的重要性。而单行法体系建构中，地理标志、外观设计等单独立法也成为知识产权法律体系建设中的重要组成部分。

（二）支撑国际一流营商环境的知识产权保护体系

《纲要》对知识产权保护体系的要求，从司法保护体制、行政保护体系、协同保护格局三个方面展开。在司法保护体制方面，《纲要》从基础建设、审判体系建设、审判队伍建设、审判规则完善、知识产权检察业务及知识产权刑事保护五个方面提出具体举措。在行政保护体系方面，建设重点包括三个方面：一是合理配置和行使调查权、处罚权和强制权等权力；二是健全包括行政查处、行政调解、行政裁决等在内的行政保护体系；三是加强执法队伍、平台、机制和能力建设。这三方面，是知识产权行政保护的基础，也是行政保护效能发挥得“好”与“坏”的关键。此外，《纲要》还提出构建多元主体参与的统一领导、衔接顺畅、快速高效的协同保护格局，并提出“实施知识产权保护体系建设工程”等抓手。

（三）激励创新发展的知识产权市场运行机制

《纲要》从创造、运用和运营三个方面对知识产权市场运行机制进行部署安排。知识产权市场运行机制中，主要有两个环节：一是创造，二是运用。在运用环节中，第一层次是促进知识产权成果实施，侧重发挥知识产权的使用价值；第二层次是运营，侧重发挥知识产权的交换价值。创造与运用的结合，形成“科技推动、产业支撑、商贸融合”的知识产权价值链。目前，我国知识产权创造环节还存在质量不高的问题。同时，在运用领域，科技与产业之间、知识产权与经济之间，“两张皮”的现象依然十分突出。《纲要》以制度设计为主，集聚各类创新资源，既重视前端创新，更注重市场运用，高度融合科技、文化、产业、商业、贸易、金融等，推动创新要素在市场中的自由流动，旨在建设激励创新发展的知识产权市场运行机制。

（四）便民利民的知识产权公共服务体系

知识产权公共服务的着眼点是便民利民。《纲要》以此为落脚点，从创新主体、市场主体和社会公众的利益和意愿出发，从扩大服务范围和提高服务能力两个维度展开，建设知识产权公共服务体系。具体而言，一是政府应加强公共服务供给，充分利用新技术建设智能化系统、优化审查流程、简化政务服务，提升公共服务的便利性、可及性，同时构建政府引导、多元参与、互联共享的知识产权公共服务体系。二是规范公共服务标准，统筹推进分级分类的知识产权公共服务机构建设，大力发展高水平专门化的服务机构。三是创新公共服务模式，一方面注重数据标准的运用和数据资源的共享，另一方面引入市场化、社会化的信息加工和服务机制，提升运用知识产权信息的能力和水平。

（五）促进知识产权高质量发展的人文社会环境

《纲要》从文化养成、文化传播和人才发展三个方面，塑造促进知识产权高质量发展的人文社会环境。知识产权文化内涵包括尊重知识、崇尚创新、诚信守法和公平竞争。尊重知识和诚信守法是人类文明和法治社会的基础，也是知识产权文化的土壤。崇尚创新和公平竞争，是知识产权核心理念，即以创新为基础的产权配置，以及对市场公平竞争秩序的维护，包括遏制阻碍创新的垄断和不正当竞争行为。只有根植于创新文化和法治文化，知识产权文化方能真正自觉，也才能产生文化自信。文化不是一个静态概念，其生命力在于发展与传播，在文化传播方面，要拓宽传播渠道，创新传播内容、形式和手段，加强涉外知识产权宣传，发展国家知识产权高端智库和特色智库，深化理论和政策研究。在人才发展方面，《纲要》从知识产权学科建设、专业学位教育、人才培养、普及教育等方面予以部署。

（六）深度参与全球知识产权治理

立足于我国国际地位，《纲要》提出了积极参与知识产权全球治理体系改革和建设，构建多边和双边协调联动的国际合作网络的具体举措。近年来，随着新兴经济体的崛起和发展中国家整体实力增强，发达国家在全球知识产权价值链中的优势局面逐渐被打破，以美国为首的发达国家不满 TRIPS 等多边框架体系，实行“平台转换”或者“体制转移”，进一步激化了全球知识产权治理中的南北矛盾。作为世界上最大的发展中国家，同时又是一个在科学技术和知识产权发展水平方面走在世界前列的大国，我国与诸多国家既有利益一致性，又有利益冲突性。立足于此，一方面，我们应主动扮演好现有知识产权国际体系和基本秩序的维护者、改革者和建设者的角色；另一方面，我们也应发挥好居中者、居间者和协调者的角色，深度参与全球知识产权治理，引领知识产权国际规则向平衡普惠的方向发展。

三、知识产权强国建设的重点建设工程

重点建设工程是贯彻落实《纲要》的具体抓手和着力点。《纲要》围绕知识产权创造、运用、保护、管理和服务的工作链条，明确了八项重点建设工程。

在知识产权创造环节，《纲要》提出了“实施一流专利商标审查机构建设工程”。在工业产权保护体系中，审查环节把好质量关，是后续运用和保护的基础；在知识产权大保护体系建构中，它属于“源头保护”的一部分。通过机构建设、审查能力建设、管理能力建设和服务能力建设等措施，为知识产权提质增效，激发创新活力，夯实了基础性工程。

在知识产权保护环节，《纲要》提出了“实施高水平知识产

权审判机构建设工程”“实施知识产权保护体系建设工程”“实施地理标志保护工程”和“实施地理标志农产品保护工程”。总的来说，知识产权保护环节的工程建设包括两个方面：一方面是高水平的审判机构和行政保护机构的建设；另一方面，从权利类型、重点领域和新技术发展方面，健全知识产权保护体系。而这些建设工程的目标，应该围绕“强化保护”的基本导向，以立法、司法、执法为保护体系主轴，同时优化仲裁、调解、公证、鉴定等多渠道维权途径和海外维权援助服务，引导行业自治和文化自觉，形成大保护格局下的协同保护体系。

在知识产权运用环节，《纲要》提出了“实施知识产权运营体系建设工程”，属于资本进入知识产权市场后的高价值运用层面。知识产权价值链是“科技推动、产业支撑、商贸融合”的一体化。知识产权价值的实现，一方面要通过权利的实施或利用，转化为现实的生产力；另一方面也要推动知识产权与市场高度融合，促进运营水平的提高，健全知识产权金融体系。此外，《纲要》还提出“深化实施中小企业知识产权战略推进工程”。中小企业是国民经济和社会发展的重要力量，实施中小企业知识产权战略推进工程，有助于引导中小企业提升知识产权保护意识，提升创新能力和运用水平，营造公平有序的竞争环境。

在知识产权服务环节，《纲要》提出了“实施知识产权公共服务智能化建设工程”，重点在于建设国家知识产权大数据中心和完善国家知识产权公共服务平台这两方面。大数据中心应该做到基础数据应有尽有，相关数据互联互通，业务数据协同融合，提供基于大数据的智能分析和决策支撑。智能化建设中应该加强与知识产权相关的数据供给，并制定知识产权数据标准。同时，要推进“互联网 +”知识产权政务服务，加强人工智能、区块链和大数据等新技术的应用，通过数字化赋能，促进知识产权公共服务便利化、集约化、高效化。

四、结语

从根本上讲，我国知识产权制度体系需要进一步完备，知识产权治理结构需要进一步完善，治理能力和治理水平需要进一步提高，创新文化和知识产权文化发展的社会环境需要进一步培育，中国知识产权的国际地位和作用需要进一步加强。解决这些问题，一方面，取决于我们如何认识中国与世界的关系，确立国家定位以及国际发展方向；另一方面，取决于我们如何根据国家定位和发展大政方针，踏实做好知识产权强国建设。

总之，《纲要》以习近平新时代中国特色社会主义思想为指导，全面贯彻习近平总书记 2020 年 11 月 30 日在中央政治局第二十五次集体学习时的重要讲话精神，通过法治化方式，运用市场手段，统筹国内外，旨在将我国从一个“知识产权大国”建设成为“知识产权强国”，通过知识产权促进经济社会全面进步与高质量发展，将我国建设成为社会主义现代化强国，实现中华民族的伟大复兴。